快乐生活 健康成长

是国家对少年儿童的期盼 更是所有人对祖国花朵成长的衷心期盼

好方法成就好学生

董 山 张桂明 马 新 刘向东 编著

走近本书为孩子塑造起最适合他们成长的环境让少年儿童拥有一个幸福、快乐的童年让孩子在成长的道路上舞动健康和快乐的翅膀

北京日报报业集团
同心出版社

图书在版编目（CIP）数据

好方法成就好学生 / 董山等编著. -- 北京：
同心出版社, 2012.3
　　ISBN 978-7-5477-0460-8

　　Ⅰ. ①还… Ⅱ. ①董… Ⅲ. ①儿童教育：家庭教育
Ⅳ. ①G78

中国版本图书馆 CIP 数据核字(2012)第 029893 号

好方法成就好学生

出版发行：	同心出版社
地　　址：	北京市东城区东单三条 8-16 号　东方广场东配楼四层
邮　　编：	100005
电　　话：	发行部：（010）65255876
	总编室：（010）65252135-8015
网　　址：	www.bjd.com.cn/txcbs/
印　　刷：	廊坊金盛源印务有限公司
经　　销：	各地新华书店
版　　次：	2012 年　5 月第 1 版
	2012 年　5 月第 1 次印刷
开　　本：	787 毫米×1092 毫米 16/开
印　　张：	15.75
字　　数：	260 千字
定　　价：	38.80 元

同心版图书，版权所有，侵权必究，未经许可，不得转载

前　言

对于全天下的父母而言,养育孩子无疑是一个充满了挑战的任务:少年儿童从来都不是成长在真空环境中的,社会上所流行的一些东西不管好与坏,都有可能对孩子们幼儿的心灵产生影响。不良的社会风气根本就不利于孩子们树立起正确的人生观与世界观,而当父母又进一步根据社会上所谓的"优秀儿童"对孩子产生误导之后,那么,孩子的成长便极有可能失去原来的童真色彩。怎样才能让少年儿童拥有一个快乐而幸福的童年?怎样才能让孩子在成长的道路上既不落后于他人、又同时能拥有快乐与健康的翅膀?

没有父母不期望孩子健康快乐的,但在具体的教养过程中,由于现代教育的误区越来越多,孩子们的课业压力日益增大,很少有父母能够真正地做到让孩子自己把握成长过程,相反,因为自身所承受的竞争压力巨大,多半父母会乐于将自己所承载的压力变一种新的形式,将它们加到孩子的身上,以至于大部分孩子以过度稚嫩的肩膀,承担了越来越多的重量。而当现代社会环境不断变迁、成人观念不断更迭所带来的冲击再次对少年儿童产生影响时,他们很难依据于自己的意愿,去过自己想要的童年。

教育是一门艺术,它有规律可依循,但是却没有定法可依据。作为父母,不应生生搬硬套他人的教子要求与各种成功教子经验,而是应在开阔自己视野的同时,从各种细节入手,慢慢地去在学校、社会、家庭与孩子之间,形成良好的协调,让孩子拥有较好的心理素质,让他们拥有更多的信心、乐观精神、良好习惯、人生价值观去面对、去衡量自己在现实生活中所遇到的种种问题,并进而想出自己的解决办法,从中赢得自己的人生经验。

让孩子健康快乐地成才、成长,是家庭教育与学校教育的共同目标,更是近年来国家对少儿教育提出的新建设性建议。为了帮助众多面对孩子成长茫然不知所措的孩子家长,我们特地编写了这本《好方法成就好学生》一书。

本书立足于 3~12 岁的孩子家庭教育问题,着重论述如何让孩子享受快乐童

年。书中从近年来颇受人们关注的家庭环境营造、家庭教育理念更新、课业减负、孩子的学习、运动、培养孩子良好习惯、孩子负面心理、孩子良好生活习惯的养成、孩子价值观培养、孩子社会实践这十大问题为基础，从细节入手，给出了具体的指导方法与建议。以期可以为广大家长给出更具体、更有效的教育方法，在孩子教育上，实现真正的减压、提质。

书中明确指出，对于孩子的教育，眼下最流行的"大众标准"并非最佳：许多父母总是会不自觉地沾染上古希腊神话里的强盗普罗拉斯的怪癖——有了孩子之后，就将他放到固定标准的床上，比床长的便砍掉脚，比床短的便要拉得与床一样长。但事实上，这样的教育方式不仅违背了孩子的成长规律，同时还会让孩子原本最珍贵的童年时期沦为人生中最厌恶的一段时期，因为他们在这一时期毫无人生自主能力，成为了任他人摆布的木偶玩具。

与其说教育是成人对孩子的引导过程，倒不如说这是一个双方同时成就彼此、发现彼此的过程。其间固然会有痛苦，一部分来自于对孩子的期待，另一部分则是来自于对自我的审视。

虽然审视会让父母发现自我教育方式的缺陷与不足，但生活还是很公平的，当你愿意为了保留孩子纯真、美好的童年而付出一定努力后，作为你养育孩子 奖励，若干年后，你将会收获更美好的自己，与一个更出色、更像他自己、更健康快乐的孩子。

目 录

第一章 让爱有度,用亲情奠定孩子成长基础 …………………………（1）
爱孩子的最直接表达方法,是爱你的另一半 ……………………（1）
爱但别溺爱,让孩子走出爱的牢笼 ………………………………（3）
从保护到伤害,别因关爱扼杀了孩子的独立成长 ………………（6）
告别单一说教,丰富孩子的成长食粮 ……………………………（8）
体罚不是爱子,别让自己成为孩子眼中的"暴君" ………………（10）
隔辈教育？你可以与双亲做得更好 ………………………………（13）
营造温馨的亲情环境,别让自己成为孩子最熟悉的陌生人 ……（15）
父母先"统一战线",孩子才不会"南辕北辙" …………………（18）
爱应双向发展:让孩子从"得到爱"学会"付出爱" ……………（21）
当一个不唠叨的家长更受欢迎 ……………………………………（22）

第二章 从理念更新到方法升级,令教育跟上时代节奏 …………（25）
孩子第一次犯错误的时候,就是立规矩的时候 …………………（25）
多给孩子积极的心理暗示,让孩子懂得"自我接纳" ……………（27）
放弃苛求,才能开始真正的教育 …………………………………（29）
孩子的错都是大人的错,一切改变从自己开始 …………………（31）
蹲下来与孩子进行交谈——平等是最好的教育姿态 …………（33）
与其责备,不如给他反省的机会 …………………………………（36）
有不良习惯？警惕孩子正在模仿你 ………………………………（38）
多一些耐心,少一些恐吓 …………………………………………（41）
想让孩子对你敞开心扉,就要尊重他的秘密 ……………………（43）
性教育:也许难堪,但你必须开口 ………………………………（46）

第三章 把玩的权力还给孩子,让孩子爱上自主人生 ……………（49）
玩是童年的主要工作 ………………………………………………（49）
游戏中的多样人生:让孩子玩出花样与精彩 ……………………（51）

严父未必出好子,宽松环境才好成才 …………………………… (54)
　　孩子不是你的地盘,你也应学会倾听 …………………………… (57)
　　发现孩子,解放孩子 ……………………………………………… (59)
　　给孩子自由支配的时间 …………………………………………… (62)
　　让孩子有机会发挥特长 …………………………………………… (64)
　　有关未来?他的人生不是你的圆梦之旅 ………………………… (67)
　　父母"无为",方为"大为" ………………………………………… (69)
　　给孩子做自己的权利 ……………………………………………… (71)

第四章 兴趣+效率,孩子爱上学习的点金大法 ………………… (75)
　　别把早期教育,变成了早期摧残 ………………………………… (75)
　　如何端正孩子的学习态度 ………………………………………… (77)
　　想像力匮乏、没有追求?阅读改变一切 ………………………… (79)
　　正确对待分数教育:成绩不代表一切 …………………………… (81)
　　卡尔威特说潜能:让孩子发挥超常的水平 ……………………… (84)
　　劳逸结合,增强孩子的记忆能力 ………………………………… (86)
　　"纵容"孩子的"破坏"能力,唤醒创造力 ……………………… (88)
　　看世界听外界,培养孩子的思维能力 …………………………… (90)
　　自己先熄火,才能让孩子不磨蹭 ………………………………… (92)
　　世界上没有坏孩子,用多把尺子衡量他 ………………………… (95)

第五章 正确对待,阻止学校压力在家庭中延续 ………………… (99)
　　特长学习,世界真正的风险投资 ………………………………… (99)
　　孩子也需要休息,保持孩子的理性休眠期 ……………………… (102)
　　与其多学习,不如多游戏 ………………………………………… (104)
　　与老师协调,让孩子告别大量作业题 …………………………… (105)
　　家庭是最后一道保护杠,为孩子提供机会养伤 ………………… (108)
　　老师指责了,家长就不用再啰嗦 ………………………………… (110)
　　小孩子也有压力,帮助孩子合理宣泄 …………………………… (112)
　　遭遇挑战?给竞争下一个完美的定义 …………………………… (114)
　　同学的攀比:怎样的财富教育才最适合孩子? ………………… (117)
　　当孩子抱怨老师,家长应更谨慎地批评 ………………………… (119)

目 录

第六章 有健康才有未来,孩子这样运动最有效 （123）
 树立起健康新理念 （123）
 明眼辨析,看出孩子的"亚健康"状态 （125）
 恰当运动,让孩子变得健美、健康 （127）
 让智力活动在运动中闪闪发光 （130）
 让孩子爱上运动的良方 （132）
 总结运动经验,帮助孩子建立强大发展意向 （134）
 让孩子在运动中结交自己的朋友 （135）
 对抗与合作,为孩子打开最初的竞争意识 （137）
 科学运动,你需要为孩子做好基本准备 （139）
 帮助孩子精心挑选运动器械 （140）

第七章 从细节入手,培养孩子养成良好生活习惯 （143）
 言传身教,身体力行 （143）
 好习惯用加法,坏习惯用减法 （145）
 延迟满足,让孩子学会自制 （147）
 迈开小步子,循序渐进养成好习惯 （150）
 明确奖励,是为了日后可以不奖励 （152）
 "冷"对孩子的"牛脾气" （154）
 合理饮食,与孩子一起告别垃圾食品 （157）
 作息正常,帮助孩子造就良好生活基础 （159）
 独立:孩子成长路上必不可少的生活准则 （162）
 对孩子也要讲究原则,让孩子为自己的错误"买单" （164）

第八章 勤于引导,帮助孩子远离负面心理 （169）
 赶走自私,带孩子品味分享之美 （169）
 嫉妒之毒,孩子成长的绊脚石 （171）
 远离自卑,让孩子健康成长 （174）
 不再任性,与孩子一起走向亲密 （177）
 恰当自尊,别让孩子成为小刺猬 （180）
 走出孤僻,让孩子融入新环境 （183）
 挫折教育,令孩子明白人生有苦有乐 （185）

告别骄傲,告诉孩子"孔雀"心态并不美 …………………… (188)
乐观向上,为孩子打造快乐人生之梯 …………………… (191)

第九章 先成人再成龙,让孩子的优秀表里如一 ………… (195)
别让竞争毁了孩子的同情心 …………………………… (195)
规矩不是小事,在轻松氛围中指引孩子 ………………… (198)
诚实守信,孩子的人生根基方能扎实 …………………… (200)
自己美好世界才美好,让孩子学会善良 ………………… (203)
为孩子做出表率,言出必要行 …………………………… (205)
让孩子明白有错误一定要道歉 …………………………… (207)
责任:让孩子担负起与生俱来的使命 …………………… (210)
用欺骗来教育?你在进行最坏的教育! ………………… (212)
用行动为孩子的脑海刻下正直 …………………………… (214)
礼貌:永不过时的教育理念 ……………………………… (216)

第十章 让孩子告别"宅在家",体验"走出去" …………… (221)
变小家为大家,变独养为群养 …………………………… (221)
别怕孩子累着,家务活也是教子之法 …………………… (223)
走,野营去! ……………………………………………… (225)
想要玩具?自己挣回来 …………………………………… (227)
与孩子一起参加社区活动 ………………………………… (229)
允许他到好朋友家中过夜 ………………………………… (232)
假期带孩子一起去旅游 …………………………………… (234)
自己做手工:不用跑远就能锻炼的方法 ………………… (236)
辩论赛:锻炼口才、增长见识的好场所 ………………… (239)
角色游戏,让孩子提高创造力,体会换位 ……………… (241)

第一章 让爱有度,用亲情奠定孩子成长基础

沟通与信任,是家庭教育成功的标准。只有两代人相互间能够融洽交流的家庭,才是健康、成功与和谐的家庭。几乎所有的教养问题,都是源自于家庭教育中的不当行为,而亲情缺失、家庭沟通不畅的家庭,教育出来的孩子往往多有孤僻、自私等各种负面个性。如何做好孩子人生中的第一任老师,如何开启人生教育的第一站,是本章中为您揭示的重要问题。

一、爱孩子的最直接表达方法,是爱你的另一半

不久前,南京师范大学教育系学生对小学生家庭进行了一次调查,结果表明:生活在家庭成员和谐美满氛围下的学生品德优秀的占39.3%,差的占7.3%;学习优良的占18.5%,差的占10.9%;而家庭成员关系紧张、父母不和、经常吵架氛围下的孩子,品德优良的占33.3%,差的也占33.3%,学习优良的占3%,差的占17.5%。所以说,家庭成员的关系对心智还未成熟的孩子有着至关重要的影响。试想,和谐的家庭关系就等同于一个稳固的三角形状,融洽的夫妻关系、父子关系和母子关系就像三角形的三条边,缺一不可。

爸爸妈妈都爱我,但是我并不幸福

7岁的缇娜上小学一年级,班主任杨老师发现缇娜与其他孩子不同,稚嫩的小脸上总是布满了愁云。另外,其他老师也向班主任反应,缇娜上课精神不集中,家庭作业也不按时完成。于是,杨老师找来缇娜了解情况。

原来,缇娜的爸爸和妈妈关系十分紧张,经常出现争吵甚至动手等局面。"我的爸爸很爱我,我的妈妈也很爱我,但是我一点也不幸福。"缇娜红着眼圈对老师说。

"以前,每到周末爸爸妈妈就带着我去公园玩,他们一人牵着我一只手的情景深深地刻在我脑海里忘不掉。可是现在,爸爸迷上了打麻将,妈妈和爸爸就每天都在不停地吵架。老师,我该怎么办?"说完,缇娜的眼泪如断了线的珠子一般顺着脸颊流了下来。

听完缇娜的话,杨老师陷入深深的思考当中。

好方法成就好学生

很多家长没有意识到,孩子不仅仅需要父母给予他的爱,他还需要父母相爱,需要一个和谐家庭环境。生长在和睦、幸福、互助的家庭环境中,孩子会感到温暖、快乐,有安全感;相反,生长在冷漠、争执、暴力的家庭环境中,孩子的性格则会变得胆怯、懦弱甚至极端的暴躁,严重地阻碍孩子身心正常发展。

1. 父母关系紧张,会给孩子带来心灵创伤

孩子年龄还小,他并不懂得成人世界的纷争。面对父母的争执,他幼小的心灵会产生这样的想法"因为我不乖,爸爸妈妈在才吵架"或者"爸爸妈妈吵架了,他们谁都不会要我"。当孩子将这种主观的臆断不断加深之后,他们的自我概念就会受损,从而带来种种心灵创伤,出现胆小、恐惧等负面性格特征。

2. 父母关系紧张,孩子没有安全感

6岁左右的孩子已经有了自己的思维模式,他们面对剑拔弩张的父母关系,就会产生种种担心,害怕失去爸爸或者妈妈,从而产生不安定感觉,失去原有的安全感。

3. 父母关系紧张,孩子人际关系会受损

父母是孩子模仿的对象,当看到爸爸妈妈争吵、动手之后,孩子的潜意识就会认为这是人际沟通的一种方式。当这种错误的印象在脑海里越来越深刻的时候,畸形的人际交往观念就在孩子身上形成,最终影响孩子整个人生的人际关系。

4. 父母关系紧张,亲子关系疏离

孩子的认知能力会随着年龄而增长,他们不愿意面对自己最爱的两个人产生争端,于是会采取逃避的方式来调适焦急、紧张的心灵,于是会远离父母向外界寻找新的归属感。

父母的言行举止会直接影响到孩子,不要因为孩子年龄小就什么都不懂。在父母关系不融洽的家庭中长大的孩子,他们心理往往会出现不健全的情况;相反,幸福家庭中长大的孩子,他们会与人和善,对自己充满信心,对生活充满热情。

构建和谐家庭环境

让孩子健康成长是每个父母最大的希望和责任,对于孩子的成长过程,单单关注吃穿是远远不够的,家长更要关注孩子的心理健康。一个家庭就是一个温馨的港湾,永远为孩子提供归属感和安全感。如果港湾被狂风暴雨摧折得支离破碎,那么孩子就会为此背上沉重的心灵包袱。所以说,如果你爱孩子,首先就要爱自己的另

第一章 让爱有度,用亲情奠定孩子成长基础

一半,构建和谐的家庭环境对孩子进行积极熏陶,让其耳濡目染,在温馨的氛围内健康成长。

1. 建立和谐美满的家庭

家庭成员之间应当互相尊重、理解和信任,和谐的家庭关系就像甘露一般滋润孩子幼小的心灵,从而会以父母为榜样,学会爱他人、关心他人、与人为善。所以,父母应当努力创造一个和谐美满的家庭关系,让孩子在生活中获得愉悦感、幸福感和安全感。

2. 家庭成员之间应建立平等关系

孩子要尊重父母,同样父母也应该尊重孩子。对于亲子来说,应当建立在一个平等的关系之上,这样父母才会换位思考,考虑孩子的心情。

3. 言传身教的重要性

孔子曰:"其身正,不令而行;其身不正,虽令不从。"家长的人格、品德、情感和言行举止都是孩子效仿的对象,夫妻恩爱、互助互爱会对孩子产生潜移默化的影响,令孩子从中培养热爱生活、尊重他人的良好行为习惯。

孩子的幸福源于和谐的家庭

孩子的幸福感是与感情认同相互印证的一个重要指标,《中国和谐家庭建设状况问卷调查报告》研究结果显示:家庭所在区域、家庭经济状况、家庭成员受教育程度、夫妻婚姻决定方式是影响孩子家庭幸福感的重要原因。法国教育学家拉法尔曾说:"孩子的教育主要来源于家庭,家庭教育失败了,那么这个孩子也就彻彻底底地失败了。"所以,对于孩子的家庭教育就要像书中所写的那样,"作为家长,倾全力为孩子营造一个健康、宽松、和谐的家庭环境是必须尽到的责任,每一个孩子都进步了,每一个家庭都和谐了,我们的社会也就和谐了。"

二、爱但别溺爱,让孩子走出爱的牢笼

教育家曾经说过:"一切都给孩子,牺牲一切,甚至牺牲自己的幸福,这是父母给孩子的最可怕的礼物。"如今家庭中,溺爱孩子的父母不在少数,他们对孩子百依百顺,无条件向孩子付出自己的爱,殊不知这并不是爱孩子,而是再给孩子"送"上可怕的礼物。

好方法成就好学生

错位的爱

张先生和李女士结婚后多年不育,经过多方求医后,终于在张先生四十岁那年得到了宝贝女儿张一心。自女儿出生以来,张先生夫妻俩就把孩子奉为手中宝,生怕"举在头顶摔了,含在口里化了",只要女儿想要的东西,他们就会为女儿买回最贵、最好的。

就这样,日子一天天过去了,张一心也一点一点长大了。由于父母的溺爱,张一心的性格既自私又冷漠,每天对父母呼来喝去,从来不为大人着想。

一年冬天,外面下起鹅毛大雪,张一心对父亲说想买一双漂亮的红靴子,理由就是"班里的丽丽穿了一双,我不能没有"。张先生看到天气的恶劣,就和女儿商量,想转天再买。这下子可是惹怒了女儿,张一心非但没有同意父亲的建议,反而一把拽过张先生的棉服扔到外面雪地中,摆出一副非现在买不可的架势。张先生十分无奈,只得捡起丢在地上的衣服,步履蹒跚地消失在雪地中。

"天有不测风云,人有旦夕祸福",张一心没有等来父亲所买的新靴子,反而等来交警支队的电话。原来,由于雪天路滑,张先生不幸发生了交通意外身亡。得到这个噩耗,李女士痛哭道:"老张啊,由于咱们溺爱娇惯女儿,不但害了你,而且也害了女儿。"

溺爱引发李女士家的悲剧,教育学家指出:"溺爱属于教导方面的异常,是一种家庭功能失调,是家长对自己一种畸形的爱,也是一种失去理智,直接影响儿童身心健康发展的爱。"所以说,溺爱是家长对孩子错位的爱,它会导致很多严重后果:

1. 孩子自我中心化严重

家长长期对孩子溺爱,孩子就会感受到"众星捧月"式的呵护,在心底认为"有求必应"、"父母百依百顺",一味地向父母索取而不懂得体谅他人,为他人付出。长期以来,孩子就会形成"自我中心化倾向",只追求自我感知的满足,变得冷漠、自私。

2. 独立能力较差

在溺爱环境中成长的孩子会很容易发生感情失调情况,家长的大包大揽和过度照料会剥夺孩子的动手能力和接触外界机会,从而造成生活自理能力差,依赖性强等弊端。

3. 耐挫能力降低

家长在孩子幼年时为了避免其不受伤害,将孩子保护得死死的,仿佛让孩子生

第一章 让爱有度,用亲情奠定孩子成长基础

活在真空环境中一般,接受不到半点风吹雨打。然而生活的道路不可能一帆风顺,孩子终究有一天会长大成人,独自面对人生中的酸甜苦辣。可是由于父母早期的溺爱,孩子的心理承受能力会变得极低,稍遇苦难就会丧失生活的勇气和斗志。

4. 人际关系障碍

在父母溺爱下长大的孩子自私自利,一切以自我为中心行事,认为所有人都要听从他的支配,不但没有礼貌,而且会目中无人。这样的孩子很难被他人就接受,自然与别人的交流就会产生障碍,人际关系一塌糊涂。

溺爱并不等于真爱,父母娇生惯养孩子的后果就是令其为所欲为,随心所欲,形成以自我为中心的负面性格,造成严重的不良后果。

溺爱的矫正

如果家长太过于娇生惯养,对孩子来说百害而无一例。对于父母来说,应当把握爱孩子的尺度,不能毫无原则的宠爱、溺爱。对孩子的爱,应该以身心健康为前提,一旦涉及溺爱,那么就会与美好而远大的教育愿望相背离。

1. 关爱孩子需要分寸

邓颖超说过:"母亲的心总是仁慈的,但是仁慈的心要用得好,如果用不好的话,结果就会适得其反。"所以说,家长的爱需要有一个衡量尺度,古训说得好:"溺爱有败子。"我们都希望自己的孩子将来能够成人、成才,那么就要从家庭教育做起,做一名合格、负责的父母。

2. 正确对待孩子的要求

每个人都会有自己多方面的要求,面对孩子的需求,家长应当正确对待。法国著名教育家卢梭说过:"你知道怎样使你的孩子备受折磨吗?这个方法就是父母对他百依百顺。"对于孩子的合理要求,父母可以视家庭的经济条件酌情考虑,但是应该注意不能一味地满足孩子要求,以免养成贪婪的恶习。

3. 不要给孩子搞特殊化

现在多数是两边家庭就这么一个孩子,即爷爷奶奶、外公外婆、爸爸妈妈全部围着一个孩子转。在这样的家庭,很容易对孩子搞特殊化,让孩子认为自己"比别人高一筹",所有的东西都是自己的,所有人也都要听从自己命令。这样一来,孩子就会变得冷漠、没有同情心、自私自利。对待孩子,不能对其搞特殊化,以免孩子养成自我感极强、讲究物质攀比等坏习惯。

好方法成就好学生

4.教育孩子应步调一致

教育孩子的大忌就是有其他人当面偏袒、维护，教育孩子一定要步调一致，杜绝出现"一边教育，一边护孩子"的局面出现。出现这种局面，对于孩子来说就会产生负面影响，让孩子认为自己还有"保护伞"，从而为所欲为。

《绅士的教育》

美国著名教育学家洛克著有《绅士的教育》一书，书中写道："被溺爱的孩子必定学会打骂人，他哭着要什么东西，便一定要得到。他心里想做什么事情，也一定要去做。如此一来，父母自己在孩子幼小的时候，呵护他们，把他们的本性弄坏了，他们自己在泉水源头下了毒药，日后亲尝这毒水，却又感到奇怪。"关爱孩子，无可厚非，但是为了家长日后不品尝"毒水"，就要从"源头"把关，认真爱孩子、负责爱孩子、有尺度爱孩子，给予他们"绅士"般的教育。

三、从保护到伤害，别因关爱扼杀了孩子的独立成长

如今的家庭，独生子女现象居多，所以长辈对孩子的就表现出极端的物质娇宠和感情娇宠。从宝宝呱呱坠地的那一刻起，家长就在物质和感情方面付出的极其慷慨，竭尽所能地为孩子提供衣食住行最佳条件。儿童作家李沙伊曾经在《蜜罐中的孩子》一书中写到："如今的家长做得非常夸张，只有孩子想不到的，没有家长做不到的，往往是孩子还没开口，父母已经把商场搬回了家里。"这样一来，亲子关系就变了味道，而家长也从过度的保护、爱护，变成了溺爱和伤害。

过度保护的伤害

暑假，王子轩的妈妈给他报名去参加少年探险夏令营。为了锻炼孩子的吃苦能力，夏令营要求孩子们负重步行一个小时到达目的地。可是，刚刚走了10几分钟，王子轩就开始叫苦不迭，把自己的所有物品都扔给了其他同学。

好不容易到了目的地，别人都在忙活着"安营扎寨"，只有王子轩自己坐在地上死活不起来，嘴里还抱怨着："妈妈真讨厌，让我来这个鬼地方，我都快累死了。"指导老师见状，对王子轩说："如果你不愿意搭帐篷，那么就去帮助野炊组的同学去做饭吧。"

"做饭？那是不可能的。"王子轩脖子一横。"老师您不知道，我家里有三不准，就是不准动刀、不准动火、不准动电。我今年13岁了，都不知道打火机怎么用呢。您

第一章 让爱有度,用亲情奠定孩子成长基础

让我做饭?我可是不会。"

王子轩的话让指导老师心中一凉,望着孩子不禁摇了摇头。

看到这里,我们不禁会想起冰心的一席话:"有时候,太多的爱会给孩子带来伤害。"正如冰心老人所说的话,父母对孩子过度的保护就是一种伤害,促成了大量"小皇帝"和"小公主"出现。

1. 过度关爱的后果

物质上对孩子百依百顺,情感上小心翼翼,生怕惹孩子不高兴。这样一来,孩子就会形成以自我为中心、唯我独尊的自私心理和任性的性格。不管是物质还是情感上得不到自己想要的满足,就会采取哭、闹、不吃饭、不睡觉等不理性的方式来威胁父母,最终成为不通情理、不尽如人意的自私宝宝。

2. 过度保护的后果

担心孩子自己睡觉会蹬被子,不放心孩子自己外出,甚至害怕别的小朋友会欺负自己的孩子,所以有些家长就像一个无形的保护罩,把孩子护得牢牢的,每天跟着、陪着、搂着、抱着、护着。总之,就是一百个一千个不放心,恨不得自己时时刻刻贴在孩子身旁,为他处理一切事项,以免孩子碰到危险。可是这样的后果是什么呢?那就是孩子的适应能力、创新能力、动手能力、自立能力等等都受到了人为的制约,孩子变成了一棵经不住风吹雨打的"娇娇草"。

3. 过度期望的后果

"望子成龙、盼女成凤"。很多家长基于这个心理对孩子抱有极大的期许。因此,家长希望孩子把所有精力都投入到学习上,生活上的所有事宜都由父母来包办。随着孩子的长大,家长的求胜心理也就越强,在学习上对孩子进行高标准、严要求的"方针政策"。这个极高的期望和过分的关爱形成了强烈矛盾,让"娇贵"的孩子很难接受,从而导致孩子出现逆反心理和抵触情绪,反而对孩子成长更加不利。

"酸甜苦辣都是营养,生活百味都要体验"。如果把所有磨难和挫折都全部省略过去,那么孩子长大之后仍然不能自立。如今有两个新的名词,叫做"奶瓶男"、"奶瓶女"也就是说长大成人之后,孩子依然对父母有着强烈的依赖感,这就是过度保护所带来的恶果。

还孩子独立的空间

今天的年轻父母大多只有一个孩子,面对这独一无二的重量级"宝贝",我们该

好方法成就好学生

如何去关爱,如何去教育,如何让他们健康快乐的成长呢?那您就要切忌:不要过度保护。只有遵循孩子自身发展的规律去培养,他们才能够有一个独立成长的空间。

1. 减少溺爱

溺爱是扼杀孩子独立意识的重磅弹药,如果父母给予孩子的爱太多、太沉重,就会把那份爱意演变成为溺爱,而溺爱偏偏是影响孩子健康成长的"罪魁祸首"。所以,家长应当理性、适度地去爱孩子,正如教育学家王并存所说的"有时候放手也是一种爱。"

2. 创立独立机会

家长喜欢为孩子做决定,为孩子做选择,然后让孩子按部就班地去学习、去生活,这样不但助长了孩子的依赖心理,而且会让孩子丧失选择的权利,失去自主独立能力。合格的父母不是帮助孩子去做事情,而是创造机会让他们独自去想事情,只有自己开动脑筋想办法解决问题,才能够摆脱对家长的依赖,让自己成为一个彻彻底底独立的个体。

3. 让孩子学会做事的方法

过度保护的孩子依赖性强,不愿意自己做事情,从而导致他们不会正确处理问题,也没有正确的做事方法。"授人以鱼,不如授人以渔"与其包揽孩子的所有事情,不如教会孩子如何去面对生活。

放手去爱他

每个孩子都是父母掌心中的宝,这就出现了很多家长在教育孩子的时候给予了太多的保护,越俎代庖地做好了一切,从而让孩子对其产生强烈的依赖感。可是,孩子最终要走向社会,在竞争激烈的社会中一切还是要靠他们自己。如不不想让孩子走向社会后相形见绌,那么家长就要放开手,还给孩子独立自由的空间。

四、告别单一说教,丰富孩子的成长食粮

父母希望自己的孩子有一个好前途,于是就对其学习方面、生活方面、习惯品德方面进行严格要求。教育学家万德曼曾说:"孩子就好比一棵小树,只有辛勤的园丁去修剪枝杈,小树才能够笔直长大。"有时候,家长出于期盼的心理,采取粗暴或者单一的教育方式,可是这样往往得不到自己想要的结果,反之孩子会出现逆反、抵触心理。所以,家庭教育需要有合理、科学的方式,那些说教为主、手段单一的教

第一章 让爱有度,用亲情奠定孩子成长基础

育方法也是该退出家庭教育的舞台了。

为孩子做一个榜样

赵先生无论如何也没有想到,自己11岁的儿子竟然学会抽烟。这个消息如同晴天霹雳一般,令他实在不能接受。

这天上午,学校打来电话告诉赵先生,发现11岁的赵家齐竟然偷偷地在厕所吸烟,学校要求家长配合老师,尽快改掉赵家齐的这个不良习惯。

中午放学,赵家齐刚一进门,就被赵先生不由分说地打了一顿。赵先生边打边说:"你小小年纪就学会抽烟了,为什么不学好?"令赵先生没有想到的是,儿子非但没有认错,反而横起脖子说:"我迷上吸烟并不都是我的错,每次你逗我玩,都会往我脸上喷烟。有一次你不在家,我好奇偷偷地吸了两口,所以就上瘾了。"

听完儿子的话,赵先生愣住了。他沉思许久之后,对儿子说道:"孩子,吸烟对身体十分有害。既然我也有错误,那么咱们两个一同戒烟好吗?"儿子看到爸爸如此诚恳的态度,点头答应了。

要知道,赵先生是一个有着十几年烟龄的老烟民,戒烟有很大困难。但是为了让儿子戒掉烟瘾,赵先生忍受了戒烟的痛苦,最终戒烟成功。在爸爸榜样作用的激励下,赵家齐也说到做到,从此再也没有碰过烟。

从赵先生父子之间的故事我们就可以发现,单纯的说教甚至打骂只能起到事倍功半的效果,而以身作则、行为示范的戒烟"行动"却让赵家齐彻底戒掉了烟瘾。由此可见,单一说教还是存在很多种弊端的:

1. 单一说教容易引起孩子逆反心理

手段单一的教育方式孩子不愿意接受,认为父母总是"揪住错误不放"、"唠唠叨叨",从而产生厌烦情绪,出现"故意和父母对着干"的负面现象。

2. 单一说教的教育效果十分微小

一旦孩子出现"违规"现象,某些家长采用的手法往往比较简单和粗暴,甚至是训斥、大打出手。这样不但剥夺了孩子为自己辩解的权利,而且还让父母的位置处于不平等状态。久而久之,孩子就会对父母出现恐惧感,他所做出的行动只是对父母恐惧的一种反应,而不是从心底想彻底纠正错误。

其实,我国的教育是十分重视少年儿童的规则教育的,尤其是重视培养孩子良好行为习惯。可是,越来越多父母感觉到教育效果并不尽如人意,便开始指责"现在的孩子不好管"。父母在抱怨的同时,有没有对自己的教育方式进行过反思呢?

好方法成就好学生

单一说教不可取

为了孩子更好成长,父母应当告别单一说教方式,找寻适应孩子成长规律的良好教育方法,下面几种方法可供家长参考:

1. 多沟通,少命令

"你必须去写作业"、"赶快去睡觉,不能磨蹭",这种话语几乎天天都能够从家长的嘴里说出。家长认为自己是用心良苦,想培养孩子良好的生活习惯和学习习惯。可是,事实上却让孩子感到反感。如果家长可以换一种方式,用商量的语气说:"到时间了,可不可以先做作业?"、"时间很晚了,上床睡觉吧,不然明天早上会不会起不来?"这样的说法能够让孩子感到父母对自己的尊重,从而愿意听从父母的话。

2. 多引导,少责骂

有时候,打和骂并不能够直接解决问题,反而会引发一系列负面作用。对于教育孩子,父母应当才有循循善诱的方式,从根本找问题,并且结合事实来告诉孩子事情的不良后果,让孩子自己认识到错误,自己主动进行改正。

3. 成为朋友

有些家长认为"老子就是老子,儿子就是儿子",这样就将父母与孩子处于两个不同的位置。其实,家长越是尊重孩子,孩子就越会注重自尊,他们会修正自己言行来应对别人的尊重。父母应当和孩子交朋友,抽时间来和孩子沟通,解答他们的困惑。这样,孩子感受到尊重就会信任父母,从而真正的与父母成为朋友。

正确的家庭教育

在家庭教育中,家长对孩子的教育无时不在,无处不在,所以家庭教育体现出重要的特性——渗透性。父母应当重视"渗透性"的作用,在潜移默化中运用多方面来教育孩子,为孩子树立榜样作用。反之,单一的说教不仅让孩子反感,而且也会收效甚微。

五、体罚不是爱子,别让自己成为孩子眼中的"暴君"

美国施特劳斯教育研究小组为了验证"体罚孩子只会令孩子的行为更加不规范"这个观点,分析了 1988-1990 年间 807 名 6-9 岁孩子的家庭教育。分析表明,有 44%的孩子曾经接受过体罚,甚至在一周内被体罚过两次。家长声明:体罚只是为了让孩子减少反社会行为的目的。可是实际结果呢?施特劳斯研究小组第一作者社

第一章 让爱有度,用亲情奠定孩子成长基础

会学家默里·斯特劳斯说:"这项研究表明,体罚效果适得其反,它令父母自食苦果,并使事情变得更糟。"

体罚的伤害

18岁那年,达明由于打架斗殴致人以重伤,从而开始了他慢慢的铁窗生涯。在高墙里头,达明哭着对监狱教导员说:"我控制不住自己,父母的打骂给我留下太深的印象了。"

从达明记事那天起,脑海里留下的便是父母打骂自己的印记。与父母顶嘴会挨打、不按照父母意愿做事会挨打、学习成绩不好会挨打、和小朋友发生争执会挨打。每次达明犯了错误,都不敢回家,因为他知道家里没有温暖,而是冷冰冰的板子。

慢慢的,达明长大了,父母的教育方式让他认为只有暴力才能够解决一切。从9岁那年开始,他开始不断地与同学发生纷争,之后就陷入一个"外面打人,回家挨打"的恶性循环。在他幼小的心灵武断地认为:"爸爸妈妈只会打人,是不会听我说心里话的。我也只有用拳头,才能帮助自己解决一切问题。"

中国的传统是"君君臣臣父父子子","君为臣纲,父为子纲,君令臣死,臣不死为不忠,父令子亡,子不亡为不孝",家长认为孩子必须无条件服从自己,只因"棍棒底下才能够出孝子"。他们通过用"打"的方式来企图教育孩子,让孩子成才。可是实际上呢?打骂教育非但没有让家长达到自己预期的目标,反而给孩子带来极大的伤害。

1. 身体伤害

打骂教育方式最显而易见的就是给孩子带来身体上的伤害,盛怒之下的父母会采取扇耳光、打屁股,甚至用其他器材辅助的责打方式,这样一来就很容易给孩子带来身体上的损伤,比如:鼻腔出血、听神经受损、皮下淤血、坐骨神经影响脊椎等等。近几年媒体曾经报导过多起由于家长用暴力惩罚孩子所造成的家庭悲剧。

2. 心理伤害

打孩子的恶劣后果是多方面的,它既会让孩子带来身体伤害,也会给孩子造成心理负担。首先,打孩子会给孩子带来极大的恐惧感,因为最亲近的人会用一种自己不能接受的方式来惩罚自己。其次,由于恐惧,就会让孩子对父母产生不信任感,渐渐淡漠亲子关系。最后,很多家长在惩罚孩子的时候,不许孩子进行反驳和辩解,认为这是在"顶嘴"。于是孩子只能默默地、委屈地承受一切,从而让孩子产生严重的心理阴影,以至于成年之后不敢为维护自己的合法、正当权益。

3. 负面作用

孩子稍有不从就招致一顿毒打,这样就会在孩子心理上留有"谁强大,谁就可以打人"的印象。孩子会通过父母的处理方式来学习这种以暴制暴的行为,在生活和学习上遇到问题就会用恐吓、威胁和武力方式来制服他人。

另外,被体罚大的孩子身上容易出现更多的问题,比如"欺骗、撒谎、吹牛,对待他人野蛮、刻薄、做了坏事毫不内疚和刻意打坏东西,在学校不守纪律,与老师关系恶化等"等反社会行为。

教育不等于暴力

教育学家陶行知曾经说过:"教育不等同暴力",孩子犯了错误给予一定的惩罚是正确的,但是惩罚也要讲究方式方法,并不是武力可以解决一切问题。

1. 惩罚要适度

俗话说:"常骂不惊,常打不怕。"经常体罚孩子,孩子就会形成一种"即使挨打,我也不再会在乎"的态度,结果让孩子成为一个有反抗情绪的叛逆儿童。如果家长需要教育孩子,首先要采取的就是说服教育,做到"以德服人"。

2. 多与孩子沟通

很多家长成日忙于生计,为的是给孩子提供更好的生活条件。于是,有些父母心中就会产生这样的想法"我在外面拼死拼活工作,你就要在家用好好学习来报答。"事实上,这种想法本身就存在很大的错误。父母没有时间来了解孩子,与孩子沟通,哪怕为他提供再好的物质条件,可孩子的精神世界还是匮乏的。所以,家长应当抽出时间经常性地与孩子聊天、沟通,从而对孩子有一个全面把握。如果日后孩子犯了错误,家长也能够明白该如何去正确引导。

3. 调整教育观念

"棍棒底下出孝子"、"不打不成材"都是传统的教育方式,随着社会的进步和变化,这种错误的教育观念应该被时代所抛弃。身为家长,应该责无旁贷地去主动吸收新的教育知识,从而根据孩子的自身情况,及时调整教育理念,以此顺应孩子的发展过程。

4. 倾听孩子的声音

儿童心理学家王人所老师针对家长用体罚管教孩子的方式,提出了这样的建议:"尝试着多一分耐心,问问孩子这么做的原因是什么。"当发现孩子身上的问题

第一章 让爱有度,用亲情奠定孩子成长基础

时,家长不要急于责骂,而是要放下身段来倾听孩子的声音。只有真正尊重孩子,不用命令语气说话,孩子才能对你敞开心扉,最终有的放矢地帮助孩子纠正错误。

惩罚的艺术

由于孩子年龄小,辨别是非的能力不强,所以家长有责任帮助孩子纠正错误,给予适度的惩罚来让孩子记住这个经验教训。然而,惩罚并不等于体罚,它也是一门艺术。惩罚孩子的时候,家长一定要理性,做到"理性惩罚,文明惩罚,以占领教育的制高点,争取教育的主动权。"

六、隔辈教育?你可以与双亲做得更好

俗话说:"隔辈疼,更加疼",如今隔代教育已经成为一种无法回避的社会现象,由于祖辈的溺爱,越来越多的孩子身上出现一些问题行为。难道我们真的应该视隔辈教育为洪水猛兽,从根本杜绝吗?答案当然是否定的。正确的做法是在家庭教育中扬长避短,从而让隔辈教育也转变成为对孩子有利的教育,以此发挥更好的作用。

隔辈教育的弊端

小李的家庭是双职工,小李常年在外出差,而妻子的工作性质也是三班倒。为了更好地照顾孩子,在女儿3岁的时候,乡下的爷爷奶奶就来到城里,为的是带孙女。孩子一天一天长大了,小李夫妻也发现老人带孩子的一些弊端,比如说:对长辈没大没小,奶奶不喂饭就不吃,脾气暴躁爱摔东西等等。每当女儿犯错误,小李夫妻要教育孩子的时候,爷爷奶奶就会拦在前面,不允许别人说孙女半点不好。于是,在小李家里出现了"照顾孩子的问题解决了,然而教育孩子的问题又来了"的纠结局面。

像小李家的这种情况不在少数,由于父母工作繁忙,祖辈就会成为照顾第三代的"后勤保障",并且兼任"保护伞"。但是隔辈的教育往往会存在某些弊端,这些弊端不但影响孩子的健康成长,而且也会引发家庭矛盾。

1. 溺爱孩子,阻碍孩子成长

祖辈在年轻的时候,由于各种环境的制约,可能没有为子女提供更好的照顾条件。于是,他们的一种补偿心理就会在第三代身上产生,把所有的爱和精力全部投入到孙辈身上,物质和精神要求是百依百顺,有求必应,甚至越俎代庖。这种事事代

劳、大包大揽的照顾方式往往引发孩子出现任性、自私、依赖性强等不良性格。

2. 以经验代替科学

一般情况下,年轻父母教育孩子是理性方式,而老人则趋向于感性教育。对于孩子的要求,老人会一口答应,根本不会考虑是否对孩子有利,只是要求"宝宝不哭不闹"就好。比如说,一个小女孩每天都要含着糖果入睡,妈妈严格禁止孩子的这种行为,怕孩子出现龋齿。然而面对孙女的大哭大闹,奶奶妥协答应了,并且认为"反正乳牙会掉,以后还会长新牙"。比较而言,祖辈因为对新知识掌握不多,习惯用经验来带孩子。认为"吃的盐比年轻人走过的路还多",以"过来人"的身份自居,从而引发一系列教育问题。

3. 孙辈生活在封闭环境中

一项调查发现,"在您是否鼓励孩子在户外奔跑、跳跃、尽情玩耍的问题上,祖辈与父辈差异极大。经常鼓励的祖辈只有12%,而父辈却有55%。由于祖辈对孩子采取限制多于引导的'看管方式',所以孩子的主动交往意识弱。隔代抚养的孩子主动找小朋友玩耍的只有9%,非隔代抚养的孩子则达到24%。"这就说明根据人的生理特点和年龄情况,老年人不可能陪伴孩子跑、跳,而是习惯性把孩子圈在家庭范围内。可是儿童时期的孩子求知欲强、体力充沛,如果不给予他们合理的智力培养和运动活动,就会养成孩子内向、不喜动的生活方式。

4. 容易引发家庭矛盾

年轻人和老年人的教育方式、生活习惯都大为不同,本身就容易引发矛盾。同样,如果在教育孩子的方面双方达不成共识,两者之间的矛盾就会愈演愈烈,矛盾进一步激化。

不过,事物都拥有正反两个方面,有利自然有弊。正如隔辈教育一样,老人带孩子会存在种种弊端,但是它也有好的一方面。如果在隔辈教育中可以做到取长补短,那么孩子的成长道路就会更加顺畅。

解决隔代教育问题的方法

上文已经提到,隔代教育有利有弊,有利的方面有很多,比如祖辈教育孩子比较耐心和细心,心态相对平和,并且为年轻父母解决了后顾之忧等等。不仅如此,祖辈在长期生活实践中积累的社会阅历和人生感悟,对孙辈的成长也有着潜移默化的积极影响。所以,隔辈教育并不是完全不可取得,我们可以通过以下方法将教育

第一章 让爱有度,用亲情奠定孩子成长基础

做得更好:

1. 统一思想

年轻人和老年人由于出生、成长环境不同,在教育宝宝的问题上也会存在差距。例如年轻父母注重孩子的智力培养,而祖辈们往往注重物质给予。前者愿意放手,让孩子拥有自由、独立的空间;后者则会出于安全考虑等问题,不由自主地束缚着孩子。所以说,在两代人教育孩子的问题上,大家应当坐下来心平气和地进行沟通,从而统一认识,双方各取其长,用适应孩子特点的方式来进行教育。

2. 找寻平衡点

祖辈养育宝宝的时候,通常会有溺爱的成分。所以,祖辈应当找到理性和感性的平衡点,分清爱和溺爱的界限,做到冷静、正确地评价孩子,积极为孩子创造独立条件,努力营造一个有利于家庭教育的和谐氛围。

3. 不忽略责任

有的老年人认为"我只要照顾好孩子的生活就可以了,学习问题还是让爸爸妈妈操心吧",这种观点是错误的,也是逃避责任的一种体现。在教育孩子的问题上,大家都有责任和义务帮助孩子健康成长。所以,祖辈应当时刻注意孩子的行为举止,及时纠正他们的不良习惯,从而为孩子的健康成长"保驾护航"。

隔辈教育,一样可以做得更好

祖辈和父辈都能够成为合格、称职的教育者,老年人应当顺应时代潮流,多多学习科学的育儿观念和理论,从而在参与孙辈教育的时候,可以让孩子接受先进的教育方式,也有机会更好地传承祖辈那些优秀的传统文化和美德。

七、营造温馨的亲情环境,别让自己成为孩子最熟悉的陌生人

"幸福的家庭是相似的,不幸的家庭各有各得不幸。"这句话出自俄国著名作家托尔斯泰的著名小说《安娜·卡列尼娜》。如今,每个家长都想给孩子创造幸福的生活环境,然而家庭幸福在很大程度上与亲子关系有关,这将直接影响孩子的成长与进步。

不懂孩子的心

一天,妈妈发现7岁的闹闹蹲在大树下一动不动,连续叫了几声他都没有听见。妈妈非常生气,揪住闹闹耳朵就是一顿数落:"你蹲在树下这么半天,简直是浪

好方法成就好学生

费时间,有这工夫你应该多复习复习功课。"

"我不是浪费时间,我是在观察蚂蚁搬家。"闹闹委屈地说。

"还说没有浪费时间,观察个破蚂蚁有什么用,做好功课才是最重要的。"妈妈严厉地说道。

"快要下雨了,我想观察一下蚂蚁是怎样搬家的。"

"别说那么多没用的话,回家去,赶快复习功课。"还没等闹闹说完,妈妈就连拉带拽地让儿子回了家。

通过闹闹妈妈的教育方式,我们不禁想到了1987年美国著名教育学家丹尼·比尔斯所做的一项调查:调查小组针对美国低收入家庭的3岁儿童进行追踪研究,结果表明家庭成员经常一起进餐的家庭文盲率比较低。原因就是父母会在饭桌上和孩子交流,孩子就会掌握很多词汇量,从而让词汇量成为阅读的"最好导师"。然而那些没时间与孩子沟通的家长,孩子身上往往会出现不良性格和习惯,从而得不到更好的发展。

1. 不注意与孩子沟通,亲子关系淡漠

有些家长忙于工作,很难抽出时间来陪孩子聊聊天,这样就会导致孩子的物质生活富足,精神生活匮乏。久而久之,孩子就不愿意和家长交谈心事,而是将它们牢牢锁起来,最终导致亲子关系淡漠。

2. 让孩子产生陌生感

按照常理说,爸爸妈妈是孩子最亲近的人。可是,如今家庭中越来越多的孩子认为和父母有陌生感,认为家长"不了解自己"。为什么会产生这种状况,主要问题源于父母做得不够到位。

3. 情感关爱不能少

"很多人以为婴幼儿还不懂事,其实在孩子出生后建立稳定的依附关系非常重要,这是性格及情绪形成的重要基础。"心理咨询师赵婷表示。"年轻父母应尽量平衡工作和生活的节奏,亲自照顾孩子。尽管老人那里不缺少爱心,全托机构也不缺少专业人员。但是对孩子而言,父爱和母爱是伴随他们密不可分的重要组成部分。"根据社会学家观点,"3至5岁是孩子与父母亲建立依赖关系的关键期,在这一时期父母缺位会让孩子缺乏安全感,长大后孩子会缺乏自信,在人际交往方面也会出现障碍。"所以说,父母不管有多忙,一定要给予孩子更多的情感关爱,这样对他日后适应环境、人际关系和抗挫能力都是有相当多的好处的。

第一章 让爱有度，用亲情奠定孩子成长基础

有些家长认为孩子只要吃饱穿暖、没病没灾的就可以了，感觉这样已经尽到了家长的责任。至于学习、教育方面，就可以全部推给学校和社会。然而这样就会让孩子对父母的印象只停留在吃喝住行，全无精神上的交流。所以，家长应当多陪陪孩子，营造出"平等、互助、乐观、互谅、和谐"的家庭氛围，把孩子当作朋友，从而进行零距离沟通。

真正的了解孩子

国家基础教育实验中心社区与家庭教育研究所副所长金琰这样问妈妈们："孩子的世界，您了解吗？孩子的需要，您满足了吗？您的期望，孩子能承受得住吗？"这样一个问题引发了家长的思考。如果问孩子喜欢吃什么，穿什么，很多家长都能够马上回答出来。然而对于孩子的内心，不少父母却不知晓。所以说，只有真正的了解父母，才能够算作真正合格的家长。

1. 以身作则

苏联英雄卓娅和舒拉的母亲就曾说过："教育是在每一件琐事上，在你每一个举动上，每一个眼色上，每一句话上。"孩子在幼年通常都会模仿学习父母的一些行为举止。家长对孩子的教育应当从自身做起，应该以身作则，循循善诱、潜移默化，身体力行成为孩子的榜样。

2. 成为孩子的朋友

孩子都需要一个成长的过程，在这个过程中无论生理方面还是心理方面都会发生重大的变化。身为父母，我们要多倾听孩子的心声，从而掌握第一手动态，对孩子的教育随时做出机动性调整。

3. 尊重孩子

孩子是一个独立的个体，并且随着他们的生长发育而扩大活动范围。父母应当学会尊重孩子，对其正确行为方式给予鼓励，错误行为给予引导。让孩子知道父母是可以信任的，有困惑时候主动找父母倾诉，听取长辈的意见和建议，而不是一意孤行。

4. 适度期望

鲁迅说："父母对于子女，应该健全的产生、尽力的教育、完全的解放"。"望子成龙"、"望女成凤"是家长最期望的事情。这种期望是无可厚非的，但是如果期望太高，把自己的理想抱负全部压到孩子身上，孩子就会背负上与自己年龄不符的心理

和精神负担。在教育子女的书籍中曾经写有这样一段话:"作为父母只要能把昨天的教育、今天的孩子、明天的人才区别开,只要期望适度,任何一个孩子都不会辜负你的期望。我们不能以耽搁今天孩子健康成长的代价,来换取明天孩子的发展。"仔细思考,里面蕴含着深刻的教育哲理,希望与广大父母共勉。

不做"陌生人"

如今生活节奏很快,竞争也异常激烈,年轻的父母常常会忙于工作而忽略与孩子的感情沟通。心理学专家表示,"年轻人忙于工作固然可以理解,但是孩子的教育远比工作更重要,再忙也要想方设法搭建亲情桥梁,让孩子感受父母的亲情温暖。"

八、父母先"统一战线",孩子才不会"南辕北辙"

由于各自的成长环境不同,许多父母在教育孩子时,往往在个别问题上无法获得一致,并有可能导致冲突。有些父母甚至会在孩子面前发生争吵,但是令人遗憾的是,不管哪一方赢了,都会使另一方在孩子心目中的分量削弱。所以,在孩子面前,父母的分歧最好可以"藏起来",否则,这样的教育方式很可能会对孩子产生"1+1=-1"的反效果。

为什么不能黑白脸一起唱?

刘女士最近一直非常担心:她的先生对于女儿的娇纵简直达到了令人无法容忍的程度。而她则是恰恰相反,不管是干什么,都要先看看是否有必要,若是没有必要,她总是会坚决拒绝。

有时候,女儿犯了错误,只要刘女士一批评,丈夫便会当着孩子的面护短:"有话就好好说!怎么能对着孩子吵闹!"时间长了,孩子便摸透了父母的脾气,总是常常说谎,并刻意地去讨好爸爸、欺骗妈妈。

这样的教育方式让孩子养成了"爸爸是好人,妈妈是恶人"的看法,而这种教育孩子方法不一致的行为,也导致了她们家的家庭战争频繁发生。在这样的环境中,女儿变得越来越蛮横、不讲理。

在所有的家庭中,教育孩子都是父母应共同担负的责任。但是,在具体履行这一责任时,往往会发生种种的矛盾,其中,最冲突的,便是父母在教育孩子时未能保持一致意见。若细细分析的话,我们会发现,"黑脸白脸"一起出现的教育方式,往往

第一章 让爱有度,用亲情奠定孩子成长基础

会引发以下教育问题:

1. 意见分歧直接导致父母双方的权威性

儿童思维的最大特点便是缺乏主见、容易服从。他们对"权威"的迷信程度在童年时期往往会达到人生最高值。若父母本身的教育意见与方法便存在分歧,而这种分歧又呈现为公开化,能够让已经拥有一定理解力的孩子一目了然,那么最终落败的一方教育者往往会在孩子心目中的形象受损。

2. 父母的意见不一会降低家庭教育的效果

孩子本身并不具备完整而明确的是非观念,再加上他们本身就具有自我保护的能力,若父母意见不一,孩子自然无所适从,同时还会利用父母的争执,对自己的行为的态度不一,去寻找有利于自己的保护,并会使这种"见风倒"心理进一步得到强化,而在此时,持有正确观点的教育者反而不会获得相应的努力成果。

3. 父母意见分歧,会让孩子养成任性恶习

前苏联著名的教育家苏霍姆林斯基曾经指出,父亲对孩子的要求应该与母亲对孩子的要求保持一致,只要孩子能够感受到母亲与父亲对于"可以"、"不可以"、"应该"、"不应该"等概念间存在不同的看法,那么,就算是最合理的要求,在他们看来也是暴力的、强制性的,而这样的教育方式往往会导致孩子养成任性、不讲理的恶习。

因此,想要教育好孩子,就应掌握科学的教育方法,在家庭中形成一致的教育氛围。

先统一战线,再私下讨论分歧

在许多家庭间,夫妻间由于经历不同、知识水平不同、价值观不同,对孩子成长的规律理解与认识也往往不同。既然这种分歧是客观存在、无法避免的,那么,当父母在当面教育孩子时,若一时产生分歧,父母应该从以下方面着手进行处理:

1. 孩子在场,尽量不发生争执

若一方出现了教育失当,另一方也不应轻易指责,指责从来都无法令人心悦诚服。特别是当孩子在场时,夫妻二人都会有想要维护自己的权威与尊严的心理需要,而简单的指责除了会引发彼此间的矛盾,根本不会有其他收获。因此,当孩子在场时,父母应该彼此克制,先听一方的,尽量不发生争执。

好方法成就好学生

2. 对情绪进行"冷处理"

一旦发现有当着孩子的面争吵的迹象,父母便应该选择"少说话、深呼吸"的止怒法,对情绪进行冷处理,而最好的方法其实是夫妻之间应该学着去接纳彼此间的差异,庆幸双方拥有独特性与独立观点,从而在根本上尊重对方。

3. 在事后寻找恰当的方法,以建议的方式表达意见

避免正面冲突,并不是对孩子的教育方式撒手不管,而是要更积极地去寻找与配偶进行教育问题深入讨论的恰当时机与方法。在夫妻之间,彼此进行思想交流、进行问题讨论的机会永远存在。当一方的教育方法不妥当时,另一方应在恰当的时候寻找机会,以心平气和的态度来表现自己的建议与意见。通过用心的引导、良好的语气与彼此间的反复磨合,在教育孩子问题上,两人必然会趋向于一致性。

4. 使用生动的事实来启发对方、提高对方的认识

从根本上来说,之所以会在教育方式上存在分歧,是因为彼此的认识存在分歧。想要增加自己的说服力,你便应举出生动的事例,这种事例要比抽象的道理更加有效。因此,平日里你应多看教育孩子的成功案例与他人的成功做法与经验。当你能将这些生动实例实际运用在教育与说服配偶时,你不仅自己会受益匪浅,同时也会使你的配偶受到卓有成效的影响。

5. 统一目标,掌握大原则

在教育孩子的问题上,夫妻双方应针对一些重要问题进行私下的讨论,从而达成一致。在这种时候,你们需要注意的是先不要在一些细枝末节上进行彼此纠结,而是先从教育的大目标谈起。"父母对孩子最应该做的事情是什么?""将孩子培养成怎样的人?""在这一前提下,我们拥有哪些条件?还需要哪些努力?""产生分歧的事情,在哪一点上与目标违背?"在这样的具体讨论中,得出科学的教育方法。

父母轻松教育,孩子快乐成长

我们需要指出的是,父母在教育孩子时,应该保持教育观点的一致性,但是,这并不意味着家中只能有一种声音。若教育中的某一方观点错误,另一方应在私下里与对方进行良好的协调,而不是一味地认同与符合。另一方面,父母双方善意地进行意见的交流与互动,对于孩子也起着极强的示范作用。否则,若家中总是只有一种绝对的声音,那么这样的家庭氛围只会使孩子的自信与判断力受到影响,使其失去多元化发展的机会,甚至还有可能影响到孩子正常的人际交往能力。

第一章 让爱有度,用亲情奠定孩子成长基础

九、爱应双向发展:让孩子从"得到爱"学会"付出爱"

"爱,是一种最直接的感受与体验,也是一种最能直接传递的美好情愫。爱的体验与传递没有年龄要求。"一个人之所以能够称之为"人",就是因为他懂得"得到爱"和"付出爱"。我国有着五千年的悠久历史,有讲究礼仪和道德的优良传统。对于现代的孩子来说,只有懂得付出爱,才能够充分体会到文明与礼仪,最终成为品德高尚的人。

孔融不爱吃梨

晚饭后,妈妈、爸爸、爷爷和4岁的小家家一同看电视。为了教育孩子,妈妈一边切水果,一边给家家讲《孔融让梨》的故事。讲完之后,妈妈把水果递给小家家,说:"家家,爷爷非常疼爱你,这盘水果你是不是应该先让爷爷吃啊?"没想到小家家把头摇成像拨浪鼓一样,连连说道:"不行,不行。家家喜欢吃这个,如果爷爷吃了,家家就该没有这么多了。"

"家家,妈妈不是刚给你讲完《孔融让梨》的故事吗?你要向孔融学习。"妈妈引导家家说道。

"那肯定是孔融不喜欢吃梨,爷爷说过,自己爱吃的东西就全部吃掉,不要给别人。"家家回答。

听着家家的话,妈妈不由得叹了口气。

现在的孩子可谓于万千宠爱于一身,一贯是"得到的多","付出的少"。慢慢地,孩子认为爱只是单项给予,不需要向外付出。于是孩子便自然而然形成"我是中心"的思想,最终变得不能被社会接纳的自私自利之人。如果孩子不懂得爱,会对孩子产生哪些方面的影响呢?

1. 孩子变得任性

习惯了被各种各样的爱所包围,孩子就会认为别人的给予是理所当然的,这种观念会随着孩子年龄的增长而不断加深,最终这种单一的思维模式根深蒂固,孩子变得自私、任性,处处占据上风压制他人,从而给孩子带来众多不利影响。

2. 孩子变得孤立

古人曰:"滴水之恩,当涌泉相报"。这句话言简意赅,明确地概括出"得到爱,也要付出爱"的道理。如果父母不注重孩子这方面的培养,孩子就会铭记他人对自己的帮助、对自己的恩情,不懂的感恩之心,不能顺利融入社会,最终被他人所孤立。

好方法成就好学生

身为家长,我们都知道不懂得"付出爱"会给人生带来很大的弊端。然而面对教育子女,却又存在这种盲区,一手造成孩子的自私、孤僻。

在人性之巅散发爱的光芒

爱是人类最伟大、最高尚的情感,"是人类借以维持自身发展和繁衍的基本力量。"自古以来,关爱他人、助人为乐、尊老爱幼就是我国的传统美德。今天的孩子是国家未来的栋梁,他们身上肩负着兴旺发达、继往开来的重任。所以,父母一定要注重孩子"爱的双向发展",令孩子成为当之无愧的未来主人。

1. 创造爱的环境

培养孩子良好的情感就要给他们一个充满爱的空间。孩子的爱心、同情心并不是完全出于天性,它需要后天的培养。因此,家长应当注重孩子爱心的培养,让他们在生活中"感受爱"——"懂得爱"——"体会爱"——"付出爱"。

2. 给孩子建立爱的榜样

父母是孩子的第一任老师,只有父母做的正才会给孩子留下深刻的印象。家长可以用自己的一言一行影响孩子,比如说:带孩子看望长辈;公交车上给老人让座;假期做义工等等。这样,孩子就能够感受到爱是需要付出,需要扩大的。当别人遇到苦难时,他自然可以毫不犹豫地提供帮助。

3. 培养孩子关爱他人

很多孩子都是家中的"公主"、"皇帝",从而产生严重的自私意识和行为。他们不懂得关爱他人,不懂得关爱集体。此时,父母应当有意识培养"心中有他人,自己与别人是平等的"的观念,让孩子清楚地明白分享的快乐和关爱他人的愉悦。

懂爱,付出爱

每个人来到这个世界上,首先接受的是家人无微不至的照料,其次也得到老师、社会的关爱。生活中,孩子总能得到他人的帮忙,只有让孩子懂得用一颗感恩的心去感受,去体会,才会发现有时候付出爱也是一种能力,一种满足,一种快乐。

十、当一个不唠叨的家长更受欢迎

《唠唠叨叨只会令人厌》书中有这样一段话:"使人听觉模糊反复同样的话,会让人产生一种习惯性的模糊听觉,明明在听,却根本不入心里去。这是长期重复听

第一章 让爱有度,用亲情奠定孩子成长基础

同样的声音产生的不在乎。做父母不要只怪孩子不听话,想想自己是否真的太唠叨了。"唠叨几乎是现代家长的一种通病,出于关爱和不放心,习惯性地将叮嘱、督促等语言挂在嘴边,以至于每天都在孩子耳边"碎碎念"。

妈妈的唠叨让我受不了

这是一个小学生的作文,文章名字就叫做《妈妈的唠叨》,文中这样写道:

我很喜欢学习,也很喜欢看课外书籍,因为在那里我能够看到和课本不一样的大千世界。可是,妈妈却总认为这些课外读物是"闲书",会耽误我的学习,这点让我很苦恼。

就拿这个周末来说,我早早就做完了功课,然后拿出用零花钱所买的《上下五千年》,正当我看得津津有味的时候,妈妈的唠叨又在耳边响起了。"你看看你,怎么不长记性,有这时间为什么不做功课。"

我赶紧告诉妈妈,功课已经做完了,而且半个小时以后就会复习下周的功课。不过,刚过10分钟,妈妈就过来说:"怎么还看呢?快点复习。"不一会,妈妈又来到我身边,说:"还没看完?快把闲书扔了。"就这样,妈妈一直在唠叨。我心里很烦,既没有心情看课外书,也不愿意继续复习了。

在这篇文章里,我们可以知道孩子对家长的唠叨是有厌烦心理的。妈妈的提醒出于好心,但是三番五次的督促会把事情搞糟。既然孩子答应半小时后去复习功课,那么这位妈妈倒不如等半个小时之后视情况再决定是否需要督促。所以说,家长对孩子的批评、关爱都不要超过限度,应该把握一个尺度。如果连续不断地简单重复,那么孩子就会产生逆反心理。

唠叨的影响和隐患

1. 有些事情是孩子不感兴趣的,这样孩子就没积极性和自觉性。笔者在培训班门口多次看到这种现象,父母代孩子做主,报名参加门类繁多的特长班。结果呢?孩子不感兴趣,不愿意去听课。于是父母就开始提醒、唠叨,时间久了孩子就把这些话语都当作耳旁风,不管对与错,充耳不闻。

2. "你必须好好学习"、"你得听话",父母这些要求都显得很笼统,让孩子无所适从,不知道该如何去做。而父母看到孩子没有达到自己的要求,就会用没完没了地进行抱怨、唠叨、督促,这样令亲子关系产生矛盾,并且随着唠叨次数的增加而激化。

3. 当孩子慢慢长大,他们就希望由自己做决定,暂时摆脱父母的安排。然而,父母认定孩子还小,依然需要"嘱咐"、"关怀"。当这些"关怀"变成"唠叨"以后,孩子就会产生反感,认为自尊心受到了伤害。

"使孩子产生逆反情绪在家长的唠叨声中长大,大多数孩子练就了对付唠叨的过硬本领,结果是父母唠叨越多,孩子防御能力越强。当孩子在心上构筑起唠叨'防火墙','金玉良言',也很难穿透了。"这是《家教指导:家长切忌唠叨》中专家对父母唠叨的看法。由此看见,时时刻刻把叮嘱挂在嘴边的家长并不是一个合格的家长,也会成为不受孩子欢迎的家长。

做一个不唠叨的父母

既然唠叨的弊端多多,那么家长该如何改掉唠叨的教育习惯呢?专家如此支招:

1. 尊重孩子,去除"控制欲"

每个孩子都有自己的自尊心和上进心,如果父母总是想让孩子按照自己意愿去做,剥夺他的自主权利,孩子就会产生反感。

2. 就事论事,抓发放小

有些家长习惯翻出"陈芝麻烂谷子"的老账来训斥孩子,不但让孩子越来越没有自信,而且还会有抵触情绪。孩子在成长过程中都会经历很多事情,这些事情有大有小。所以家长不要把孩子盯得死死的,以至于出现一丁点错误就唠叨没完,并且还翻出陈年旧事来数落。科学的方式是:"可说可不说的就不说;同时有好几件事要说的,就拣一件最重要的说,其他的事情等这件事了结后再说;复杂的事情要分步骤说,先从孩子最容易做到的步骤说,完成这一步再说下一步。"

破除"碎碎念"

心理专家认为,唠叨是一种生理病态现象,是成年人神经系统自控能力降低的表现。爱唠叨的人缺乏自控能力和心理承受能力,从而通过"碎碎念"的方式把问题转嫁给孩子。众所周知,不唠叨的家长是受孩子欢迎的家长。为了孩子的健康成长,为了亲子关系的融洽,父母应当时刻提醒自己:与孩子之间需要的有效沟通,而不是时时刻刻的唠唠叨叨。

第二章 从理念更新到方法升级，令教育跟上时代节奏

时代飞速更迭，教育理念也正在发生着巨大的变化，"一言堂"、"严父出孝子"的理念也许有其可取性，但是，老旧的教育方式早已与现代教育理念相背离。这些与时代节奏一同发展的脆弱孩子，若遭遇了一味的疾言厉色，往往会采用消极叛逆的方式来抵御落伍的家庭教育模式，而简单、粗暴的强权家庭教育又会使孩子的成长蒙上阴影。如何让家庭理念与教育方法跟上时代的要求？如何让孩子真正地在家庭中寻找到快乐与理解？本章中将为您一一道来。

一、孩子第一次犯错误的时候，就是立规矩的时候

如今出现了一个新的名词："6+1"，意思就是：6个大人，1个小孩。有了姥姥、姥爷、爷爷、奶奶、爸爸、妈妈的众多宠爱，就算孩子犯了错误也会迁就和原谅他。其实孩子第一次犯错误的时候，家长会认为孩子还小，长大就会好了。殊不知，这样就为孩子的后期教育埋下了不可预估的隐患。

迁就酿成的苦果

最近，东东越来越爱跟父母顶嘴，有时候还出言不逊。雪天，东东正在发烧，却总惦记出去和小朋友打雪仗，妈妈说："东东，你正在发烧，不能着凉。"谁知道东东却对妈妈说："发烧是我自己的事情，你管得着吗？"

还有一次，爸爸妈妈带着东东去电影院，电影刚刚开始，东东就大声地和妈妈讨论剧情。出于礼仪，妈妈小声地对东东说："孩子，这里不能大声喧哗，会吵到其他观众的。"没想到，东东蹭地站了起来，大声喊道："我就说，我偏要说，这里不欢迎你，你赶快走。"弄得爸爸妈妈无地自容，十分尴尬。

回到家，爸爸妈妈认为应该好好教育教育东东。可是爸爸刚刚跟他讲道理，东东反问："我错了吗？以前我一直这样，你们从来没有批评过我。这次怎么了？为什么这么生气？"

是的，家长迁就孩子的第一次错误，就等于纵容他继续犯错。像东东这样的难教育的孩子，问题不全部在于他自身，更多的问题在于家长。当孩子把错误养成了

好方法成就好学生

坏习惯之后才让孩子纠正,那将是一个漫长的过程。

培根说:"习惯是一种顽强的巨大力量,它可以主宰人生。"如果父母在孩子第一次犯错误的时候没有"喊停",那么就等于给孩子"放行"的信号。当孩子把错误逐渐养成习惯之后,父母将追悔莫及。

1. 姑息"第一次"错误,就等于为以后埋下隐患

"孩子还小,长大后自己就懂得对错了"、"念在是初次犯错,别追究了",很多家长都抱有这种心理来教育孩子。但是,因为孩子年龄小在没有是非黑白观念,正是需要父母教育、引导的时候,此时的父母如果不"喊停"孩子的小错误,就等于为日后的大错误埋下不可预估的隐患。

2. "犯错"也有惯性

我们都知道移动的物体突然停下后,由于惯性会继续前行几秒钟。孩子的错误也是这样的,如果家长不及时制止第一次错误,那么孩子就会把不良行为养成了习惯,在日常生活中不自觉地表现出来。

第一次错误要及时"喊停"

孩子在成长过程中出现错误是正常现象,关键在于父母如何正确对待孩子的错误,如何运用正确的方式来教育孩子,使他们尽快改正。

1. 认真对待"第一次"错误

"妈妈讨厌"、"打死妈妈",这看似是小孩子的无心语言,有些家长认为"童言无忌",对这些稚嫩的语言报以微笑。恰恰是大人的微笑,就会给孩子错误的信息,从而强化他的不礼貌行为。身为大人,就要帮助孩子分辨什么是对,什么是错,不能以孩子小为理由,延迟教育。

2. "第一次"错误需要及时纠正

孩子自觉性较差,当他身上出现问题时,家长应当及时纠正。俗话说:"不以恶小而为之",如果忽略小问题,不及时纠正,小问题就容易发展成为大错误。

3. 帮助孩子自己认识错误

有时候,孩子并没有意识到自己已经做错了事情,这是就需要大人来进行指正。在生活中,父母要教育孩子正确的言行举止,并且在孩子发生不正确举动时第一时间去引导,通过多种方式帮助孩子认识错误,从而改正错误。

第二章 从理念更新到方法升级，令教育跟上时代节奏

4.明确界定不良行为

只有明确界定不良行为，孩子才能够正确的明白是非黑白，知道什么事情该做，什么事情不该做。当制止孩子第一次不良行为时，一定要给孩子讲明理由，而不是在孩子犯了几次错误后才予以惩罚。

教育要"慎于始"

家长要教育子女的时候，一定要谨记"慎于始"的重要性，从而防微杜渐。看到孩子第一次犯错误的时候，要给予制止和引导，从根本上将不良习惯的苗头"扼杀"掉。对孩子的教育在一开始时懂得防微杜渐，便可避免大的错误与危害的形成。

二、多给孩子积极的心理暗示，让孩子懂得"自我接纳"

美国有一个叫做拉赛尔·康维尔的牧师，他所做"宝石的土地"的演讲轰动了整个美国。其中，他讲了一个有关"自我接纳"的故事："以前印度有个叫阿里·哈弗德的富裕农民，为了寻找埋藏宝石的土地，变卖了家产，出外旅行，终因贫困而死。可是，后来就是从他卖出的土地里发现了世界上最珍贵的宝石。"其实，每一个孩子都是一块藏有"宝石"的土地，而我们家长所应该做的，就是帮助孩子找出自身的"宝藏"，挖掘出闪闪亮的"宝石"。

伊尔文·本·库柏的经历

伊尔文·本·库柏是美国的一位著名法官，他自幼家境贫寒，只能去铁路旁捡些煤块，为的是冬天取暖。每到他去捡煤块的时候，附近都会有一群孩子嘲笑他，以他取乐，并且还编一些贬低库柏的顺口溜来讽刺他。库柏虽然很伤心，但是他没有任何办法，长期以来他一直被恐惧和自卑的阴影所笼罩。

有一天，库柏无意中看到一本叫做《罗伯特的奋斗》的书，书中记录着一个与他经历相似的故事，主人公以勇气和道德的力量战胜了命运。这本书，库柏爱不释手，因为书中人物罗伯特·卡佛代尔教会了他如何与命运抗争。从那以后，库柏调整自身心态，用一个英雄的形象替代了懦弱的自我。一个有勇气、有力量的库柏诞生了，从此他所接纳的就是这个新的库柏。

心理学家克里认为，"在人们心理生活中，自尊或自卑的自我评价意识有很大作用。"一个自尊心很强的人，就会认为自己有价值、优秀、能干；而一个自卑的人，不但看不到自己的价值，反而会认为自己低人一等。生活中，孩子身上也会发生这

样的情况。对于家长来说，应该给孩子积极的心理暗示，让他学会欣赏自己，找到自己的长处，从而找到自信。相反，如果给孩子消极的心理暗示，那么孩子就会出现以下几种情况：

1. 消极暗示让孩子失去信心

我们经常看到几个家长在一起聊天，有的家长当着自己的孩子便说："我家孩子可笨了，手工作业从来完成不了。"不要认为孩子小，就会对这些不在乎。这位家长的不客观评价已经给孩子带来很大影响，让孩子在心底认为："我很笨。"从此害怕出丑，出现拒绝做手工等现象。

2. 消极暗示会影响孩子正常情绪

有的孩子在新环境里就会出现胆小、恐惧等情绪，这通常源于两种原因：其一，孩子对环境的不适应性；其二，由于平日里家长给出的消极心理暗示。前者是因为孩子年龄小，适应能力较弱；而后者则是人为因素造成，有的家长会在不经意间告之"离开家长的地方不安全"的负面信息，从而影响了孩子正常情绪的发展。

根据研究发现，家长经常对孩子有负面的心理暗示，比如说给孩子喝倒彩等情况，孩子就会容易否定自己，从而不容易接纳自己。

让积极暗示成为孩子成长的助推剂

在负面暗示下长大的孩子，他的内心深处就会对自己产生否定，很容易陷入自我矛盾和冲突中。"当两者的冲突导致焦虑后，就会出现对外界的一种投射——不能自我接纳变成了——别人不接纳自己。"相反，如果父母在家庭教育中多给予积极暗示，孩子就会欣然地接纳自己，健康茁壮的成长。

1. 有助于儿童形成相信自我的心态

积极暗示下长大的孩子，会用自己的优势来肯定自己，并且努力去验证自身价值。另外，他们遇到挫折和失败之后，会积极地用理想的自我去取代沮丧的自我，在重新塑造个人形象之后接纳全新自己。

2. 孩子会敢于迎接挑战

懂得接纳自己的孩子相信自己的能力，会力图向别人展示自己的优点。比如，一位著名歌唱家在10岁时候，因为长相不好经常被他人嘲笑。但是她的妈妈总告诉她："你在妈妈心中，是世界上最漂亮、最会唱歌的小姑娘。"于是，这位歌唱家没有因容貌而对自己不满，而是自信地向他人展示自己完美的歌喉，最终取得现在的

第二章 从理念更新到方法升级,令教育跟上时代节奏

成绩。

3. 家长要学会欣赏孩子

民主形式教育的家长,会以朋友和长者的身份出现在孩子面前,他们懂得尊重孩子,听取孩子的意见,并且帮助孩子找到自身的闪光点。这样一来,孩子会对自己充满信心,在父母"欣赏"的积极心理暗示下欣然地悦纳自己。

4. 积极暗示对孩子有良好的影响

美国哈佛大学心理教育专家马丁教授曾做过这样的实验:"把一群孩子随机的分成两组,然后告诉老师,A组是优等级组,在智力、意志品质和特长上明显较好;B组则相反。老师受到这种信号后各自开始相同课程的教学。一个学期后,A组的成绩和各项测评真的优于B组。后来又经过几组实验,这一原理同样被证明。"可以说,积极的暗示能够对孩子的心智和心理方面产生良好的促进作用。

用积极的暗示,给予孩子成长的力量

心理学家说,积极的心理暗示是在语言、举止、表情等正面的作用下施加给心理的影响过程。积极的暗示能够改变孩子的心境、情绪和意志,在潜移默化、不知不觉中对孩子稚嫩的心灵浇注成长的力量。

二、放弃苛求,才能开始真正的教育

中国有句老话,叫做"慈母多败儿"。于是有些父母以偏概全地将这句话理解成为错误的方向,认为只有严格要求,孩子才能成才。然而事实真的是真样吗?看了下面的例子,也会就会让家长对严格的教育方式有了不同的理解。

严厉的母亲

萧鼎的妈妈十分严厉,如果孩子犯了错误,她会毫不留情地对其进行惩罚。

这个学期的期中考试,萧鼎由于发挥不好,成绩不够理想。妈妈看过萧鼎的成绩册后,不由分说地就打了孩子一顿,边打边说:"我打你是为你好,让你长记性。"

转眼间,期末到了。拿到期末试卷的萧鼎不敢回家,孤零零地呆在教室中。老师看到后连忙问为什么,萧鼎掏出试卷,对老师说:"这次,语文我才考了98分,妈妈知道了会打我的。"

老师听后不解,说:"期中考试你才考了90分,而这次考了98分,进步了这么多,妈妈为什么还要打你?"

好方法成就好学生

萧鼎抹了抹眼泪,说道:"妈妈说,这次考试必须要得100分,不然少几分就要挨几下板子。"

老师听后,疼爱地抚摸萧鼎的头说:"孩子,老师陪你一起回家。老师要和你妈妈好好交流交流,我相信,她会改变现在的教育方法的。"

类似萧鼎不敢回家的现象,在很多家庭中都很常见。由于父母的苛责,导致孩子谨小慎微,害怕犯错误,害怕被家长批评、责打,时间一长就会影响孩子的身心发展。

1. 父母的苛责容易让孩子患上心理疾病

雨果曾经说过:"苛求意味着断送。"如果父母对子女的要求过于严苛,动不动就吹毛求疵,孩子的心理压力就会增大,出现为避免错误而反复检查的强迫心理疾病。

2. 父母的苛责会让孩子自暴自弃

心理专家认为,如果家长总是苛求孩子完美,不包容孩子的缺点,对其努力与付出视而不见,孩子就会失去自信心,甚至自暴自弃,对成长十分不利。

"金无足赤,人无完人",世界上没有十全十美的人,更何况成长过程中的孩子。如果父母对孩子太过于苛刻,就会由此引发一系列问题。所以,家长在教育孩子的问题上,一定要牢记"包容"二字。父母1%的改变,就会成就孩子100%的未来。

少一些苛责,多一点宽容

"少一些苛责,多一点宽容"这句话出自教育家王增志之口。王老师认为,家长应当选择宽容的教育方式,包容孩子的缺点、短处和缺陷,让孩子从中获取到鼓励与爱护,从而对自己充满信心,不断完善自我,实现自我。

1. 欣赏孩子

每个家长都希望自己的孩子出类拔萃,十全十美。然而理想和现实之中存在着区别。倘若发现孩子身上的缺点和不良习惯,家长应当及时采取正确的方法来纠正,而不是讽刺、挖苦,给孩子造成更大的心灵伤害。当孩子不够出色的时候,他希望得到父母的鼓励与悦纳,从中获得继续前行的力量。当家长意识到这一点,就会帮助孩子挖掘自身潜能,取长补短,从中帮助孩子成功。

2. 不盲目比较

家长经常犯这样的错误,就是把孩子与其他孩子进行比较。对于自己孩子的错误和缺点,在不经意间夸张放大,从而产生"恨铁不成钢"的极端心理。要知道,家长

第二章 从理念更新到方法升级,令教育跟上时代节奏

的这种做法不但伤害了孩子的自尊心和自信心,而且还会让孩子产生逆反等消极情绪。所以,家长应当放弃"比较手法",不去苛求孩子的成长过程。

3. 用平常心去看待孩子

杜鲁门曾经当选美国总统,记者去他家采访的时候,杜鲁门母亲的一句话值得引起家长的思考,她说:"我有两个儿子,他们都很让我自豪,不管是当总统的大儿子,还是在农田中挖土豆的小儿子,都是我的骄傲。"所以,不论孩子平庸还是优秀,家长都应该用平常心来看待他们,赏识孩子的优点,用包容的心去接受孩子的缺点。

4. 允许孩子犯错

每个人都会犯错误,孩子犯了错误,家长不应该苛责,而是帮助孩子来分析错误,纠正错误,引导孩子完善自我。对于孩子,宽容才是最好的说教。

父母要学会宽容的艺术

对孩子少一些苛刻,多一些宽容,是聪明父母的明智选择。当孩子在某个方面和地方出现不足和缺陷的时候,家长千万不要因为苛求而责骂或嘲讽孩子,那样会让孩子丧失自信心。家长应当用宽容的心态来面对孩子,帮助他找到不足所在,弥补错误、完善自我,从而快乐成长。

四、孩子的错都是大人的错,一切改变从自己开始

"如果想改变孩子的行为,那么家长首先要做的就是改变自己。"这是一句老生常谈的话。心理学大师德莱克斯说:"当面对一个行为反常的人,你感到无能为力时,不要再想着他应该如何如何,而是开始思考你能够做什么,希望之门便豁然敞开。你会突然发现以前都没梦想过的力量。而后你可以使用鼓励、逻辑后果、劝说等等手段来帮助他改变——仅仅是因为你改变了自己。"当孩子出现暴躁、沮丧、悲观的情绪时,家长不要急于对孩子下定论,而是要回过头来反思一下自己是否有上述情绪特征。别忘了,孩子永远是与家长息息相关的。

孩子错? 家长错?

乔女士是小区内是有名的"火药桶",点火就着,每天都会因为鸡毛蒜皮的小事与别人发生争吵。

一天,乔女士带女儿出席晚宴,宴会刚刚开始,7岁的女儿就因为饭菜不合口

好方法成就好学生

味大发脾气。乔女士的女儿对着服务员大吼道:"这都是什么破饭,我讨厌吃这个,赶快给我撤掉。"女儿的行为让乔女士颜面尽失,伸手就抽了女儿一个耳光。整个晚宴都被搅乱了,出现了大人闹、孩子哭的狼狈局面。

这个时候,朋友的一句话让乔女士尴尬无比,朋友是这样说的:"乔女士,女儿就是你的镜子,你女儿的行为举动和你简直是一模一样的。受惩罚的不应该是孩子,而是你。"

通常来说,孩子由于年龄小,所以具有很强的模仿能力和较弱的自控能力。这就意味着,后天成长环境对孩子的影响是十分重要的。

1.孩子的不良行为多半源于父母影响

当家长在抱怨孩子卫生习惯不好、作息习惯不好的时候,应当看看自己。比如说,周一至周五,家人和孩子都按时起床,去上幼儿园和上班。可是到了周末,父母想放松一下,于是晚睡晚起,以至于周一早上孩子赖床。

2.孩子的负面情绪多半源于父母影响

家长脾气暴躁,孩子也很难温顺,因为孩子耳濡目染的全是父母不听别人分辨的急脾气。日子一久,孩子身上也会出现这样的特征。

有时候,孩子果真如同一面镜子,将父母的行为举止、道德品质原原本本地折射出来。父母要想给孩子提供良好的教育环境,首要地就是改变自己,营造出适宜"育人"的氛围,从此改变孩子的心态、情绪以及整体状态。

改变从家长做起

教育学家叶圣陶曾经说过:"教育的目的就是培养习惯。"一个人的日常活动,90%都是在重复原来的动作。如果家长以此为契机,首先自己做到位,给孩子树立榜样作用,那么孩子的良好习惯自然而然就会养成。

1.改掉批评,学会赞美

与其说一个劲地抱怨,倒不如学会赞美孩子的进步。不停地抱怨、唠叨只是能够加重孩子的逆反情绪,而不能从根本上改变问题。如果家长进行改变,学会包容孩子,具体问题具体分析,从根本上找出原因帮助孩子纠正,并且对孩子的点滴进步都给予鼓励和赞美,那么孩子的自信心就会提高,成为一个有主见、有能力的人。

2.改掉冷漠,营造温馨

众所周知,温馨的家庭氛围更加有利于孩子的成长。然而,由于工作的繁忙和

第二章 从理念更新到方法升级,令教育跟上时代节奏

劳累,很多家长习惯于让孩子自己做功课、自己玩耍,久而久之就形成了冷漠的亲子关系。其实,父母应该改变自己,抽时间陪孩子聊聊天、做做游戏,孩子的脑海里就会将这温馨的一幕幕定格,从而更加信任父母、尊重父母。

3.改掉"独裁",尊重孩子

有些家长认为,孩子的一切必须在自己的掌控范围之内,这样是对他好。于是,翻看孩子日记、偷窥孩子隐私所导致的亲子冲突事件数量不断上升。要知道,随着孩子的成长,他们渴望变换社会角色,不自觉地将思想意识拉回到主观世界,形成了某种角度的自我封闭。父母所做的就是尊重孩子、理解孩子,做到三个"保留"——保留孩子隐私、保留适当距离、保留自我空间。总之,尊重孩子独立人格的父母与孩子沟通起来会更加容易。

父母改变,孩子改变

时常听到家长抱怨的声音:"我家孩子问题太多了",针对这种说法,同时也仔细观察"问题孩子"我们不难发现,家长口中的"捣蛋鬼"绝大部分和正常孩子一样。很多"问题"的本身根本不是孩子所造成的,而是源于家长的教育观念不科学、教育方法不正确所造成。要想解决"问题",消除"问题",首先要改变的便是父母的本身。只有找对了根源,所有问题才能够迎刃而解。

五、蹲下来与孩子进行交谈——平等是最好的教育姿态

教育学家说:"与孩子沟通,重要的是尊重、平等四个字。"的确,身为父母与孩子交流,如果不在平等的前提下,那么亲子之间的天平势必会发生倾斜,从而阻碍亲子感情的顺畅发展。与孩子的交流中,尊重是首要前提。只有父母能够俯下身子、蹲下来与孩子成为朋友,孩子才能够对父母产生信任感和尊重感。

成为孩子的朋友

某电视台做过一档关于《亲子关系》的访谈类节目,节目组邀请到一对母子,刚满10岁的儿子身上,处处都是叛逆的行为特征。

节目刚开始不久,母子二人就当众争吵起来,原因是妈妈想让儿子和自己坐在一起,而儿子想单独坐一个座位。就是这么一丁点小事,母子两个人吵得不可开交。

"你怎么那么拧,我命令你必须坐在我身边!"妈妈大声训斥儿子。

"为什么?我偏不。"儿子反抗道。

好方法成就好学生

"你刚多大,就敢不听我的话了,看回家我怎么收拾你。"妈妈一边说,一边扬手给了孩子一巴掌。结果,母子二人不欢而散,访谈节目也因此中断。

有些父母不懂得尊重孩子,就像文中的妈妈一样,当众训斥、责打孩子,以至孩子没有面子,伤了自尊。可以说,如果父母与孩子不处于平等的地位,就会给孩子带来极大的伤害。

1. 亲子关系不平等,孩子很难快乐

很多父母抱着传统的观念,把自己摆在权威的位置至上,认为孩子是属于父母的。于是就会出现擅自移动孩子物品;翻看孩子日记;不尊重孩子的权利等等。换位思考一下,孩子一直处于被动的地位,他的内心会被委屈、焦急、失望等负面情绪包围,自然很难体验到快乐。

2. 亲子关系不平等,父母将失去信任

每个父母都希望孩子对自己百分之百信任,因为孩子只有信任父母,才会真正地对父母敞开心扉,顺畅交流。可是现实生活中,很多孩子做不到尊重和信任家长,原因就是父母总是用不平等来把亲子关系推向两个极端。

很多家长都会有这样的感受,孩子越长大,就越难以沟通。有些时候,孩子还会对父母有抵触情绪。家长经常被孩子折腾得筋疲力尽,身体累,心更累。可是仔细想想,身为父母,我们做得到位吗?是不是存有一些不恰当的地方?是否平等对待了孩子?当家长意识到这些问题的时候,就要自我反省,并且留意自己的想法和言行,占到孩子的立场去考虑问题。

平等相处,让孩子获得快乐

不知道从何时起,称作"父母"的人就会孩子有着极大的控制欲望,希望孩子听从自己的话,并且让孩子把自己当作权威,然而,这种不平等待遇很容易导致亲子之间沟通不畅,甚至激化亲子矛盾。所以,针对这些问题,专家给出如下建议:

建议一:以你心,换我心

事例1

尽管女儿仅有13岁,但是在她身上总能出现叛逆的行为。为了追随时尚,女儿私自烫与自己年龄不相符的发型。回到家中,妈妈气愤极了,二话不说抄起剪刀就开始剪女儿的头发,并且愤愤地说:"你小小的年纪竟然不学好。"从那以后,母女之间的"结"就算结下了。

第二章 从理念更新到方法升级,令教育跟上时代节奏

专家分析

这位妈妈以主观看法来推断女儿烫发是"不学好",并且采取强硬的态度来"处理"女儿的头发,不但令孩子伤了自尊,而且也对母亲产生怨恨感。一个明智的母亲,应该采取理智的方式来平等对待孩子,而不是急于盖棺定论。母亲可以坐下来和女儿好好谈谈,晓之以理,动之以情地真诚告诉女儿,13岁的年龄追求的自然是美,而不是成年人的美容美发。这样一来,既可以让女儿知道自己的审美观点是错误的,又可以达到说服教育的目的,一举两得。

建议二:收起家长"权威"

"我说了,你就必须去做。老子吃过的盐比你走过的路还多,难道还能害你?"

尽管儿子非常不情愿,但是面对父亲紧握的拳头,只得表面"屈服",可是内心却涌起极大的怨气。

专家分析

父亲的做法是典型的权威家长特征,这类家长喜欢说一不二,从而对孩子太过于约束和管制。要知道,给予孩子适当宽松的爱,孩子做事的热情和积极性会更高。

建议三:倾听孩子的心声

"妈妈,我喜欢我们班的一个男同学。你说,这算不算恋爱?"8岁的琪琪天真地说。

"傻孩子,这不算恋爱,而是好感,对同学产生好感是再正常不过的事情。"妈妈抚摸着女儿的头,温柔地回答。

专家分析

正是因为妈妈的尊重和平等对待,女儿才将妈妈当成可以诉说心底秘密的"知心朋友"。倘若在平日里,家长对孩子采取高压手段,那么孩子也会将自己封闭起来,在父母之间构筑一道无形的心墙。

建议四:勇于向孩子说"对不起"

"儿子,对不起,是我错怪了你。"

早上,张先生发现钱包里少了一张百元钞票,而昨晚只有父子两个人在家。于是,张先生就断定是孩子偷拿了钱包里的钱。儿子一脸委屈地告诉父亲,自己是不会做出这种事情的。于是,张先生在半信半疑中走出了家门。

到了单位,张先生无意中发现兜里揣着一百元钱,可能是自己买东西之后忘了掏出来。此时的张先生因为错怪了儿子而感到后悔,所以下班的第一件事就是对儿

子诚恳地道歉。

专家分析

"人非圣贤,孰能不过",家长也会有犯错误的时候。可是有些父母,处于家长的尊严不肯像孩子承认错误,认识很难为情。其实,这是一种极其错误的观点和想法,勇于向孩子认错实际上是为孩子树立了一个对自己行为负责、知错就改的形象,孩子会认为自己的父母敢作敢当,并将其作为生活的楷模。

建议五:尊重孩子的伙伴

"警告你多少次了,我不喜欢这个孩子,以后少跟他掺和在一起。"下班后,妈妈发现儿子又带了小伙伴回家玩,于是有些生气。

"妈妈,他是我的好朋友。"儿子有些不服气,辩解道。

"好朋友?好朋友也不行。从今天起,不要让我再看到你们在一起。"妈妈很生气。

看到妈妈的怒气,吓得小伙伴慌忙溜走。结果,孩子的情绪也十分低落。

专家分析

父母应当明白,孩子是一个独立的家庭成员,他在家庭中的地位和父母是平等的。孩子有自己的交往方式和交往对象,家长应当尊重。父母必须明白,尊重孩子的朋友,就等于尊重自己的孩子。

平等关系,浓厚感情

在孩子成长过程中,父母与孩子的沟通是十分必要的环节。通过沟通,父母可以及时发现、了解的孩子身上所存在的问题,并且用正确的方式去引导,这对孩子的身体和心理都是非常有意义的事情,而尊重、平等则是做到这一切的前提条件。

六、与其责备,不如给他反省的机会

在中国,孩子犯了错误之后,家长习惯性对孩子进行指责,可是效果不佳,孩子以后还会继续在同样的问题上出错。相对于国外,很多家长对孩子的教育方式不是指责,而是留给孩子一定时间让他进行反思,从而让他自身找到问题的根源。针对中外家长教育方式不同,心理学家运用心理学知识给出的答案是:"反思能够淡化由矛盾引起的紧张气氛,从而削弱双方在心理上的抗衡,最终使教育起到预期的良好效果。"

第二章 从理念更新到方法升级,令教育跟上时代节奏

反思空间

5岁的姗姗犯了错误,她不但不听妈妈的劝告,反而犯起了牛脾气,大哭起来没完没了。面对女儿的状况,姗姗妈妈没有采取训斥的教育方式,而是把房门打开,冷静地对女儿说:"姗姗,请你走进'反思空间',仔细想一想今天的所作所为到底是对是错,妈妈在门外等着你。"

五分钟过去了,十分钟过去了,十五分钟以后,姗姗走出'反思空间',诚恳地对妈妈说:"妈妈,刚才是我不对,我以后会做个好孩子的,"这时,姗姗妈妈高兴地吻了吻女儿的脸颊,然后一同回忆刚才姗姗的所作所为,并且教育女儿以后遇到问题该如何去处理。

姗姗妈妈是一个明智的家长,对于犯错的女儿,她并没有打骂或者迁就,而是留给孩子反思的空间和时间,让孩子静静地思考,静静地去反思。心理学上指出,最有效的说服方式就是"感化"。当父母在教育孩子的时候,可以适当采取"感化"方式,以便达到教育的最佳效果。相反,采取严厉的态度,责骂或者惩罚,不给孩子申辩的机会,孩子的成长发育就会受到限制。

1. 责骂下长大的孩子,性格较为内向孤僻

有社会学家做过这样的研究,父母经常用暴力对待孩子的错误,孩子长大以后多半会出现孤僻、不合群的现象。原因就是长期"屈服"在拳头和责备之下,孩子就会对其产生恐惧心理,从而变得自卑、沉默寡言,长大后很难融入群体社会。

2. 不留有反思机会,孩子很难避免下次的错误

有这样一个实验:把一只青蛙扔进装满滚烫热水的锅子里,青蛙会在生死关头用尽全身力量跃出可以令它丧命的热水锅,安全逃离。可是,把青蛙放进冷水中,然后慢慢将其加热,青蛙就会被烫死。原因就是青蛙在冷水中没有危机感,水温加热过程中它也在调整适应,当发现水温高得足以将自己致死时为时已晚,这就是"温水青蛙效应"。有儿童心理学专家研究表明,一个孩子在同一环境生活很长时间之后,就会产生"温水青蛙效应",生活环境和事物都很熟悉,生活起来顺风顺水,就是发生些小小的纰漏也会不以为然。这种看似贪图安逸的行为会消磨孩子的上进心,最终通向危险的深渊。

客观地说,温水环境其实不可怕,可怕的是孩子自己感觉不到,只有经常审视自身生活、学习状态,发生差错后自我反思,才能避免混混沌沌、稀里糊涂生活和学习。身为家长,孩子出现差错不要急于指责,而是给孩子预留出一段反思时间,从而

好方法成就好学生

让孩子自己保持清醒头脑和敏感度,这样才能警惕"温水青蛙"现象出现。

让孩子学会自我反省

在教育孩子的过程中,很多家长的教育观念存在误区,认为"不打记不住"、"打是亲,骂是爱",从而让孩子失去自我反思错误行为的机会,此乃不是明智之举。从心理学的角度来看,反思可以淡化由矛盾而引起的紧张气氛,削弱双方心理上的抗衡,使教育起到预期的效果。

1. 在心理学上,最有效的说服方式是"感化-信息-感化",即在把信息直接传达给对方之前以及之后,应施以"感化"的工作。教导孩子时,亦应运用此方式,以达到最佳效果。当孩子做错事情,不分青红皂白地指责会让孩子产生严重的反感情绪,于是就会产生抗拒、反感、逃避心理。与其这样,不如让双方都冷静下来,让孩子自己反省之后再说服他。

2. 适当引导孩子就等于"感化"。一般来说,小孩子犯了错误,心中都会充满恐惧感,幼小的心灵在此时需要的是父母的关怀,而不是横加指责。这时,家长不应该表现出愤怒的极端情绪,而是用充满鼓励的言语对他说:"你是个聪明的孩子,我想你自己应该能够认识到错误所在。"从而引导孩子自我反省失败的原因,避免下次再犯同样的错误。

自我反省,自我总结

让孩子自我反省、自我总结是一种具有积极作用的建设性教育方式。在孩子出现错误之后,不要立刻进行惩罚,而是要他通过自我反思来找出错误的根源,用自我总结的方式从中汲取经验教训,从而达到纠正、弥补、改善、提升的过程。

七、有不良习惯?警惕孩子正在模仿你

孩子身上多多少少会有些小毛病,比如说:做事拖拉、脾气暴躁等等,为了孩子的美好前程,每个父母都会对孩子进行必要的教育,帮助纠正这些不良习惯。然而,身为家长你有没有想到,孩子身上这些坏习惯其实就是父母不良习惯的缩影。父母与孩子朝夕相处,也许大人的某些言语和行为是不经意的,但是已经被孩子看在眼里,"模仿"了过去。

第二章 从理念更新到方法升级,令教育跟上时代节奏

父母的镜子

"我家女儿真让我头疼,每天随手乱丢东西;写个作业也是东张西望,一会出来转转,一会去找点吃的。哎,这可怎么办呢?"一位家长曾经这样对老师说。

不久后,老师就在家访的过程中找到了孩子不良习惯的根源。走进孩子的家,只见沙发上堆满了物品,有爸爸换下来的外套,妈妈的手包,孩子的书本。另外,老师发现这位家长做事没有任何规律,在家访短短10分钟的过程中,家长一会去喝饮料,一会儿又打开了电视机。

于是,老师对家长说道:"您曾经向我抱怨孩子的坏毛病,为了孩子的发展,我希望您能好好反思一下自己的做事方法和生活习惯,也许这会对孩子有帮助。"

老师的话让家长顿时呆住了,她无论如何也没有想到,孩子的坏毛病竟然还能和父母有关。

教育书籍经常说:"孩子就是面镜子,折射出的都是父母的影子。"文中孩子的坏习惯养成是有原因的,杂乱的房间、没有规律的生活方式都影响了孩子的注意力,所以导致了上述坏习惯的产生。

1. 父母满腹牢骚,斤斤计较,那么孩子长大后只能感觉压抑,体会不到生活的快乐。同时,成年后的孩子与人交往时,会过多掺杂利益因素,从而阻碍正常的人际交往。

2. 如果父母脾气暴躁,发现问题不给孩子解释的机会,张口就骂,扬手就打。在这样环境中长大的孩子往往会喜怒无常,怒火一触即发。

3. 倘若父母总在孩子面前抨击别人,并且用嘲讽的语言来表达自身的不满,那么孩子就会养成爱挑剔、对人刻薄的坏习惯。

4. 假如父母不能做到言出必行,总是给孩子开出"空头支票",孩子就会产生错误的印象,认为做事只要达到目的就可以,不必计较方式方法。

5. 有些父母做事蛮横不讲道理,从来不给孩子申辩的权利。孩子就会出现强词夺理,不能容忍其他声音出现的不良行为现象。

6. 一些父母做事虎头蛇尾,孩子的做事方法往往就会"只顾开头,不管结尾",不会善始善终。

总之,父母的言行举止、良好品质都是孩子成长过程中的榜样。相反,如果孩子的性格、秉性、人生态度出现与"正常轨道"偏离的现象,父母首先应当反思自身,看看自己是否做得规范,以免给孩子产生消极影响。

好方法成就好学生

做更好的父母指南

在美国,社区外侧通常会有宣传栏,而宣传栏里的内容大多与如何教育孩子有关。以下就是美国建议父母如何去严格要求自己,做一名合格的家长的相关内容,希望与大家共勉:

1. 爱

爱是对孩子正面教导的一部分,生活在世界上,爱无处不在,无所不能。与家人相处需要爱,与他人交往需要爱,就连自己本身也需要爱。父母可以用自身的行动来向孩子传递爱的信息,从而让他们体会到爱的重要性。这样,孩子就能养成关爱他人、感恩社会的良好习惯。

2. 倾听

当你不给孩子辩解机会的时候,证明你是一个不会倾听,不会与孩子沟通的父母。要知道,这种行为举动只能给孩子带来负面影响。相反,认真倾听孩子的事情,并且对其表现出足够的热情,孩子做事情就会积极性高,而且亲子关系会跃上一个新的台阶。

3. 欢笑

父母不要总板着脸,有时候笑声可以平息火气,可以让父母找到乐趣。如果可以的话,多在孩子面前笑笑,你的孩子则也会被笑声所感染,形成外向、乐观的积极性格。

4. 尊重

要想获得孩子的信任与尊重,父母首先要做的就是学会尊重孩子。让孩子与你一起做决定,耐心倾听他们的诉说。还有,尽管你是父母,如果做错了事情,一定要向孩子道歉。

5. 规则

家里一定要确立一些规则,遵守规则的不仅是孩子,还包括父母本身。有了日常生活规则,就会减少亲子之间的摩擦,孩子也会养成良好的生活习惯,吃饭、玩耍、学习、休息都会按时进行。

6. 冷静

不要一直抱怨孩子的脾气暴躁,也许这些爆脾气正是源于你的做法。当你失去耐心,用自己情绪去惩罚孩子的时候,恰恰是助长孩子不良性格的时候。遇事要冷静,当你觉得快要失控的时候,一定要离开现场,并且默数到10。

第二章 从理念更新到方法升级,令教育跟上时代节奏

你是孩子学习的榜样

如要想让孩子好好表现,家长首先要树立一个正面学习的榜样。孩子是父母的延续,当你觉得孩子不够好的时候,首先要回头照照自己的原因。在批评教育孩子的时候,不妨检讨一下自己的言行。只有家长做好表率,优良习惯才能在孩子身上出现!

八、多一些耐心,少一些恐吓

"如果你再不听话,妈妈就把你扔掉"。"你还调皮,一会让医生给你打针"。也许这些恐吓的话语会对孩子的不听话暂时起到了作用,可是它所产生的后果却是许多家长始料未及的。每个人都有恐惧的心理,孩子也不例外。父母的恐吓教育等于给孩子不安的心灵埋下恐惧的种子,最终可能会导致成为不幸,毁掉孩子的一生。

怕打针的若若

从小到大,若若最害怕的地方就是医院,而最恐惧的人就是医生。

从若若记事时候起,妈妈就总用"医生"、"打针"、"疼"等话语来吓唬她。比如说,若若不好好吃饭,妈妈就会说:"你还不赶快吃饭,不然医生过来给你打针。"如果若若不听话,妈妈就会掏出一个针管,假装吓唬女儿说:"医生已经教会妈妈打针了,你要是再闹,现在我就给你打一针。"听到这些话后,若若立马就不闹了,并且表示出很惶恐的样子扎进妈妈怀里。为此,若若妈妈十分自豪,认为自己"教女有方"。

若若一天一天长大了,在她的身上出现很多不能家长理解的行为。有一次学校组织学生打防疫针,同学们都十分勇敢地排队等候,10岁的若若却表现出异常的恐惧,甚至出现脸色苍白、浑身哆嗦的现象,并且连续几天都无法集中精力学习,性格十分压抑。

可想而知,若若对打针的极端反应完全源于幼年时候的阴影。在她认为,天底下最恐怖的事情莫过于医生打针,于是出现神经性的忧虑,哪怕那些常人看来不足以引起恐惧的事情,都会产生一种无端的害怕。所以,家长的恐吓教育只能加深孩子的恐惧,从而引发一系列较为严重的后果。

1. 胆小

有妖怪、被大灰狼吃掉、警察叔叔抓走等等,这些恐吓会给孩子稚嫩的心灵蒙上恐怖的阴影,让他们误以为如果自己不听话,真的会被青面獠牙的魔鬼、凶残的

老虎灰狼所抓走，另外还会认为医生、警察这些职业是专门对付小孩而设立的职业。于是，他们就会出现精神紧张、恐惧不安的现象，企图黏着父母寻求保护。最终，孩子身上会出现胆怯、恐惧、多疑、敏感等不良性格特征。

2. 自卑

家长总是在吓唬孩子，孩子就会认为自己渺小卑微，任何事物都能够将自己毁灭。于是，孩子惶惶不可终日，生怕自己哪一点做得不好就会被妈妈扔掉、被怪兽吃掉。当这种自卑心理笼罩孩子心灵的时候，自信心就会被全面湮灭。

3. 迟钝

生理学家研究发现，长时间生活在恐惧中的人，神经就会变得异常脆弱，大脑反应也会迟钝。恐吓会让孩子不敢说话、不敢想象、不敢做事，行为呆板木讷。

总而言之，恐吓的教育方式必须被家长所抛弃，因为这种方法只能表面让孩子安静下来，实质上却百害而无一利，贻害无穷。

恐吓对孩子有害无利

孩子就如同一朵娇艳的小花，家长虽然对恐吓不以为然，可是对于孩子幼小心灵来说却仿佛如同狂风暴雨。如果不及时消除孩子的恐惧，就会对他们心理产生严重的影响，更有甚者出现精神障碍。所以，教育孩子要多一分耐心和爱心，从而帮助这朵娇艳的小花早日绚丽开放。

1. 保持平静

淘气、顽皮是孩子的天性，当你不能容忍孩子信手涂鸦的时候，正是家长扼杀孩子绘画天赋的时候。发现孩子身上存在的问题，父母应当保持平静，用平和、轻缓的语言告之孩子怎样做才能做得更好。如果采取简单粗暴的恐吓方式，只能让孩子生活在恐惧的阴影中，成为胆怯、畏缩的孩子。

2. 小心警告语言

当孩子"越线"的时候，父母应当给予警告。然而，如何使用警告语言也是家长需要掌握的一门艺术。曾经有个孩子迷了路，因为害怕警察叔叔而不敢向其问路，最终错过了求助时机。父母应当告诉孩子，警察是一个光辉的职业，而不是动辄就用"警察会抓走你"来吓唬孩子。

3. 诚实简单

父母教育孩子，应当秉承诚实简单的教育方式。孩子还小，不要人为地灌输太

第二章 从理念更新到方法升级，令教育跟上时代节奏

多他们不能理解的信息，以免孩子产生错误的观念。教育孩子，就要从根本出发，用最简单、最科学的教育方式来真诚地与孩子沟通。

多一份付出，多一点耐心

教育孩子不是一朝一夕就能完成的事情，一蹴而就的教育理念不但不是捷径，反而将孩子推向黑暗的深渊。家长应当多一份付出，多一点耐心去观察孩子、了解孩子，从而找到最有效的方式有的放矢地去对待孩子。相比较而言，恐吓不仅是一种粗暴的教育方法，同时还是家长不负责任的象征。

九、想让孩子对你敞开心扉，就要尊重他的秘密

每个人都有自己心里的小秘密，孩子也不例外。在孩子的内心深处，永远有一块属于自己的地方，这个地方就连最亲近的爸爸妈妈也不能触碰。有些家长总是认为孩子对自己应该毫无保留，但是随着孩子年龄的增长，他的情感、知识逐渐丰富起来，自尊意识、自我保护意识也不断加强，以前那敞开的心扉会慢慢合拢。身为父母，不要忘记孩子正在长大，更不要擅自闯入孩子心底的"隐私空间"。

被偷看的日记

13岁的赵家明每天都会写下日记，里面记录下一些不想对外人说的秘密。

一天，家明突然想起自己有一本书没带，于是跟老师请假后就急急忙忙往家赶。当他掏出钥匙走进家的时候，发现自己卧室的房门敞开着，妈妈正坐在写字台前翻看着什么东西。看到家明突然回来，妈妈表情极其不自然，仿佛在遮掩些什么。家明上前一看，自己的日记本正被打开放在桌子上。毫无疑问，妈妈偷看自己的日记了。

"你为什么偷看我的日记？"家明十分生气。

看到儿子的态度，妈妈表现得更为恼火，训斥道："我是你妈妈，你的日记我怎么就不能看？"

"日记是隐私的东西，你没有经过我的允许就是不许看。"家明委屈地大哭起来。

"得了得了，赶紧去上学吧。一个小孩子，能有什么隐私。"妈妈毫不在乎地说。

家明失望极了，心中仿佛有个小宇宙在熊熊燃烧，于是摔上房门，哭着跑了出去。

亲子关系中,关于"隐私"问题引起的纷争十分常见。家长想更多地了解孩子的情感、内心动态,于是采用了翻看日记、偷看信件等不恰当的方式。可是对于孩子来说,随着年龄的增长,他们对父母的依赖日以减少,渴望独立,渴望自尊。他们的内心丰富而敏感,与父母的沟通较幼年时逐渐较少,转而把这些话都用自己的独特的方式进行倾诉。此时,父母采取的强硬手段是无视孩子尊严、感受的一种体现,会带来十分严重的负面影响。

1. 孩子的自尊心受到伤害

每个人都有自己的自尊心,孩子也不例外。到了一定年龄后,孩子会强烈感觉到独立性,成人化的倾向使他们想拥有自己的隐私,也渴望别人尊重自己的隐私。然而父母偷看日记、偷听电话等行为不但不是爱护子女,反之会让孩子感觉到自己的尊严遭到最亲爱的人践踏。

2. 亲子关系受到危害

父母认为孩子还小,有些事情离开成人的指导难免会有些偏差。出于关心和保护的心态,有些家长侵犯到孩子隐私。虽然家长是好意,怕孩子出现意外,遭遇危险。可是这种偷看、查阅、跟踪的方式是孩子无论如何也接受不了的,必然会引发亲子冲突,削弱孩子对家长的亲密关系。

3. 自信心受损

孩子大了,不愿意总是生活在父母的管辖范围之下,所以就出现写日记等行为。如果父母强行进行干预,孩子的自尊心就会遭到伤害,严重的挫败感如同阴霾一般笼罩在孩子幼小的心灵上,从而令自信心受损。

4. 削弱自省力

有些自尊心强、心思细腻敏感的孩子,犯了错误之后不愿意当众承认,于是就采取另外的秘密方式将自己的反思记录下来。此时,父母强行闯进孩子的"秘密花园"之后,孩子的自省力就会大大削减,从而妨碍健康成长。

综上所述,父母因为想了解孩子便侵犯隐私的做法会有严重的危害性,不但造成孩子沉重的心理和精神压力,还会破坏亲子之间的情感。理智的父母不仅要给孩子一个自由的、安全的私密空间,而且还要对其尊重和信任。这样一来,孩子就不会将心门紧紧锁闭,而是主动地与父母进行交谈、沟通。

第二章 从理念更新到方法升级，令教育跟上时代节奏

被尊重的孩子更快乐

父母有父母的难处，孩子有孩子的想法。孩子一天天长大，认为自己的已经成人，于是开始寻求人格独立、个体独立、情感独立，他们对父母的询问三缄其口，开始记下日记、躲开父母接打电话。这些举动无疑会让爱子心切的父母忧心忡忡，生怕孩子会误入歧途。所以，孩子的隐私就成了亲子之间的一道"坎"。这边严防死守不让逾越，那边千方百计地想去侦查。于是，孩子与父母之间就形成了拉锯战，甚至进入恶性循环之中。那么，父母究竟怎么办才好呢？其实，放任自流不等于尊重。对于孩子的秘密，家长应当做到以下几个方面：

1. 知道孩子想要什么

需求成为亲子之间一个日益紧张的因素，孩子不愿意对父母讲，而父母则不断地猜测、寻求实证。作为父母，应该关注孩子日常生活和学习中的点滴细节，从观察入手，并且辅助交流谈心的方式明确知晓孩子到底在想些什么，需要些什么，而不是采取极端的手段侵犯孩子隐私获取。

2. 孩子的东西不要随意乱动

每个人都需要一个独立的空间，孩子也同样需要。在这个空间里是不允许任何人触碰的，包括父母。身为父母，就要尊重孩子的意愿，保护孩子的秘密，不要未经允许随意反动孩子的物品，以免让孩子产生厌烦、抵触情绪。

3. 培养孩子明辨是非能力

防止孩子误入歧途，与其偷窥隐私，不如早日教会孩子如何明辨是非。尽管孩子自主意识已经形成，但是正确的人生观却还没有正视确立。是非观念不强、自控能力较弱的孩子容易受到不良思想的荼毒。身为家长，就要根据孩子实际特点，引导孩子如何去看待人际交往、情感生活等等，培养他们明辨是非能力，从而规范自我行为。

4. 尊重、沟通

尊重孩子的是维系良好亲子关系的前提，父母应当多与孩子进行交流，试着了解他们的想法。当孩子对父母产生强烈的信任感之后，孩子就会主动地、自愿地吐露心声，敞开心门。

尊重是对孩子最好的保护

内心的秘密是每个正常人都具备的基本心理特征，尊重孩子的隐私和秘密，恰

好方法成就好学生

恰是尊重孩子人格的体现,也是对孩子最好的保护。作为父母,不要对孩子的隐私大惊小怪,更不能强硬、粗暴地闯入孩子心中"禁地"。只有正确对待孩子,真诚地尊重孩子,孩子才能够体会到父母的良苦用心,从而获得真正的快乐与幸福。

十、性教育:也许难堪,但你必须开口

当孩子问出"我是从哪里来的,怎么来的"问题后,大多数父母都含混回答,或者逃避躲避,甚至有些家长用"捡来的"、"胳肢窝里生出来"的谎言来蒙骗孩子。随之时代的发展,如今已经不是谈性色变的年代,当你试图逃避、欺骗孩子的时候,恰恰是你错过对孩子性启蒙教育的大好时机。

我是爸爸妈妈生出来的

6岁的圆圆哭得十分伤心,原因就是看到父母的结婚照片没有自己而心生不满。

"你们照这么漂亮的照片为什么不带我一起去?"圆圆哭泣着说。

"傻孩子,那个时候还没有你啊。"看到孩子天真的神情,妈妈不由得笑了。

"没有我?是没把我捡回来吗?隔壁旺旺的妈妈告诉他,他是从垃圾堆里捡来的。"圆圆停止了哭泣,瞪大眼睛问。

"当然不是,那个时候爸爸妈妈还没有把你生出来呢。"妈妈解释道。

"生?怎么生?"圆圆显得十分好奇。

"爸爸和妈妈十分相爱,于是我们想要一个孩子。所以啊,爸爸身上的精子就碰到妈妈身上的卵子,它们两个手拉手地生活在妈妈的肚子里,这样就有了圆圆。那时的圆圆可不是现在这个模样,小小的。日子一天一天过去,圆圆慢慢长大,妈妈的肚子放不下圆圆了,医生就帮助妈妈把圆圆生了下来。"妈妈耐心地说。

听着妈妈的话,圆圆的眼睛里闪烁着惊奇的光泽,连忙说道:"我要去找隔壁的旺旺,告诉他不是捡来的,是爸爸妈妈生出来的。"

性是人的天性,当孩子在三、四岁的时候就有了对关于这方面的好奇心。有调查显示,只有18.6%的家长能够耐心为孩子解答相关问题,而71.6%的家长不会主动告诉孩子相关性方面的内容;14.5%的家长会斥责孩子,不让孩子继续询问,还有27%左右的家长会有"骗骗就过去了"的行为出现。如果父母对于性内容人为地增添深色彩或是加以莫名的曲解,就会使我们的孩子始终对性处于一中无知、愚昧的状态。

第二章 从理念更新到方法升级,令教育跟上时代节奏

1. 对性的躲避会造成下一轮恶性循环

有些家长总是在封闭孩子的性意识,对性教育持有一种消极、保守态度,不让孩子谈论性知识,家长也羞于向孩子开口性内容。带着这样的顾虑,孩子长大成人,当他们组建自己的家庭有了孩子之后,依然按照上辈的态度来对待同一问题。于是,新一代的孩子必将再次无法正视性的教育过程,成为新一轮的恶性循环。

2. 迫使孩子从非正常渠道获得性知识

"少年强奸犯"、"13岁的妈妈",关于这些方面的案例不在少数。西方有一句谚语叫做:"门洞走不通,就打开窗子跳进去。"当孩子无法从家庭、学校、社会这些正常渠道获取性知识的时候,现实就迫使他们选择了非正常路径。于是,严重的问题就此而生。

3. 容易造成孩子性压抑

一般来说,孩子在儿童时期就有了"为什么男孩、女孩上厕所不一样"、"我从哪里来"等性意识。如果父母对其一直进行封锁,到孩子青春期的时候就会突显出这个问题的严重性。到了青春期,孩子已经出现成年人心态,如果父母还是不能正确面对,孩子就会产生"性压抑",并且会造成性心理障碍。

对于人生来说,性是一个必须面对的正常问题。孩子对性的好奇就如同"秋天树叶为什么回落"、"冬天为什么飘雪花"一样正常。反而父母遮遮掩掩、羞于其口的态度会更加增重孩子的好奇心。谭嗣同曾经说过:"藏物于匣,越是不让人看,人们就越是想看到。不如把匣子打开,就没有神秘感可言了。"

不要让性教育空白成为孩子的绊脚石

马卡连柯曾经说过:"性教育首先是社会人格的文化教育,如果认为同个性的全部发展无关而独立存在,就不可能是正确的社会教育。"周恩来总理曾说:"要在女孩子来月经之前,男孩子发生首次遗精之前,就把科学卫生知识告诉他们。"所以,当今的家长也需要与时俱进,正面为孩子传授早期的性教育。

1. 不要把性当作讳莫如深的话题

所谓的性教育,就是指通过适当的手段,使孩子懂得一定的性知识,这其中包括性的生活、性的心理、性的伦理,也包括性的道德和性的法制等内容。家长与孩子联系最为紧密,在性教育的问题上,家长是孩子最适合不过的老师。家长应当根据孩子不同的年龄特征给予与其相适应的性教育,比如对学龄前儿童和低年级的小

学生,可以告诉他们男女生理结构的不同,还有回答孩子是如何而来等问题。

2. 每时每刻的性教育

人类生理学家研究,男孩在一周岁的时候,生殖器官就会有勃起现象,当然这与欲望无关,只是原发性性功能的反应。所以,当孩子再大一点的时候,就会对相关的现象有强烈的好奇心。这时候,父母就要及时引导孩子,帮助孩子正确认知性内容。

3. 性讲解要简单易懂

有个妈妈是这样回答女儿"我是如何而来"问题的:"妈妈身体里有一个叫卵子的细胞,爸爸身体里有一个叫精子的细胞。随着爸爸妈妈的性生活,精子和卵子结合到一起,他们就一起进入了妈妈的子宫,最后形成一个小胎儿。当胎儿成长九个月以后,在医院助产士的帮助下,胎儿就从产道生出来了。"——这个回答难免太过复杂,对于三、四岁的孩子来说,他们根本听不懂。卢梭在著作《爱弥儿》一书中也回答过这样的问题,他写到:"孩子是女人从肚子里把他拉出来的,拉的时候肚子疼得几乎把命都丢了。"卢梭认为自己的回答很经典,因为言简意赅地告诉了孩子他想知道的答案。

直面性教育

早在20世纪60年代,周恩来总理就郑重提出要让家长、学校和社会直面性教育,不要给孩子带来不正确的观念和误导。然而,对于性教育来说是一个系统庞大的工程,需要全社会的参与,其中就包括了家庭中的父母。只有家长重视性教育的作用,才会配合社会和学校的教育,呈现三管齐下、齐头并进的态势。

第三章 把玩的权力还给孩子，让孩子爱上自主人生

随着孩子课业负担的不断加重，我们在近几年一直在听到全国上下响彻着"减负"的口号，但是，实际上做到减负的学校与家庭并不多。孩子们的课业并没有减轻，而原本属于他们的玩耍时光也并没有回归。如何从家庭教育开始，为孩子减少机械的学习、增多娱乐、玩耍的时间，如何让孩子告别沉重的书包，却又能实现全面发展？也许，你会从以下阅读中获得一定的经验。

一、玩是童年的主要工作

《中国青年报》社会调查中心与腾讯教育频道联手进行过一项名为《玩？不玩？》的调查，结果显示"45.8%的人感觉高中以前偶尔能玩得比较开心，多数情况下提心吊胆玩不好；19.9%的人感觉没时间玩；52.2%的人由于小时候不能玩，上大学或者长大后出现了'反弹'，开始大玩特玩。"每个人都需要自由，孩子也不例外。而每个孩子所向往的童年并不是练琴、学英语，而是自由自在、痛痛快快地去玩耍，这正如冰心所说："让孩子像野花一样自由生长"，道理恐怕正在于此。

纠结的妈妈

赵女士的儿子正在上幼儿园，她的教育理念就是"让孩子自由自在的玩耍"。为了不让课外补习班占据儿子玩的时间，赵女士在征求孩子意见后，一个补习班都没有给孩子报。

随着与其他家长沟通地越来越多，赵女士的心如同风吹湖面一样，泛起层层涟漪。

家长 A 说："我给女儿报的是舞蹈班，小女孩嘛，一定要有好的气质。"

家长 B 说："我儿子从 3 岁起，就开始参加英语培训班。虽然价格不菲，但是掌握英语是当今孩子必须具备的能力。"

家长 C 说："我不知道孩子的兴趣所在，所以就给他报了美术班、书法班还有声乐班。撒下网，终归还是能捕上鱼的。"

听着众多家长的话，赵女士开始有些害怕，自己的教育理念究竟是对是错？别

好方法成就好学生

人都在补习,而自己的儿子却在玩,会不会让孩子输在了起跑线上?

赵女士的担心会出现在很多家长的身上,童年正是无忧无虑的年纪,而过早让孩子背上书包等于给他们增添了沉重的负担。《父母必读》杂志社与北大第一医院儿科联手举办的专家报告会上,中外专家共同指出一个不容忽视的现象,孩子们玩耍时间正在锐减。"1981年,一个典型的学龄儿童一天玩耍的时间占他一天时间的40%;而到1997年,孩子们用来玩耍的时间已缩减到了25%;2009年,孩子们有7个半小时花在电脑游戏、电视或其他社会媒介上。"对于儿童来说,玩的意义不仅停留在表面层次上,而是"玩耍扩展了孩子们心理、精神、情绪与社会性的发展,玩耍是孩子们学习如何生存的一种方法,而不仅仅是为了打发时间;玩耍是孩子们学习的方式,是孩子们的工作。"

1. 生理方面

玩耍能够给儿童提供大量的运动机会,孩子在跑、跳、跃起的同时锻炼了身体,促进了健康。

2. 情绪方面

爱玩是孩子的天性,在玩耍中孩子可以体验到快乐、愉悦的情绪,从而健康身心,培养了进取乐观的性格。

3. 智力方面

搭积木、组装玩具、过家家等等,这些游戏需要通过孩子的想象、创造和亲自动手来完成,从而锻炼了儿童的综合能力。

4. 行为方面

玩可以让孩子与其他儿童接触,通过合作来共同完成某种游戏。因此,孩子可以学习到互帮互助、团结一致的集体精神。

综合各方面来看,玩耍对孩子有着巨大的价值。身为父母,我们不应该剥夺孩子的玩耍时间,更不能忽视孩子的游戏过程。相反,家长应当给予鼓励和引导,让孩子在快乐玩耍的同时,得到德智体的全面锻炼和发展。

怎样做父母

陈鹤琴先生是我国著名的教育学家,他曾著有《怎样做父母》一书,书中提到:"父母要让孩子有玩游戏的时间,不要剥夺孩子玩游戏的权利。游戏是儿童的第二生命。小孩子只喜欢两件事,一件是吃,一件是玩,玩比吃还重要。"儿童在玩耍中可

第三章 把玩的权力还给孩子,让孩子爱上自主人生

以获得很多新奇的体验,这些都是书本上涉及不到的知识和内容。如果你想成为一名合格的家长,那么就要让孩子自由自在地玩耍,并且时刻遵守以下几点原则:

1. 给孩子留有玩耍的时间

每个家庭都会对孩子有很多的期盼,但是儿童在幼年时期,不要过早地让写字、读书和学习占据孩子的时间。要知道,玩耍对于孩子来说十分重要,也是孩子健康快乐成长的前提保障。

2. 多一分耐心

也许孩子玩了半天橡皮泥,也没有创作出任何的物品;也许孩子摆弄半天积木,也没有搭出像样的房子。此时,家长不要武断地认为孩子不适合玩这样的游戏,而是要多一分耐心去引导孩子。帮助孩子去探索、去试验,最终令孩子掌握游戏的内容和技巧。

3. 为孩子寻找玩伴

现在的家庭独生子女现象十分常见,孩子难免会孤单寂寞。如果父母能够为孩子寻找玩伴,孩子就可以在共同游戏中取长补短,最终培养良好的社会品德。

4. 提供适合孩子游戏的环境

一个自由自在、充满趣味的游戏环境可以让孩子专注而满足,儿童年龄很小,所以父母要把游戏环境中不安全的因素全部排除掉,比如说尖锐物品、药品等等,以免孩子发生意外。

5. 适时参与

父母身兼多重身份,他们既是老师,又是朋友,还能成为孩子的玩伴。有家长参与的游戏,可以适时引导孩子用正确的方式去玩耍,从而寓教于乐。

给孩子一个快乐的童年

孔子说:"少成若天性,习惯如自然。"孩子在玩耍的过程中,可以培养很多能力,比如说:团结合作、勇敢、大度、敢于面对困难等等。当孩子成年后,良好的心态、健康的人格、饱满的工作热情,许多都是来源于自由的童年的滋养。可以说,是童年的玩乐才给孩子带来更加美好的未来。

二、游戏中的多样人生:让孩子玩出花样与精彩

不要认为"把天空涂成红颜色"的孩子是愚笨;也不要觉得"出于好奇,拆掉玩

好方法成就好学生

具汽车"的孩子是在恶意破坏。其实,他们只是在用画笔勾勒理想天空,用行动来探寻未知世界。儿童教育学家认为,"孩子们通过游戏可以关注到个人和别人的存在价值,逐步建立一种通过沟通与交换获取所需的意识。让孩子们在游戏中放飞自己的情感与个性,去真正体验游戏的情感与乐趣,是培养他们素质和能力的有效途径。"

三条腿的玩偶

上周的手工课,老师教同学来如何缝制玩偶,并且布置了家庭作业,让孩子在课余时间亲手制作一个样式新颖的玩偶。

又到了手工课,同学们纷纷交上自己的作业。有的玩偶梳着辫子,有的玩偶穿着背带裤,还有的玩偶长着大大的眼睛。这个时候,一件三条腿的玩偶在众多玩偶中格外刺眼。

老师举起三条腿的玩偶,顿时引起全班的哄堂大笑。这时,孟郊怯生生地站了起来,向老师说:"老师,我做错作业了吗?"

老师笑了笑,说:"那你能告诉我为什么会设计三条腿的玩偶吗?"

孟郊回答:"我有一个好朋友,因为出车祸他的一条腿断了。他只能安静地坐着,不能和我一起跑步、跳房子。所以我就想,如果人能够像玩偶一样,长有三条腿,其中的一条出意外断掉,他还可以照样行走。"

老师听完孟郊的话,十分高兴地对全体同学说:"孩子们,孟郊的作业可以得一百分。"

对于孩子来说,教育不是最好的智能开发,而游戏却可以开发孩子的想象力,启迪孩子的思维,教育学家伦斯曾经说过:"游戏的精神,就是在认真又不认真的环境中去学习生活的技能和培养做人的基本意识。"但是,很多家长在孩子游戏过程中过多束缚,最终导致以下几个弊端:

1. 父母过多参与孩子的游戏,难免就会扼杀孩子的好奇心

对于小孩子来说,永远会对新奇、陌生的事物存有强烈的好奇心,然而这一切在成人眼中也许是再正常不过的事物。曾经在热带植物园里看过这样一对父子,5岁的儿子用充满期待的眼神看来看去,他十分好奇仙人掌为什么会长那么多刺。这时候,爸爸不耐烦地拉扯着儿子训斥:"别磨磨蹭蹭的,前面的景点还多着呢。一个破仙人掌,有什么可看的。"其实,就在爸爸无心说出这些话的时候,孩子的好奇心已经被粗暴地扼杀了。

第三章 把玩的权力还给孩子,让孩子爱上自主人生

2. 父母过多管束孩子游戏,不利于孩子创造力的培养

"宝宝,不许玩水,水会打湿衣服"、"哎呀,怎么玩起泥巴来了,多脏"。不要认为孩子的这种做法是在胡闹,其实他们正在做游戏,这种游戏既是他们所喜爱的,又是开动脑筋的事项。

3. 游戏时间越少,越不利于孩子的成长

出于父母的殷切希望,孩子的时间几乎被大大小小的课外补习班所占满。于是他们缺少游戏,也缺少游戏中心理的适应能力。孩子们开始为父母的期待而活着,输赢、成绩成为他们最在意的事情,稚嫩的心灵承受着巨大的压力。如果这种压力不能得到有效释放,孩子的身心健康就会受到强烈的影响。

对孩子来说,玩的好处多多。游戏既可以开发孩子的想象力,又能够培养良好的习惯和心态。身为父母,不过过多参与和束缚孩子的游戏,而是提倡他们大胆游戏、创新游戏!

让孩子尽情地游戏

游戏对于孩子来说是一件非常有益的事情,在那里有孩子的理想天空,有新奇的世界,还有自由的心灵空间。多给孩子一些游戏时间,少一些成人的安排,孩子才会过得无拘无束,健康快乐。

1. 让孩子在游戏中学习

玩是孩子的天性,孩子也是玩的天才。在游戏中,孩子的思想不断闪出火花,可以培养孩子的想象力、创造力和动手能力。游戏中,孩子可以不照搬生活,而是根据自己的认识和理解去改造生活。让孩子学习到更多的东西以外,还能充分运动孩子身体的各个部位,可以促进他的各个感官的发展。

2. 让孩子体验游戏的乐趣

在游戏中,孩子不仅仅是在玩耍,而是在体验当中的乐趣。玩泥巴、做手工、过家家等游戏不仅培养了孩子的综合能力,而且有益孩子的身心健康的发展。

3. 不要急于给孩子贴"标签"

新买的玩具被孩子拆坏了、孩子就喜欢玩土,这些时候,家长千万不要着急给孩子贴上"淘气包"、"捣蛋鬼"的标签,而是正确对待。淘气其实是好奇心强的表现,父母必须正确对待孩子的淘气行为,不能一味地强行阻止和干涉,而应该采取一定的策略来引导孩子的好奇心,让他们把淘气用在"正道"上。孩子的好奇心父母应该

正确引导。

按天性培养孩子,让孩子玩出花样

玩耍是孩子的天性,而游戏则是这种天性的外在特征。游戏是儿童认识世界、探索世界的起点和动力,是他们创造性思维的萌芽,应加以保护和引导。身为家长,要对游戏持有正确的看法,为孩子提供广阔的自由天地,引导孩子进行探索性的玩耍和参与各种游戏,有意识地训练孩子想象力和创造力,增长他们的知识,培养他们寻根究底的探索精神等。父母按天性培养孩子,孩子是会玩出花样来的。

三、严父未必出好子,宽松环境才好成才

虽然时代在进步,但是很多父母认为教育孩子的方式还是应该以"严厉"为主。受传统教养观念影响,"不打不成器"、"棍棒底下出孝子"的观点在潜移默化地影响着不少家长。他们认为身为父母就要有家长的尊严,就要让孩子产生敬畏的心理,这样孩子才能顺从父母、听父母的话。可是事实并非如此,心理学家认为,父母在对孩子进行知识教导和品格教育过于严厉时,孩子的心理承受能力就会大大减弱,最终结果是"两败俱伤"。

好爸爸? 坏爸爸?

5岁的铭瑄是个名副其实的淘小子,他对一切新鲜事物都存有强烈的好奇心,比如说当别的小朋友都兴致勃勃玩着玩具汽车的时候,铭瑄非要把它拆开看看里面的构造不可。因为"破坏"东西,铭瑄可是没少挨爸爸的打。

有一次,铭瑄和爸爸去超市,他刚到玩具柜台就走不动了。只见铭瑄睁大眼睛盯着玩具火车展品,十分喜欢。爸爸见状,索性给儿子买了一辆。刚回到家,铭瑄接过火车便躲进了自己的卧室,半天都没有出来。到了吃饭的时间,爸爸走进去一看,顿时怒火中烧。那辆价值不菲的玩具火车早就已经被铭瑄"大卸八块",各种零件摊了一地。还没等铭瑄解释,爸爸伸出大手就把儿子拎到了客厅,举起厚厚的巴掌就给了铭瑄一顿揍,边揍边说:"你小子竟然敢把刚买的玩具拆了,简直是反了天了。"之后,把铭瑄又关进屋子让他反思。

时间一点一滴过去了,一个小时后铭瑄举着玩具火车走出了卧室,依然抽泣着对爸爸说:"爸爸,你看,玩具火车我组装好了。"爸爸不可思议地看着铭瑄,无论如何也想不到如此浩大、繁琐的"工程"竟然出自5岁儿子之手。"爸爸,我不是有意在

第三章 把玩的权力还给孩子,让孩子爱上自主人生

破坏,只是想知道火车为什么会冒烟。我怕忘记怎么装上,就都画了下来。"铭瑄举了举手中的本子,只见上面密密麻麻地画着只有他自己能懂的符号和线条。

这个时候,爸爸意识到自己的错误,于是诚恳地向铭瑄道歉说:"儿子,对不起,爸爸以后再也不这样粗暴地对你了。"

《儿童新时代》杂志社曾经做过关于《孩子是否需要严厉管教》的调查,结果显示高达45.78%的家长对孩子进行严厉地管教,常常使用打、骂、罚站等方式的父母为35.34%。这种显现在农村出现比较普遍,其父亲高于母亲。针对此现状,教育专家指出,在严厉教育方式下生活的孩子会对父母产生恐惧心理,自尊心也会受到严重伤害,进而影响孩子今后的成长。

1. 造成亲子隔阂

严格的教育方式会让孩子心理产生逆反、怨恨、畏惧等情绪,从而致使亲子之间感情日益淡漠,隔阂越来越深,有的个别孩子甚至会出现报复心理。

举例:

谁也不能想到,12岁的张××竟然举起菜刀砍向熟睡中的父亲。公安机关进行调查时,张××表现得超常冷静,一点也不像只有十几岁的孩子。当问到问什么要将父亲砍成重伤时,张××回答:"这次语文考试我只得了78分,父亲知道了会揍我的。"

仅仅因为考试没有发挥好,害怕父亲的责备、体罚,小小年龄的张××就采取了极端的暴力方式,可见他与父亲之间的感情有多么冷漠。

2. 导致孩子悲观厌世

每个孩子都渴望得到父母的欣赏与尊重,然而经常遭遇家长责骂、体罚的孩子不会感到家庭的温暖,于是产生破罐子破摔,悲观厌世的情绪。

举例:

与12岁的张××不一样,某省的一名7岁女孩用一条红领巾结束了自己的花季年龄。

7岁女孩活泼可爱,是爸爸妈妈的掌上明珠。为了让女儿有一个好的前程,她的妈妈不惜花重金将她送入贵族学校。上学之初,妈妈就苦口婆心地对女儿说:"孩子,咱们家条件不好,但是我依然借钱让你去贵族学校读书,你每次考试必须都要考第一名,不要辜负我们对你的期望。"女孩果然很懂事,每次考试都是名列前茅。可是,这个学期考试前夕,女孩患上了严重的肺炎一直在医院里打点滴,错过了正

好方法成就好学生

常考试。因为害怕被妈妈责备,女孩选择了用一条红领巾在医院的卫生间上吊自杀。

除此以外,在严格环境下成长的孩子还会出现说谎、孤僻、人格畸形等弊端。由此可见,"虎爸"、"狼妈"未必能够教育出好的孩子,明智的家长应当选择给孩子提供一个宽松自由的环境,使孩子茁壮成长。

还孩子自由自在的天空

家长都希望自己的孩子能成才,但是怎么才能算是成才,成才的标准又是什么呢?虽然有些父母还不能明确成才的目标,但是从孩子入幼儿园开始,就密切地注视孩子的一举一动。天天检查作业、每天询问学到了什么知识,倘若孩子稍有不对,非打即骂,使孩子变得胆怯、紧张。其实,孩子的成长也是父母的学习过程。在竞争日益激烈的今天,孩子所面临的压力也是上辈人所不能遇到的。身为家长,如何给孩子创造宽松、自由的环境才是最重要的事情。

1. 了解,与孩子多进行沟通与交流

多一些了解,就会减少一些不必要的误会。哪怕工作再忙,生活再累,家长也要抽出时间陪孩子一同玩会儿,出去散散步,从而缩短与孩子之间的距离,对孩子有一个全方面的了解。

2. 冷静,平息火气

孩子刚刚犯了错误,家长的火气就已经"蹿"了上来,不是大声指责就是甩给几巴掌。其实,有些时候事情并非父母所想象的那样。遇到这种情况,家长首先要自己冷静,然后结合实际具体事情具体分析,最终找出问题引导孩子去解决。

3. 尺度、期望要适当

盼望子女成龙、成凤的心态是可以理解的,但是父母不应该给孩子设立过高的目标。如果孩子因为主观和客观因素不能达到这个目标时,有些父母就会采取一些严惩方式来对待孩子。与其让孩子过度为难,不如家长调整自己的期望,与实际相符,略高于孩子本身能力的期望最为科学。

最明智的父母

"给孩子宽松环境,多给他们一点自由"是法国教育学家针对全世界家庭教育现状所提出的呼声。作为独立的个体,孩子有自己的想法,自己的意识和自己特有

第三章 把玩的权力还给孩子,让孩子爱上自主人生

的行为举动,家长不要用严厉来打压孩子的独立意识,而是要极尽所能地为孩子营造宽松、自由的教育环境,从而给孩子心智发展提供更为广阔的空间。

四、孩子不是你的地盘,你也应学会倾听

我国著名教育学家卢勤教授说:"孩子需要倾听,妈妈的倾听会培养男孩子的幽默、女孩子的素养;妈妈的倾听会使未成年的孩子从小学会以平等与尊重的心态与人建立联系,会使孩子觉得自己很重要,有利于孩子学会独立思考。聪明的妈妈与其做一个高明的说者,不如做一个高明的听者。"孩子不是父母的附属品,他作为一个个体是独立存在家庭之中的。如果你想要让孩子有良好的发展,并且与孩子建立深厚的亲子关系,那么就请从倾听孩子说话的声音开始吧!

沉默的炎炎

周一早上八点,心理诊所刚刚开门,医生就接待了第一个病人。

病人名称:炎炎

年龄:6岁

性别:女

患病特征:沉默不语

具体事例:

据炎炎的父母说,以前的女儿活泼可爱,爱说爱笑,对人也特别有礼貌。每次在外面玩耍的时候,都会张开小嘴甜甜地称呼别人"阿姨"、"叔叔"、"爷爷"、"奶奶",并且只有3岁的时候就会背好几首毛泽东诗词,令爸爸妈妈十分高兴。

渐渐地,爸爸妈妈发现炎炎好像有双重性格,在外面外向,在家就很内向。在家的一天当中,几乎就没有语言来和父母交流过,最近连基本的日常用语都省略掉了,和父母的沟通只停留在点头、摇头之上,这让父母十分着急。

诊断过程:

心理医生听到炎炎父母的表述后,不禁问道:"日常生活中,你们是怎样和女儿进行交谈的?"

"交谈?就是我们说,让她听。女儿那么小的年纪,她什么都不会懂得。"炎炎的妈妈回答。

医生摇了摇头,说:"那你们给我举几个具体例子吧。"

"我和炎炎的爸爸在同一个单位,所以我们俩交流的话题很多。开始,炎炎总是

插嘴大人讲话,我们认为这是不礼貌的事情,于是就训斥了她几次。"妈妈回答。

"那你们和女儿聊天吗?"医生问道。

"和女儿聊天?我们工作这么忙,根本没有时间啊。"夫妻两个人面面相觑。

听完炎炎父母的话,心理医生已经诊断出病因,开出了处方。

治疗方案:

1. 每天与女儿真挚地交谈1个小时。

2. 耐心倾听女儿的意见或建议

3. 父母交谈时,不要忽略孩子的存在。

知心姐姐卢勤认为:"倾听,是一门艺术,一门学问。只有能专心地倾听孩子声音的人,才能平等地对待一切人。"只有懂得倾听孩子声音的父母才能称作是合格的父母,称职的父母。相反,就会出现类似炎炎的事件。

1. 造成亲子沟通障碍

有些家长会像炎炎的父母一样,由于工作和生活的压力,根本没有时间来倾听孩子的心声,有时候会简单而粗暴地告知孩子:"我知道了"、"不用说了,别烦我"。殊不知这样的语言严重伤害到孩子幼小的心灵,从而造成父母与孩子之间的阻碍。

2. 孩子容易孤僻、内向

就连自己最亲近的人都不愿意听自己说话,孩子就会片面地认为"自己不讨人喜欢"、"我说的话不正确"等等。从而害怕在家里和公开场合发言,以免出丑尴尬。久而久之,孩子就会形成内向、沉默寡言的性格,不易合群。

身为父母,我们无时无刻不在寻求教子良方。然而面对孩子发言的绝好时机,却一次又一次用粗暴、简单的方式所进行不可复原的颠覆。

耐心听听孩子的声音

也许孩子不能将自己的思想完完全全用语言表达出来;也许孩子说话条例不清晰,磕磕绊绊;也许孩子颠三倒四地陈述一个观点没完没了,虽然有那么多的也许,但是身为家长,你就要耐心地将它听完。

1. 明确观点——孩子是独立的个体

孩子是一个独立的个体,所以他们需要自己的心理空间。这个心理空间里面盛满独立的思想、意识、见解和主张,这些都是专属于孩子自己的事物。身为家长,要从根本上改变"大人说、孩子听"的教育方式,转为鼓励孩子说出心里话,引导他们

第三章 把玩的权力还给孩子,让孩子爱上自主人生

用语言去进一步表达自己思想,从而锻炼孩子的语言能力、交际能力和综合的行为能力等等。

2. 尊重孩子

一些孩子不愿意和家长交流是因为不喜欢父母那种不合理的对待方式。也许你每天都在无微不至地照料孩子日常起居,可是由于对孩子不够尊重,从而伤害到孩子。孩子大了,已经有了独立的思想意识,而父母应当对这些给予肯定和尊重。只有这样,孩子才能够信任父母,向父母吐露心声。

3. 继续学习

这里所指的学习并非针对孩子,而是特指家长。孩子虽然年龄小,但是他们接受新鲜事物相当快,有些父母不禁感叹:"孩子的话究竟是什么,我怎么听不懂?"如果想做一个贴心的父母,那么就要多接触顺应时代潮流的新鲜事物,从而知道新的词语、孩子新的兴趣等。

4. 聊天谈心

如今生活节奏很快,一家人围坐在一起聊天谈心、嬉笑逗趣的场景悄然地消失不见。这不但是现代人生活的一种缺憾,也是当今孩子的一项悲哀。父母可是试着重拾这种温馨的场景,每天都对孩子讲一讲自己的所见所闻还有新鲜感受,引导孩子倾听与倾诉的习惯,使每个家庭成员都更善于倾听、理解、彼此关心。

孩子的话,要听听

每位家长都深爱着自己的宝贝,希望孩子永远与自己心连心,能够敞开心扉。可是,随着家长与孩子之间的交流缺乏,亲子疏远,亲子代沟现象层出不穷。家长不知道孩子在想些什么,孩子也不愿意对父母说些什么。于是,彼此之间的距离越来越远。作为家长,我们应该努力树立新的教育理念,听听孩子的发言,孩子的见解,与孩子拉起手来成为真正的朋友!

五、发现孩子,解放孩子

意大利教育家蒙特梭利在二十世纪初期就提出了"发现儿童"与"解放儿童"口号。无有独偶,我国著名教育家陶行知先生也曾提出"六大主张":"解放儿童的头脑,使其从道德、成见、幻想中解放出来;解放儿童的双手,使其从'这也不许动,那也不许动'的束缚中解放出来;解放儿童的嘴巴,使其有提问的自由,从'不许多说

好方法成就好学生

话'中解放出来;解放儿童的空间,使其接触大自然、大社会,从鸟笼似的学校解放出来;解放儿童的时间,不过紧安排,从过分的考试制度下解放出来;给予民主生活和自觉纪律,因材施教。"可见,身为父母的大人们任重而道远,因为我们身上肩负着培养国家栋梁的使命。

母亲的良苦用心

为了女儿于红能有一个好的前程,从她3岁起,妈妈就带着女儿辗转于各个培训班之中。三年下来,于红参加过的兴趣班数不胜数,有钢琴、书法、绘画、羽毛球、拉丁舞等等。但是妈妈发现,于红的学习效果都不是很理想。用于红的话来讲:"这都是被妈妈逼着学的。"直到有一天,妈妈发现于红在看电视的时候表现得极其关注,原来电视上正在播放少儿声乐讲座。只见于红目不转睛地盯着电视,并时不时地跟着节拍轻声哼唱。

看到这种情况,妈妈试着询问女儿的意见,为其报名了声乐辅导班,没想到于红表现出极大的兴趣,每节课都听得津津有味。女儿的这一转变,让妈妈倍感欣慰。

我国教育学家孙云晓一贯主张:"父母和教师的全部使命就在于发现儿童、解放儿童。"发现"即是指发现他们的成长规律、潜能特点,"解放"即打破成长中的一些束缚、清规戒律,改变不良环境。"然而,有些家长却没有意识到这一点,反而陷入教育误区,产生种种错误的教育方式和方法。

1. 让孩子按照家长的意愿生活

有些家庭在孩子出生的那一刻起,就已经为他设计好了整条人生道路。在孩子成长过程中,父母要求他们按部就班地去生活、学习,稍有不从就认为孩子辜负了自己的良苦用心。然而,每个孩子具有自己独特的性格特征和爱好特长,盲目的规划并不顺应儿童的发展规律。

2. 不肯放手,过分包办

"孩子还小,什么都不懂"、"我担心孩子自己做不好",这些都是父母内心的声音。在父母的这种担忧下,大批孩子出现了与自己年龄不对等的"低能力"。比如说5岁了还要妈妈喂着吃饭,上了小学还要妈妈陪着写作业,不敢单独睡觉等等。

3. 拔苗助长

早期教育理论认为,父母应当重视0到3岁儿童的主力开发,从而发现孩子的潜能和性格特征。但是,教育学家认为,这一切只是发现过程,不等同于让儿童在过低的年龄段就开始学习专门技能。当今,有不少家长在没有弄清楚孩子特长与爱好

第三章 把玩的权力还给孩子,让孩子爱上自主人生

的时候,就早早地把年幼的孩子送去各种兴趣班,这种做法等于"拔苗助长",既会让孩子感到枯燥、乏味,家长也因此枉费了大量时间和金钱。

身为家长,应当适度地解放孩子,让孩子自由自在的发展。整日生活在家长的庇护和规划下的弊端是相当多的,比如说让孩子失去了自理独立能力、产生对父母的依赖感等等。

放手也是一种爱

"与其每时每刻护着孩子,不如放手去爱孩子。"要知道,放手有时候也是一种爱。

1. 不要溺爱孩子

与过去相比,如今的物质生活得到极大的改善,不少父母品尝过物质匮乏带来的苦难,于是不愿意让自己的子女为此受折磨。出于这样的心理作用,很多家长走入一个这样的怪圈,那就是不会理智、正确地表达自己对孩子的爱,而是尽量满足孩子的物质要求,尽量屈服孩子的想法,与孩子发生分歧的时候尽量妥协。恰恰是这三个"尽量",如同一条无形的锁链牢牢地拴住孩子,让孩子在过于宽松的环境下畸形发展。

2. 培养孩子自立能力

陶行知曾经说过:"自立是儿童之自我向社会化道路发展的重要推动力;更为儿童心理正常发展的必需。一个不能获得这种正常发展的儿童,终其一生,可能只是一个悲剧。"对于中国的儿童而言,要想在未来社会中立足,并非一件轻而易举的事情,那么对于家长而言,教育儿童的最终目标就是沿着自强、自立、自主的方向前进,将孩子培养成为一个切切实实的"自然人",培养成为一个能被社会所接纳的"社会人"。

3. 给孩子真正的支持

歌德认为:"我们虽可以靠父母和亲戚的庇护而成长,依赖兄弟和好友,借朋友的扶持,因爱人而得到幸福,但是无论怎样,归根结底人类还是依赖自己。"对于孩子来说,父母给予的真正支持并非优越的条件,而是独立。李嘉诚作为香港首富,但是他教育儿子的做法就是不依父荫、自强自立。

好方法成就好学生

让孩子走出爱的牢笼

徐特立这样说过:"如果我们给孩子安排一条轻便的道路,他们只需要饭来张口,上课就念书,什么也不管,这样我们就会害了孩子,会使聪明人变成傻瓜。"每一个家长当然不希望自己的孩子是"傻瓜",但是却在不经意间为孩子设立起一个关于爱的牢笼。孩子如同一只小鸟,待他羽翼丰厚的那一天,自然要展翅飞翔在蓝天之中。为了孩子,为了我们,家长应当学会适当的放手,从而发现孩子的特性,真正的解放孩子。

六、给孩子自由支配的时间

如果有人问:"人的一生哪个时间段最值得回忆?"估计十有八九的人都会回答:"童年。"既然童年对每个人都有着如此深厚的影响,那么身为父母的我们有没有想过孩子现在幸福吗?也许有人说,现在优越的生活质量、良好的条件,孩子怎么能不幸福?可是你有没有想过,如果你控制了孩子所有的时间,就意味着控制着孩子的整个生活,给孩子带来的必然是被剥夺自由的痛苦。

满满的时间表

在蔺西塔卧室的墙上,贴着一张时间表,具体如下:

周一晚上 7:00--8:00 学习钢琴

周三晚上 7:00--8:00 学习钢琴

周四晚上 7:30--7:50 学习乐理

周五晚上 5:30--6:20 学习声乐

周六上午 练琴两个小时

周六下午 学习英语

周日上午 补习数学

周日下午 练琴两个小时

小小蔺西塔的全部时间都被妈妈安排得满满的,几乎除了做功课就是学琴、练琴,这让蔺西塔叫苦不迭。

妈妈说:"我也知道这样会让孩子感到累,但是他现在辛苦点,以后就会更幸福。"

事实真的是这样吗?为了不让孩子输在起跑线上,就让孩子负重前进的做法正确吗?教育家吕型伟先生对这句话质疑说:"如果教育是百米赛跑,那起跑很重要,

第三章 把玩的权力还给孩子,让孩子爱上自主人生

起跑的快慢决定你的成败;那如果是跑一万米或者更远的距离,起跑相对就没那么重要了。教育是长跑还是短跑? 显然,教育是长跑。"如同蔺西塔一样,每天都在枯燥的生活中度过,没有半点自由时间。对于这个年龄的儿童来说,无疑是痛苦的。

1. 失去自由时间,孩子感觉不到快乐

所谓的自由时间,就是孩子自己任意支配的时间。在这个时间段中,孩子可以做自己喜欢做、感兴趣的事情,从而在其中体会到快乐感和满足感。

2. 失去自由时间,不利于孩子的成长

自由时间能够让孩子更加快乐,但是自由时间的意义绝非停留在玩乐的表现层面之上。自由时间里,孩子的认知思维和情感发育都能够得到很好的发展,从而有利儿童的潜能开发和创造力培养。

3. 失去自由时间,孩子就会失去自我

自我意识发展的发展需要孩子主动地去完成,当家长剥夺孩子的自由时间之后,就等于将向往天空的小鸟囚禁在鸟笼里,失去了自由感和自我意识。

自由时间对于孩子来说是一件非常重要的事情,孩子既能够体验自我支配时间的重要性,又能够热情地用实现自我、完善自我的方式来表达自己的真实情感。反之,剥夺孩子自由支配时间,等同于强硬地剥夺儿童成长和发展机会。有调查显示,"有更多自由支配时间的独生子女,自信心更强,并且比自由时间较少的独生子女有更强的成就需要。"

自由时间,自在成长

自由的时间可以让孩子感受到快乐,也能够锻炼孩子的综合能力。然而,家长需要注意一点,给孩子提供自由支配的时间,并不等于放纵不管。自由与放任自流是完全相反的两个概念,我们不但要教会孩子如何利用时间,而且也要教会他们珍惜时间,具有时间观念。

1. 给孩子留出可供自己支配的时间

孩子小,自律性不强,家长怕孩子空下来之后不懂得如何利用和珍惜时间。往往是让孩子做完功课就复习,接着画画、练琴,一样接着一样地让孩子不停运转。然而,孩子不是机器人,紧张的安排会让他们失去自我,变得麻木而消极。

2. 学习时间和玩耍时间要泾渭分明

上面已经提到过,给孩子自由并不等于放纵孩子。如果没有适当的压力,某些

儿童就会出现拖沓、磨蹭等坏习惯。家长可以和孩子事先约定，这一个时间段为学习时间，在这个时间内要认真对待功课；而到玩耍时间，家长应当适当放手，让孩子玩得尽兴。

3. 张弛有度

每一个人都需要自由，孩子也不能缺少自由的时间。但是，毫无边际的自由是危险的警告，父母应该提前告诉孩子，有些事情和方向是不正确的，及时给予他充分自由，这些"高压电网"也是万万不可以触碰的。正如教育学家王新颖曾说："任何自由都应该和责任相对应，责任、权利统一，有自由就有义务，有义务你就享有自由。"

自由的孩子，明智的父母

良好的个性、健康的人格是自由人的外在特征，只有个体能够自由、有选择支配时间后，一些有意义的行为才会产生出来。据科学家考证，纵观古今中外的成功者身上，无不例外有过相同的经历，那就是自由的童年。

七、让孩子有机会发挥特长

"世界上没有相同的两片叶子"。同样道理，世界上也没有相同的两个儿童。每个孩子身上都有着自己的独特特征，比如说性格、特长等等。如今的家庭教育存在两种误区：第一是家长盲目认为自己的孩子平庸，没有可开发的地方；第二是家长过度包办，为孩子设定不适合他的领域，可谓费尽心思，结果是"有心栽花花不开"。所以，家长应当多掌握一些"如何让孩子发挥特长"的知识，以免在儿童启蒙教育中扼杀孩子特有的天赋和潜能。

芭蕾舞皇后的诞生历程

23年前，张甜甜诞生在一个并不富裕的家庭里。家庭条件虽然不是很好，但是父母却对女儿疼爱有加，百般呵护。

张甜甜4岁那年，爸爸妈妈发现女儿特别喜欢看电视中的芭蕾舞表演。其中的一件事情让父母记忆犹新，甜甜去幼儿园必定要路过一个商场，而商场的橱窗内恰恰摆放着一件制作精美的芭蕾舞服和一双芭蕾舞鞋。每次走过那里，甜甜都会静静地看上一会，并且奶声奶气地对爸爸妈妈说："我长大以后要做芭蕾舞演员。"说者无意，听者有心，父母为了不错过培养女儿的大好机会，踏遍全城为女儿寻找芭蕾

第三章 把玩的权力还给孩子,让孩子爱上自主人生

舞老师。张甜甜所在的小县城比较闭塞,于是父母又开始辗转附近几个城市。最终,一个芭蕾舞演员将张甜甜收为学生。

有了专业指导,甜甜对芭蕾舞的极高天赋便表现出来,源源不断带给大家惊喜。如今,已经成为非常有名的芭蕾舞演员。

在一次采访中,张甜甜诚恳地说:"我的成功全部来于我的父母,如果没有他们的培养,如今的我也许只是一个坐在台下观看芭蕾舞演出的普通观众。"

我国儿童作家蒙蒂飞曾经说过:"每个孩子都是天才,只不过在于你有没有发现。"根据英国牛津大学天才儿童研究中心调查,学龄前儿童至少有六大特长表现容易被家长忽视。

1. 喜欢发号施令

有些孩子喜欢领导他人,就是大人俗说中的"孩子王"。他们有思想,有作为,也具有极高的组织能力,能够让其他伙伴服从自己的安排,并且安排的条理性极强。

2. 会攒零用钱

会攒零用钱的孩子具有经济头脑而远见卓识,而并非成年人眼中的"小财迷"。通过攒零用钱,锻炼了他们的思考能力、理财能力和自由支配能力。

3. 喜欢刨根问底

"为什么会这样?"、"为什么会那样?"有的孩子就像一个"十万个为什么",看到什么都想知道答案。这类孩子对任何事物都抱有好奇心理,希望知道个究竟。父母应当重视孩子这方面表现,令孩子积累足够的知识。

4. 喜欢设计

给芭比娃娃做衣服、用积木搭建城堡、捏橡皮泥等等,这些孩子具有独特的设计才能。

5. 爱讲故事

孩子爱讲故事,就证明他的想象力十分丰富,发散思维也很活跃。长大后,也许作家或者小说家就此诞生。

6. 爱说话

滔滔不绝、洋洋洒洒地交谈是爱说话孩子的特征,家长不要认为爱说话是孩子的缺点,恰恰是他们有着特殊的演讲才能,若加以正确培养,日后定能成才。

以上六种行为是暗示孩子的特长表现,之所以这些被父母忽视,是因为它们往往隐藏在成人所认为的缺点之中。专家建议,不要用大人的眼光来衡量孩子,"每

好方法成就好学生

个孩子都有特殊才能,给他们一个机会,就能超越他人。"

发掘潜能,针对性培养

所谓的潜能,是指某方面具有特殊素质,每一个孩子都有自己的特长,这就是潜能。父母若能掌握好孩子儿童时期的潜能开发,就可以为孩子的未来奠定良好的基础,对日后的各项发展也是好处多多。作为父母,该怎样发掘孩子潜能,让孩子的特长自由发挥呢?

1. 给孩子提供广泛机会

对于家长,很难知晓孩子的最佳才能"隐藏"在何处。父母想要发现孩子的特长,其中的一条捷径就是让孩子开阔视野,接触各种各样的知识。比如说鼓励孩子参加各种活动,积极表现自己等等。

2. 细心观察孩子的不同

通常情况下,细心敏感的家长常常能够注意到孩子与众不同的地方。比如说一位家长发现自己3岁的女儿一听到音乐就安静下来,于是重点在音乐方面培养孩子,孩子在小小的年纪就成为家喻户晓的小歌星。

3. 多给孩子一些鼓励

有些孩子喜欢讲故事,在家里可以对父母讲得绘声绘色,可是一走出家门就怯场了。类似的案例还有很多,所以父母就要留意孩子的行为举止,喜好憎恶,并且多给予孩子鼓励和表扬,比如说鼓励孩子在家庭聚会上表演节目等等。

4. 做最好的观众

著名钢琴家赵一迪的父亲曾说,儿子在4岁的时候就表现出对音乐的喜爱,尤其喜欢钢琴。可是赵一迪的手指很短,钢琴老师当众就给他判了"死刑",认为这个孩子天生不是弹钢琴的料。看到儿子如此喜爱钢琴,赵一迪的父母没有放弃,而是一直做孩子最好的观众,鼓励孩子,支持孩子,最终成就了赵一迪非凡的人生。

做细心父母,让孩子特长发光

孩子的一些特长是潜在不见的,父母应当在安全情况许可的条件下给予孩子充分的自由,让孩子尽可能地接触新鲜事物,在自然情况下表现出自己的潜能。知心姐姐卢勤曾经说过:"父母不仅要供给孩子吃穿,不仅要养育他的身体,更要在精神层面培养孩子。"注重孩子潜能发掘,孩子的特长才能够发挥的家长一定是细心

第三章 把玩的权力还给孩子,让孩子爱上自主人生

的父母,同时也是称职的父母。

八、有关未来? 他的人生不是你的圆梦之旅

据教育学者研究发现:"有52%的父母替孩子规划过未来,而曾经强制过孩子走他们规划道路的父母占42%。但是,有83%的孩子并不喜欢父母替他们规划未来,这就导致了一些家庭矛盾。"如今,父母应不应该为孩子规划未来已经成为一个意见颇多的话题。

妈妈的梦想

李女士的内心深处一直有一个梦想,就是成为一名医生。可是由于现实原因,李女士的梦想没能实现,等到有了女儿,李女士的心底又燃起了火光。

自女儿刚出生的那天起,李女士就为孩子规划好了未来:3周岁起进入国际幼儿园学习;6周岁去贵族小学、贵族中学;高中毕业就考入医科大学,等到大学毕业就送女儿出国深造,学成归来做一名白衣天使。

为了实现自己的梦想,李女士对女儿的要求异常严格。从幼儿园中班开始,李女士就已经在家里教授女儿小学的知识。如果女儿做错了一道题或者背错一个单词,就会招来妈妈的责骂或者体罚。

令李女士没有想到的是,她的良苦用心却得不到女儿的体谅,女儿在小小年纪已经出现了强烈的抵触心理,结果母女关系搞得相当糟糕。

现代家庭教育中,有不少父母把孩子当作是自己生命和梦想的延续,强迫孩子按照自己的意愿生活和学习。可是事实往往和父母的期望南辕北辙,亲子间矛盾不断、亲子间感情破裂的案例比比皆是。所以在此提醒正在孩子身上圆梦的父母,应该三思而行。

1. 亲子关系恶化

有些父母把孩子当作自己的圆梦工具,在这些家长的潜意识里,已经刻有深深的烙印,那就是让孩子来实现自己在青少年时代未能实现的理想。家长的心情我们可以理解,但是孩子是一个个体独立存在的,强行迫使孩子按照自己的意愿行事,难免会招致孩子的抵抗情绪,最终令亲子关系受损。

2. 不利于孩子个性发展

每个孩子的兴趣和爱好是不同的,父母喜欢音乐,孩子并不一定会喜欢;父母都不精通绘画,但是孩子却有超于同龄人的美术天赋。如果孩子的特长与父母的期

好方法成就好学生

望值一样,那么就能与父母的圆梦行动一拍即合。反之,家长过分地规划孩子的未来,就会让孩子失去自由驰骋的天地,让自己的特长的萌芽惨遭"扼杀"。

为什么亲子之间有这么多矛盾和冲突?原因是多方面的,但是其中一点就包括很多父母希望通过孩子来补偿自己未能实现的梦想。据社会学家发现"父母越是不得志,对孩子的期望值就越高;父母越是壮志未酬,越是希望在孩子身上得到补偿,老想把自己未实现的理想让孩子去实现。"

孩子不是你圆梦的工具

我国首部有关社会心态研究的年度报告——《社会心态蓝皮书:2011年中国社会心态研究报告》发布。报告指出,望子成龙成为中国人生活的首要动力。望子成龙、望女成凤的心情我们都可以理解,但是为人父母者应当尊重孩子的个性使其自由发展,而不是让孩子成为自己圆梦的工具。

1. 教育孩子要理性

社会人类学家研究发现,用孩子来补偿自己遗憾的家长多为感性,他们对自己的梦想有着强烈的渴望,希望孩子来弥补自己的遗憾。身为家长,在教育孩子的方式上应当保持理性,认真地选择一条科学途径来合理培养孩子的兴趣,以促进孩子的健康发展。

2. 多为孩子着想

让父母把所有愿望和理想都附加到孩子身上时,你有没有想过孩子的感受?为人父母,就要经常性地换位思考,站在孩子的角度感受一下。对于孩子来说,他们需要的是父母的关心和关爱,而不是一味强行地逼迫按照家长设计的轨道生活。

做一名合格的引路人

法国儿童教育学家阿拉森曾经说过:"家长应当扮演的角色不是决策者,而是引路人。"的确,如今有不少家长已经在反思教育的理念和方式,父母究竟该不该为孩子规划未来?让孩子按照自己意图生活的教育方式是否正确?在子女的教育上,父母既不是决策者,又不是旁观者,而是一名地地道道、实实在在的引路人。对于父母来说,我们需要做的就是通过细心观察来引导孩子发挥自己的专长,而不是强行地规划出不适合孩子的成长路线。

第三章 把玩的权力还给孩子,让孩子爱上自主人生

九、父母"无为",方为"大为"

中国有太多太多的家长把孩子照顾得无微不至,甚至是越俎代庖。他们把孩子的课余时间安排得满满的,音乐、绘画、舞蹈……他们恨不得自己的孩子一下子就能够成为与众不同的天才。可是事实与理想的差距还是很大的,家长希望孩子有一个美好前程的心情都可以理解,但是这种大包大揽、过度规划的方式会让孩子的行为产生被动性,情绪也变得消极。一位教育工作者说得好,"父母的过度保护是对孩子的无情扼杀。"

"有为"还是"无为"?

"你怎么搞的,这次成绩考得这样差?从下周起,每天一个小时的自由活动时间取消了,把这些时间都用在学习上。"这是沈先生训斥儿子的话语。

沈先生的儿子只有7岁,但是父亲在他身上寄予了全部希望。为了儿子能够好好学习,早一天出人头地,沈先生包办了孩子的所有事宜,其中包括衣食住行。在沈先生的概念里,儿子只要好好学习就足够了,其他的什么都不要管,什么都不要做。为此,沈先生还与妻子因为意见不合大吵了一架。

事情是这样的,沈先生的妻子看到儿子7岁多了还不会系鞋带,于是就专门抽出时间来让孩子联系。这一举动可是惹恼了沈先生,沈先生大声对妻子咆哮道:"孩子不会系鞋带,我们帮他系好不就行了吗?为什么还花费宝贵的时间来联系?"说完之后,沈先生不由分说地就把儿子拽进了屋里,边走边对儿子说:"好孩子,你的所有事情爸爸都包揽了,你唯一的工作就是学习!"

诗人海涅曾经说过这样一句话:"生下来是个龙蛋,但是孵化出来却成为了跳蚤。"故事中的沈先生包揽了孩子的一切事情,他认为这是对孩子最好的保护,能够为儿子打造美好前程。殊不知沈先生的举动会害了孩子,就如教育学家李忠秦所说的"一个孩子别的什么事情都不做,只有学习好是绝对成为不了天才的。"

1. 父母的"有为"会让孩子失去自信

孩子小,父母可以包揽孩子的一切。可是孩子终归有长大的那一天,如果从小到大,家长越俎代庖地为孩子做好了一切,孩子成年后就会觉得一无是处,毫无自信,认为自己离开了父母的庇护根本没有能力独自来完成事情,做好事情。

2. 父母的"有为"会伤害孩子的内心

不少父母对孩子的期望值相当的高,不停地对孩子抱怨"为什么他能考第一,

好方法成就好学生

你却不能?"、"别人当上了大队长,你怎么连个小组长都不是?"然而孩子的智能结构和个性是完全不相同的,孩子不可能按照统一的模式去发展。父母的过高期望通过他们的言行举止传递到孩子的内心,孩子就会产生严重焦虑和莫名的恐惧,生怕自己会遭到父母的责骂或者体罚,同时也会产生严重的自卑心理。

中国青少年研究中心副主任孙云晓称,"如今,教育悲剧非常多的原因就是父母太'有为'了。"这些都是父母为了孩子的未来而选择的"为"。

父母无为乃大为

据媒体报道,湖南有一名神童,他在2岁时就已经开始认字,13岁考上了大学,17岁考上了中科院硕博连读的研究生。在学习方面,他有着自己独特的方法,但是在生活上却是一团糟。冬天穿单衣,夏天穿棉服,赤脚走路,忘记吃饭,这些都是真真切切发生在他身上的事情。最终,这名神童收到了学校的退学通知书。"这些所谓神童,人工雕琢的痕迹太重,是父母当导演、当教练、当监工的结果,都是高压制造的神童。"教育学家孙云晓如是说。那么身为父母的我们,该如何去教育孩子呢?

1. 尊重孩子的自身规律

儿童成长有着自己独特的规律,父母人为地为其规划成长轨道是一件违反科学的事情。教育学家说过:"教育的根本目标是让人获得幸福,而幸福就是把理想和潜能变为现实,最终达到自我实现的目的。"

2. 父母不要"强为"、"妄为"

为了不让孩子输在起跑线上,父母强行地剥夺孩子玩耍的时间。这样的父母是否考虑到,自己的"强为"和"妄为"不但不能实现孩子的愿望,而且会泯灭孩子的理想,将孩子自我实现的可能性完完全全地抹杀。

3. 让孩子自己"为"

为了让孩子顺利地通过高考的"独木桥",有些家长从孩子儿童时期就定制好了特殊方案——学一门特长,用特长加分的方式来进入"象牙塔"。中国青少年研究中心副主任孙云晓称,这些都是父母为了孩子的未来而选择的"为"。这种"为"不是让孩子自然地"有所作为",而是替孩子"为"。这些"为"没有考虑孩子是否拥有这样的天赋就逼迫孩子去走父母认为应该去走的道路,这样的做法是大错特错的。

4. 尊重孩子

中国青少年研究中心的一项调查《全国中小学生发展状况调查》,在"你认为作

第三章 把玩的权力还给孩子，让孩子爱上自主人生

为现代人最重要的品质是什么？"父母的回答是"责任"，学生的回答是"平等"。可见，孩子缺乏的正是来自父母的尊重。尊重孩子，倾听孩子内心的声音是为人父母者必须做到的事情，只有给孩子提供广阔的天地，孩子才能做出最好、最适合自己的选择。

从"无为"到"有所作为"

教育学家孟奇刚认为："父母如果能够做到无为，那么孩子的任何事情才会有所作为。"孩子是一个独立的个体，他有着自己必须承担的责任。如果父母过度的"为"会让孩子丧失独立自主的权利和能力。小到生活中的滴点事情，大到未来人生的目标规划，父母应当适当地放手，顺应孩子的发展规律去引导、去帮助，从而孩子如同小树一般健康茁壮成长，用枝繁叶茂来报答父母的养育恩情。

十、给孩子做自己的权利

《天津日报》上刊登这样的内容："天津市家庭教育研究会在一所小学372名学生和他们的家长中做了一份调查，结果显示有近七成的孩子说'我想做的事家长不让我做'；有近六成的孩子说'决定我的事家长不听我的意见'、'在学习上我已经努力了，家长还是不满意'；有近五成的孩子说'家长不站在我的角度考虑问题'；四成的孩子说'我觉得大人不尊重我'……"对于孩子来说，自我选择、探索体验未知世界、自我反思总结都是自己应有的权利，只可惜很多父母不肯将权利的接力棒交到孩子的手中。

小小的"反抗者"

清早，妈妈催促9岁的儿子李××说："快点吃早饭，我时间快来不及了。"只见李斯羽一脸无奈地对妈妈说："妈妈，学校离家这么近，我自己可以去上学，不用送。"

"自己走？那可不行，外面坏人那么多，把你骗走怎么办？"妈妈马上否决了李××的提议。

"我又不是3岁的小孩子，好妈妈，就让我自己去上学吧。隔壁的晓峰，每天都是自己走路去上学的。你要是不放心，我可以和晓峰一同搭伴去学校。"李××恳求妈妈说道。

"今天外边刮风了，自己走路多冷啊。冻感冒了可怎么办？"妈妈连连摇头。

好方法成就好学生

"还是让孩子自己去上学吧,他已经不小了,我们不可能事事都护着他。"这时候,爸爸开口了。

"那,好吧,不过一定要注意安全。"妈妈不放心地叮嘱。

"好咧,老爸老妈再见。"这一场小小的战争中,"反抗者"李××大获全胜,高高兴兴地背着书包上学去了。

心理学家认为,孩子2岁之后就有了自我意识,随着动手能力的增强,"要自己做"的自我独立意向逐渐强烈。当他们的独立行为得到大人的认可后,孩子就会建立自我肯定的情感,积极、主动地独立完成事情。然而,有一些父母出于这样或那样的考虑,不敢或者不愿意把独立自主的权利下放给孩子,最终造成这样几个错误方面:

1. 孩子缺乏独立意识

每一位父母都希望自己的孩子将来能够成才,能够适应社会,在社会上立足。但是,这一切的前提条件就是独立自主。试想,一个事事都要依赖他人的人怎么能够成功?如今的孩子,独立能力实在让人担忧,由于父母的溺爱与包办,他们缺乏独立意识,遇到什么问题都要找父母解决,遇到困难就会逃避、退缩。这样的孩子,是无论如何也不能在复杂、多变的环境中取得成功的。

2. 孩子容易成为被动消极的人

当孩子习惯了接受和服从,他们就不愿意考虑通过发挥自己的主观能动性去处理问题,改变现状。他们将一切问题都推给环境和他人,从来不找自身的原因,陷入被动状态无法自拔。这样的孩子成年走入社会后难免会随波逐流,受环境的左右。

"在21世纪,科学技术迅猛发展,社会形势瞬息万变,经济形态日益多元化,人们将面对更多的信息和资讯,面对更多的挑战和竞争,机械重复性劳动将不再适应现实与未来发展的需要,有决策能力和独立精神的人才能适应新发展,才能自立于现实社会与未来的时代。"我们的孩子都是祖国日后栋梁,然而父母在他们童年时期不愿意将孩子自身的权利交到他的手上,那么孩子就不会在瞬息万变的社会中把握机会,做出一番事业。

让孩子做自己的主人

自理能力差、时间观念弱、不懂得自己选择、缺乏自理能力、不善于控制情绪、不会处理人际关系等等,这些孩子在成年后如何去面对激烈的竞争和生活的考验呢?看到这种状况,表面上看是孩子自己不成才,其实错误的根本是源于父母的过

第三章 把玩的权力还给孩子,让孩子爱上自主人生

度保护和溺爱。家长不正确的教育方式让孩子失去了自由的空间,失去了自己的权利,也失去了自我成长的机会,从而失去了最为宝贵的东西:独立性。

1. 培养孩子独立意识

孩子在13岁左右就可以独立了,此时父母与孩子之间应该是平等的关系,而不是事事都为孩子安排好,早早地为孩子铺路。当孩子按照父母的要求遵循照办的时候,他们不但成为父母的复制品,还成为不正确教育方式的牺牲品。

2. 还给孩子独立成长的过程

孩子自己尝试着去做事情的时候,往往需要不断的反思和调整,这里面包括观察、思考、判断和矫正等一系列行为。无论事情的成功与否,对孩子来说都有着十分大的帮助。成功了,孩子能够从中体验到快乐感和满足感;失败了,孩子可以积累经验,让自己尽快成熟。脱离了父母的操纵,孩子"自我"过程会变得更加明显,从而进一步体现出自身价值和意义。

请相信,每个孩子都精彩

在一份地方政府"十二五"儿童发展规划中,"不再局限于要让孩子吃得好、吃得饱、有学上等最基本的物质保障,还创新性地提出了让儿童学会做自己的主人。"英国著名教育家斯宾赛在教育自己的孩子时说:"如果我不能给孩子财富,那就给他寻找财富的信心;如果我不能给孩子智慧,那就给他获得智慧的信心;如果我不能代替孩子生活,那就给他生活的信心。"身为父母,我们希望自己的孩子将来有出息,可以出人头地。那么家长就应当顺应孩子的发展规律,将孩子的权利交付给他们自己,让他们从小就学会做自己的主人。

第四章 兴趣+效率,孩子爱上学习的点金大法

"孩子学习不好,以后怎么考上好大学?怎么过生活?"这样的理由成为父母为孩子筹划未来、强迫孩子学习的最好借口。而当学习是在有努力、无效率的前提下进行的,孩子的压力会不断增大,家长也会跟着一起痛苦。其实,家庭教育中,你需要一定的方法,让孩子快乐地爱上学习,使他们在兴趣的基础上提升学习效率。

一、别把早期教育,变成了早期摧残

孩子是每个家庭的寄托,也是祖国的未来,民族的希望。每一位父母都希望自己的孩子能够早日成才,出类拔萃。随着市场经济的不断发展,报纸、电视、杂志等媒体铺天盖地地宣传各类神童,提倡早期教育,这就刺激了家长对孩子早教的培养意识。

神童的"灭亡"之路

从林女士怀孕的那一刻起,她就决定要让孩子走出一条捷径。作为准妈妈的林女士,每天都要进行胎教,不仅给胎儿讲故事,每天还必须听一个小时的交响曲。果然,生下女儿后林女士发现胎教十分起作用,每当女儿烦躁的时候,听到交响曲立马就可以安静下来,这让林女士倍感欣慰。

当女儿只有13个月的时候,林女士就开始带着孩子奔波于各大早教中心,希望女儿的潜能可以尽快开发,让孩子成为不可多得的"神童"。转眼间,女儿3岁了,正是爱玩爱闹的时候,可是为了实现"神童"目标,林女士咬咬牙把孩子玩耍的时间剥夺了,任凭女儿大哭大闹也要在家里乖乖地学习英语和练琴。

李女士的心血没白费,女儿也没有辜负妈妈的期望。女儿的艺术特长令她在同龄孩子中脱颖而出,出现在公众的视线上,登上了报纸、电视等媒体。然而,就在女儿进入小学的那一刻起,一个意想不到的状况发生了。林女士发现女儿性格怪异,经常莫名其妙地大发脾气,并且一点也不合群。于是,林女士的女儿又成为"夭折"的神童而再次为公众所知。

当我们为这种现象扼腕叹息的时候,更应当仔细思考一下,究竟是什么样的教

好方法成就好学生

育方式令一个神童诞生,而又走向灭亡的呢?

1. 单纯强调智力开发,会让孩子的发展之路变得异常狭窄

目前,各种各样的早教机构如同雨后春笋一般拔地而起。为了让孩子能有一个好的前途,为了不让孩子输在起跑线上,一批又一批家长将年幼的孩子送进价值不菲的早教机构,早早就学起了"1、2、3"和"ABC"。但是爱因斯坦曾经说过:"我确实相信,在我们的教育中,往往只是为着实用和实际的目的,过分强调单纯智育的态度,已经直接导致对伦理教育的损害。"

2. 急功近利的背后是受伤害的孩子

从家长的角度看,当孩子掌握某种特长或者超出同龄人的智力水平之后,就会沾沾自喜,认为可以从事"造神活动"。于是,众多家庭里就出现了让牙牙学语的孩子背诵唐诗、学习英语;让一双双稚嫩的小手早早地就握起了笔。如此周而复始,导致家庭教育陷入了强调智力开发,忽略智能利用的怪圈之中,最终在孩子身上暴露出偏执、骄傲、缺乏耐心等问题。

很多家长都认为早期教育十分重要,还有一些父母舍得在孩子身上花费大量的金钱、时间和精力。可是实际结果却与想象中不同,有些理想收效甚微,有些还遭到孩子逆反的抗拒。

实施正确的早期教育

狄德罗有句名言,"精神的浩瀚、想象力的活跃、心灵的勤奋,加上智力的强化,构成了天才的全部。"这句话证明,虽然智力标志着一个人卓尔不凡的能力,但是它只是孩子成长过程中的一个指标。家长应该明确的认知,早期教育固然重要,但是切忌拔苗助长、只关注智力开发等不正确方式。早期教育不要局限于提前教会孩子听说读写,这样既妨碍幼儿的身心健康,又泯灭和孩子那颗纯真的童心。

1. 早期教育要注重能力培养

能力分为两类,一般能力和特殊能力。一般能力中包括注意力、观察力、思维能力等等,而特殊能力包括潜能开发,特长训练。对于年龄较小的幼儿来讲,早期教育应当以能力培养为前提,就如木村文一所说:"如果孩子的热情和兴趣得以顺利发展,就会成为天才"。

2. 培养孩子生活能力和意志

孩子的生活习惯、独立能力还有意志一般都是在幼儿时期形成的。家长应当注

第四章 兴趣＋效率，孩子爱上学习的点金大法

意让孩子做自己应该去做的事情，比如说穿衣、吃饭，都要按照规律去进行，在生活上养成自主性和独立性。

3. 根据幼儿的生理和心理特点来进行早期教育

幼儿有着自己的特点，比如说好奇心强，观察力敏锐等等。家长可以利用孩子的这一个特点，带着孩子多出去走走，接触新鲜事物，然后不失时机地引导孩子进行观察，从而开阔孩子眼界，增长知识，发展智力。

4. 家长要树立正确的期望值

家长都希望自己的孩子是个人才，然而对于人才来说有着不同的标准和理解。家长应该从孩子的兴趣、爱好和智力水平的实际情况出发，顺应孩子的生长规律来进行教育。那些每天把孩子时间安排得满满的，与别人孩子争高低，盲目追随的家长根本不是对孩子进行早期教育，而是对孩子无情的摧残。

把握好早期教育的尺度

早期教育很重要，但是它需要有一个合适的尺度来制约。孩子的成长和世界上一切事物的发展一样，都有着量变到质变的过程。适度的早期教育能够对孩子的发展产生极大的影响，然而物极必反，不遵循教育的客观规律必定会让家长和孩子"吃了大亏"，达不到理想的目的。

二、如何端正孩子的学习态度

人类从诞生的那一天起，就一刻也离不开学习。学习成为整个人类及每一个的基本活动。教育家章程飞所说："学习是一个广阔的概念，并非仅仅停留在读书、写字的狭隘层面。"的确，对于孩子来讲，学习应该是贯穿他一生的事情。作为家长，应该让孩子从小就明白，不要放弃任何学习的机会，要在生活中汲取必要的技能和知识，端正学习态度。

学习重在态度

早上，唐先生和妻子发生了争执，起因就是因为4岁的儿子宝宝。

唐先生认为，宝宝已经4岁了应该学会自己穿衣吃饭。可是妻子认为，孩子还小，自己穿衣服会浪费很多时间，倒不如父母帮忙穿戴整齐。吃饭也是如此，孩子自己吃饭，难免会将汤汤水水洒在衣服上，与其这么麻烦，还不如家长一口一口喂饭吃得省事。

好方法成就好学生

妻子的这个观念引起了丈夫唐先生的不满,唐先生讲:"孩子虽然年纪小,但是他自己能够学着做这些力所能及的事情,并且在慢慢的学习锻炼下可以做得更好。"用唐先生的话说,他与妻子的分歧并不在孩子身上,而是学习态度上存在很大的差别。

学习态度是影响孩子非认知能力的重要因素,并且对孩子有着重大的意义。如果不从小注重孩子学习态度的培养,就会对孩子有着严重的影响。

1. 影响孩子的行为

美国著名的行为专家琼斯曾经做过这样一个试验:他们以美国南部两组年龄为7岁的孩子为试验者,一组孩子平日里喜欢观察、喜欢问东问西;而另一组孩子沉默寡言,对任何事物都提不起兴趣。琼斯请这两组孩子同时进入一个陌生的环境独自生存两天。通过暗自观察,第一组的孩子不仅非常顺利地就调整好自己的生活状态,而且还兴致勃勃地和当地人请教学习;而后一组的孩子生活起来较为吃力,有些力不从心。所以说,一个人的态度影响着自己的行为。有专家认为,学习态度端正的孩子适应能力强,能够很快地融入集体,且备受他人欢迎。

2. 影响孩子的抗挫力

看到题目也许有人会问,抗挫力和学习态度有什么关系?据社会学家研究发现,学习态度较强的孩子具有一定的抗挫折能力。当这类人遇到挫折和失败的时候,首先想到的不是退缩,而是要用什么办法去弥补,去解决,并且从中汲取经验教训,以免下次犯同样的错误。

3. 影响孩子的学习成绩

学习态度和学习成绩是成正比的,认为学习有意义的学生会认真听讲、按时完成作业,学习成绩也非常优秀。而那些认为学习没用的孩子,就会出现精力不集中、做作业拖拉等现象。

端正学习态度

学习态度对孩子的生活和影响很大,所以家长要以积极的措施来端正孩子的学习态度,使其更好地成长。

1. 用积极心态欣赏孩子

赏识孩子的学习情趣、提高孩子的学习能力能够让孩子掌握更多的技能和方法。家长应当针对孩子的心理特点,用积极的心态帮助和引导孩子端正学习态度、

第四章 兴趣＋效率,孩子爱上学习的点金大法

具备良好的学习品质,从而掌握合理的方法,成为跟得上时代步伐之人。

2. 激发孩子学习兴趣

教育心理学家认为,兴趣是孩子认识上的需要和爱好的一种倾向,是产生学习动机的主观原因。家长应当培养孩子积极的学习动机,动机一旦明确,孩子的学习态度就会产生有利影响。

3. 向孩子提出明确要求

家长要适当地向孩子提出明确要求,比如说:学会自己穿衣、学会独立完成作业、学会帮助父母做家务等等。以此引导孩子通过相应的活动去改变原有的状态。

4. 培养孩子积极主动性

孩子的学习态度并非天生就有,它需要在后天的生活环境中接受他人的示范、指导而逐渐形成。这就要求父母在日常生活中有意识地培养孩子学习动机,从而让孩子在进步中体验到满足感和愉悦感。

好孩子是父母教出来的

孔子曰:"知之者不如好之者,好之者不如乐之者。"为了能让孩子拥有美好的未来,父母应当在童年时期就培养孩子的学习意识,并且端正学习态度。让孩子在学习中进步,学习中成长,最终成为永远不被时代淘汰的学习型人才。

三、想象力匮乏、没有追求？阅读改变一切

大科学家爱因斯坦曾说过:"想象力比知识更为重要,因为知识是有限的,而想象力概括着世界的一切。"想象力究竟是什么？想象力其实就是人在已有的形象基础上,在头脑里创造出新形象的能力。因为有了想象力,人类才能有所发明,有所创造。然而,最近一段时期,不停地有业内人士针对"我国中小学生想象力倒数第一"的现象发出这样的感慨"在全球21个受调查国家中,中国孩子的计算能力排名第一,想象力排名倒数第一,创造力排名倒数第五。为什么会出现这样的现象？"孩子是家长的寄托,是祖国的希望,作为父母我们应当抓住时机,创造条件,从小就培养孩子的创新意识和创造精神,从而让孩子健康的发展与成长。

小才女的诞生

别看丁××只有13岁,可她已经出版了多本书籍,其中包括儿歌集和故事集。有媒体曾经这样形容丁××:"在这个小家伙的头脑里藏着一台持续工作不断电的

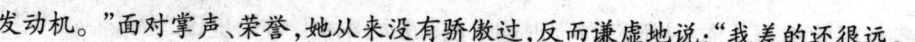

发动机。"面对掌声、荣誉,她从来没有骄傲过,反而谦虚地说:"我差的还很远。"

优秀的她是如何具有超人的创造才华呢?"创作的秘诀就在于两个字——阅读。从认字的那天起,我就觉得书中有一种巨大的魔力,它让我领略到一个神奇的世界。于是,我开始想象,天上的星星会掉下来吗?月亮和太阳是不是一家?当头脑里的想法越来越多的时候,我就用笔把它们记录下来,这就有了我笔下的那些故事。"

正如丁××所说,儿童通过阅读可以提高想象能力,从而提高写作水平。阅读仿佛是一颗具有魔力的种子,把它播种在脑海中之后,种子就会开出绚丽夺目的花朵,而这些花朵的名字就叫做想象力。我们不敢想象,如果失去了想象力,孩子将会变成怎样。

1. 缺乏想象力,生活将毫无意义

丧失了想象力,生活就会陷入一种模仿和被模仿的固定模式中,最终令孩子本该丰富多彩的生活变得黯淡无光。

2. 缺乏想象力,对任何事情将没有兴趣

孩子没有想象力,就会对任何事情都提不起兴趣。当科学家认真研究发现,父母过多保护孩子有时候等于扼杀他们的想象力,因此孩子会对父母产生依赖感,对事情提不起兴趣。

文字阅读让孩子插上想象的翅膀

有人说"想象力是人类创新的源泉",这句话一点不假。那么,身为孩子的父母,我们就应该以早期亲子阅读活动为依托,又以充满想象力的游戏形式辅助进行,成为培养孩子想象力的有利方式之一。

1. 引导孩子爱上阅读

对于孩子来说,听故事是一件吸引力极强的事情。对于低龄幼儿来说,父母应当从内容浅显的童话故事入手,通过绘声绘色的亲子阅读活动,让宝宝爱上故事,爱上阅读。到了孩子适龄的时候,父母可以为其选购带有拼音标注字样的书籍供孩子阅读。

2. 引导孩子在阅读中想象

不管是孩子听故事还是孩子独立阅读,父母都可以用还原故事场景的方式培养孩子的想象能力,比如说:示范描述静态画面中的静态元素等等。

第四章 兴趣＋效率,孩子爱上学习的点金大法

3. 培养孩子揣摩人物心理和语言

通过阅读,孩子会对书中的人物有一个大致的了解。这个时候,家长可以实时引导,例如"他在想些什么呢？"、"这句话的潜含义有哪些？"等等。

4. 引导孩子学会提问

当孩子有了一定阅读经验后,家长应该尝试着让孩子从能够回答转变到主动提问。通过问答过程,孩子可以逐渐提高阅读主动性,真正的成为阅读的主人和想象力的主人。

在孩子爱上阅读的过程中,家长应当注意这样几个事项：

1. 允许孩子在阅读中的思维型跳跃

孩子的注意力集中的时间很短,并且孩子的发散思维很强。这就难免会出现这种状况,孩子在阅读之后会由一点联想到其他。对于父母来说,应该允许孩子这种"跳跃"性较强的想象方式。

2. 鼓励孩子联想

孩子通过阅读,家长应当鼓励孩子联想,通过想象让孩子自己理解故事情节,从而锻炼孩子的想象能力。

阅读改变人生

"阅读改变人生",这句话一点错误都没有。书籍会对孩子的思想产生较大的影响,另外对培养孩子的想象力有很大的好处。作为家长,我们应当为孩子提供阅读机会,选择适合孩子年龄的书籍进行阅读,并且适时引导,帮助孩子插上想象的翅膀。

四、正确对待分数教育:成绩不代表一切

学生中流传这样的一个顺口溜"考考考,老师的法宝;分分分,学生的命根。"这句话直接反映出分数教育中的些许无奈,但是成绩作为一种常规教学手段,是教学评价中的一个重要环节,对孩子的知识、能力的终结检查常用方法。身为家长,既要重视孩子的学习质量,又不要太过于依赖分数。对于分数教育,应当一分为二地去正确对待,而不是令其成为衡量孩子的唯一标准。

爱我还是爱分数?

"爸爸,我真的搞不清楚,你究竟是爱我还是爱分数?"12岁的张××一边用手

好方法成就好学生

抹着眼泪,一边对爸爸说道。

"我就是因为爱你,才这么重视分数。"张先生对儿子的问题,有些许的无奈。

"现在一家只有一个孩子,我当然希望儿子长大后能够成才。现在这个年头,考个好初中要看分数,考个好高中也看分数,如果没有好成绩,就别想进入理想的大学,更别想有个好未来了。"张先生如此说。

张先生话乍一听仿佛很有道理,但是仔细琢磨,就能够看出他的教育误区。像张先生这样只盯住分数的教育方式,严重制约了孩子综合素质的推进,影响了青少年的身心健康。"分数大过一切"是以偏概全的错误观点,它存在以下几种情况:

1. 分数具有片面性

分数不是衡量孩子的唯一标准,一个有意义的人除了专业基础和知识以外,还具有高尚的思想品德、各方面能力等。

2. 分数具有偶然性

分数存在一定的偶然性,比如说主观发挥和客观环境都可能对考试分数起着一定的影响作用。单单以分数论孩子的成败,则是一件极其错误的事情。

3. 分数具有消极性

对于孩子来说,分数具有一定的消极意义。根据心理学家发现,很多孩子都有考试综合征,出于对考试的恐惧,身体上便出现头痛、心慌、出冷汗等现象。

4. 片面的分数教育导致智育目标狭隘化

只看重分数教育,会导致孩子单一发展,严重违背全面发展的教育方针。过分强调学习知识,并且通过强化训练手段将孩子局限在学习内容之上,很容易导致高分低能的出现。

5. 片面的分数教育影响孩子个性发展

当教育手段单一的时候,孩子的个性发展就会受到制约,甚至扼杀孩子的创造能力。如果家长强行把孩子禁锢在分数的"牢笼"中,培养出的孩子充其量只是懂操作,不懂创造的"机器人"。

当前学校教育,考试可谓是"家常便饭",分数也成为衡量孩子是否优异的重要尺度。有些家长看到孩子分数高,就会十分欣喜;分数低,则会恼火。家长关心孩子的成绩无可厚非,关键在于家长要知道分数只能作为一个"点"来反映孩子的情况,它并不能证明孩子的品格与才能,更不能成为衡量孩子的唯一标准。

第四章 兴趣+效率,孩子爱上学习的点金大法

成绩不代表一切

美国教育家斯宾塞曾经说过:"身为父母,千万不能太看重孩子的考试分数,而应该注重孩子思维能力、学习方法的培养,尽量留住孩子最宝贵的兴趣与好奇心。绝对不能用考试分数去判断一个孩子的优劣,更不能让孩子有以此为荣辱的意识。"

1. 家长要用平常心看到分数

片面夸大分数作用,以分数高低来衡量孩子是一个错误的观念。身为家长,我们要用一颗平常心去看待孩子的成绩,不要出现诸如"考得好奖励,考不好打骂"等不负责任的行为。

2. 实施激励教育

孩子分数底或高都存在一定的偶然性,父母应当用适时激励教育措施,对给孩子一些鼓励,帮助其树立信心。当然,赞赏和鼓励并不是毫无原则性的,而是需要具体情况具体分析,适当使用。

3. 找寻原因

成绩差了不管主观和客观,必定存在原因。对孩子的打骂是无济于事的,与其恼火,不如平心静气地帮助孩子找寻学习中的漏洞。找到学习中的不足之后,孩子就可以有针对性地进行弥补,从而达到学习的真正目的。

4. 就事论事

"你看谁谁,人家是怎么考的,每次都是第一"、"你这成绩也太差了,某某这次就进步了很多"。每个孩子都有所不同,当发现孩子学习中存在的问题之后,家长应当就事论事,而不是把孩子拿来进行比较。人天生是存有差异的,有人擅长形象思维,而有人擅长逻辑思维。比如说当今学者于丹,她曾经很坦诚地讲自己数学成绩相当差,很少及格。

认真、科学地对待分数

孩子的考试成绩是家庭教育中的一门重要学问,也是不少亲子关系产生矛盾的导火索。部分家长在孩子成绩不理想时,往往愤怒和悲伤,于是对孩子进行惩罚;还有部分家长看到孩子的高分就沾沾自喜,欢呼雀跃,孩子想要什么便奖励什么,这样的家长在严格意义上讲都是不合格的。对于孩子来说,综合素质是最重要的衡量标准,单纯看成绩难免会让家庭陷入分数教育的误区越走越深,最终不能自拔。

五、卡尔威特说潜能：让孩子发挥超常的水平

老威特是一位普通的乡村教育，小威特在婴儿期特别痴呆。但由于老威特正确的科学的教育方法使小威特成为举世瞩目的天才。小威特8岁时就学会了6种语言，并擅长动物学，植物学，物理学和化学，数学尤其出色。9岁考上了大学，不到14岁就发表了数学论文，并获得哲学博士学位，16岁时又被授予法学博士学位，成为柏林大学的法学教授。从小维特的成长经历，我们不难看出挖掘潜能对孩子一生的影响。所以说，挖掘孩子潜在能力，是每一位父母都要认真对待，不容忽视的家庭教育之一。

不会人类语言的司各特

英国的司各特伯爵夫妇带着自己年幼的儿子出海旅行，不幸的是旅游途中遭遇海上风暴，船翻了，很多人都遇难了，幸存下来的只有小司各特。

小司各特被冲上了非洲的一个荒岛，那里人迹罕至，几乎没有人类生存的痕迹。之后，小司各特竟然被一群大猩猩所收养。在之后的二十年中，小司各特慢慢长大了，他成长成为一个壮实的大小伙子，但是却像猩猩那样在树枝上荡来荡去，既不会像正常人一样行走，又不会说一句人类语言。

后来，有探险家登陆了这个荒岛，他们发现司各特的时候十分惊讶，并且把他带回了英国。回国后，科学家像教婴儿那样去教司各特，希望帮助他找回自己正常的生活方式。可是，很多年过去了，司各特仍然喜欢爬行，不论大家怎么教他，他都不会使用人类语言，而是像猩猩那样大吼大叫。

卡尔·威特说："从小时候就可以看到你成人以后的样子。"他认为，"3岁之前是模式时期，孩子到3岁时，就已形成了长大之后一些基本性格特质。所以，模式时期决定了孩子的一生。"正如小司各特，由于他强大的智能都一直没有被开发出来，这就令他体内的"宝藏"一直出于休眠状态，最终错过了潜能开发的大好机会。卡尔·威特对父母们说："生下一个健康强壮的孩子，这对父母来说只是一个开始。以后的路更长，责任更重大。从孩子出生那天起，父母就必须承担起教育孩子的责任，做一个合格的教育者。"倘若家长没有重视潜能开发，或者错过潜能开发的大好时间，就会造成以下几点遗憾：

1. 不重视幼儿潜能开发，孩子就会出现被动、缺乏自信等性格缺陷

从人类的智力发展方面来看，"人格、情绪、行为等非智力因素等方面，后天环

第四章 兴趣+效率,孩子爱上学习的点金大法

境作用远比先天遗传更重要。"通过社会学家长期研究发现,父母重视孩子的潜能开发,孩子身上就会表现出良好习惯、独立自信、好奇心强等行为。相反,如果父母忽略了幼儿潜能开发,孩子就会出现腼腆、缺乏自信、被动等性格缺陷。

2. 不重视幼儿潜能开发,孩子的发展就会受到制约

家长的教育对孩子发展中的作用十分重要,遗传因素赋予儿童发展的潜力,而环境和家长的养育可以起到催化和塑造作用。在家长的养育过程中,如果家长没有提供科学的教育方式、丰富多彩的生长环境、系统的早期潜能开发与训练,那么孩子的发展就会受到影响和制约,让孩子的能力没有得到全部的发挥。

研究表明,大部分人只运用了自身潜能的10%,换句话说每个人身上都有一座"潜能宝藏"等待挖掘。由此可见,让孩子扎扎实实走好每一步,及早挖掘孩子的潜能,对实现他的个人价值相当重要。

帮助孩子认识和挖掘潜力

潜能是指潜在的,需要通过发现、挖掘才能显现的能力,是智能、个性、兴趣、动机或者价值观等多种因素构成的一个有机整体。孩子自出生的那一刻起就具备了各种潜能,但是如果没有其他人的帮助,孩子很难将其展现出来。因此,家长在儿童教育方面任重而道远。

父母该怎样帮助孩子挖掘潜能呢?

1. 潜能挖掘要趁早

卡尔·威特曾说:"儿童具备强大的潜在能力,但这种潜在能力是遵循递减法则的。打个比方,生来具备100度潜在能力的儿童,如果刚出生就对他进行科学的教育,那么他就可能成为一个具备100度能力的成人;如果从5岁开始教育,那么即使教育的很出色,也只能成为具备80度能力的成人;倘若从10岁开始教育,教育的再好,也只能达到具备60度能力的人。"按照卡尔·威特的说法,儿童的潜能遵循递减法则,也就是说教育开始得越晚,儿童能力实现就越少。

2. 不要遏制孩子的淘气

淘气的孩子都有一种共性,就是遇到新鲜事物不仅会聚精会神地去听、去看、去思索,还会"忍不住"要动手付诸于实践。有些家长认为孩子的调皮是一种"捣蛋"的特征,往往会及时或者提前制止。然而幼儿教育学家给出的建议是:只要孩子的所作所为没有对他人产生影响,家长最好以观察为主,不要遏制。

3. 潜能开发不要盲目

目前,各种早教机构铺天盖地的兴起,形成前所未有的早教高潮。不过家长应当注意的是,早期教育不等于早期潜能开发,比如说让孩子为认字而学习、为绘画而涂鸦、为顺应时代潮流而过早学外语等等都是错误做法,从而令孩子本应该充满童趣的幼儿时期变得痛苦不堪。这些做法不但不能开发孩子的潜能,反而阻碍孩子成长。

4. 潜能开发应当顺应孩子的生长规律

潜能开发不是盲目的,它需要顺应孩子的生长规律。举例来说,3岁左右的儿童主要是神经心理发展的奠定时期,虽然他们没有真正意义上的思维能力,但是如果在这个时期为孩子提供丰富多彩的环境进行适当刺激,孩子的大脑神经网络就会更好地发育和形成。然而,家长要注意的是,此时的潜能开发刺激并不等同于要让孩子掌握知识和技能,而是在顺应自然的基础上加以引导和促进。

重视孩子的潜能开发

在日本,对孩子的天赋和潜能的开发、培养有近100年的历史。研究指出孩子的第一个开发阶段是3岁到5岁,第二个开发阶段是8岁到10岁,第三个是10-12岁。父母要抓住幼儿潜能开发的黄金时期,多角度、多方面对孩子进行引导和培养。

六、劳逸结合,增强孩子的记忆能力

卡尔·威特曾说:"记忆是一切智慧的根源。早期教育是培养记忆力的绝佳时机。尤其是幼儿时期,每天重复输入相同的词汇,不断刺激孩子大脑中储存的词汇库,可以帮助孩子迅速提高记忆力。然而,增强孩子的记忆能力需要遵循正确的教育方法,不能盲目、盲从。正如英国经济学家凯恩斯所说:"任何事情,只有做到劳逸结合,才可能获得高效率的回报。孩子学会劳逸结合是获得好成绩的前提。"

忽略劳逸结合的后果

唐××是个三年级的小学生,因为上学期期末开始成绩不太理想,妈妈就安排她每天放学后都要去家教老师那里补习功课,期望她能够把学习成绩赶上去,为日后考入重点初中打下良好的基础。她是一个懂事的孩子,她明白妈妈的良苦用心,知道妈妈是为自己的未来着想,因此她学习很用功。

第四章 兴趣＋效率，孩子爱上学习的点金大法

唐某在学校里上课认真听讲，下课放弃所有的玩耍时间，有点一时间就捧起书本学习，就连每天晚上都要复习功课到很晚。她的妈妈看到女儿如此刻苦，心中暗自高兴。

很快，期末考试到了。唐某的妈妈拿到女儿成绩单的时候却倍感失望。她的学习成绩非但没有提高，反而比去年的总分还要低了很多，唐某稚嫩的心灵承受不了如此之大的压力，竟然开始出现"恐学现象"。看到女儿的现状，她的妈妈实在是想不通，女儿几乎把所有的时间都放到学习上，为什么成绩还这么低？

她的妈妈只注重女儿的刻苦学习，却忽略了一个问题：没有注意劳逸结合。科学家指出："人们学习时用到的最主要器官就是大脑。大脑工作时会处于一种高度兴奋的状态，对氧的需求量就会大增，对氧的损耗也会很快。如果长时间这样工作，大脑将严重缺氧，脑神经细胞就会出现疲劳，大脑皮层产生保护性抑制后大脑功能就会开始下降。"这样一来，就会出现一系列的负面作用：

1. 刚刚上三年级的唐某把大量时间都用在了学习上，忽略了科学用脑，没有注意劳逸结合的后果就是学习没有进步反而退步。要知道，大脑是一个精密度很高的器官，它需要遵循和顺应兴奋和抑制交替的活动规律。反之，孩子就会出现感觉迟钝、注意力难以集中、记忆力下降等症状。

2. 为了让孩子更具有竞争力，很多父母没有按照科学规律来安排孩子的学习和生活，总是强迫孩子不停地看书、学习、去上补习班，剥夺了孩子本应该玩耍的时间。长期以来，孩子就不但学习效率低下，还会出现思维反应慢等现象。

唐某的妈妈只关注孩子的学习情况，忽略了让孩子劳逸结合，从而尝到了不科学用脑的"苦果"。所以，家长应当教会孩子有计划地进行学习，合理安排时间，不但能够提高孩子的学习效率，增强学习积极性，还能增强孩子的记忆能力，取到事半功倍的效果。

劳逸结合，科学用脑

卡尔·威特说："我尽力去培养儿子的记忆力，因为记忆力在孩子心理发展过程中发挥着重要的作用。孩子通过记忆力感知以往的经验，在大脑中留下印象，从而促进心理的发展。记忆力的差别主要体现在记忆速度、准确性、持久性、准备性和灵活性上。记忆力对于孩子的个性、情感、意志等的形成都有重要的意义。"

1. 劳逸结合可以提高孩子的学习效率

卡尔·威特认为："死记硬背对提高记忆力没有任何好处。让孩子记住历史事件，我大都是采取'在儿子读过之后用戏剧形式演出'的方法，这样孩子就很容易记住。而学校教的历史课，完全是照搬年代表，味同嚼蜡，毫无乐趣，学生们厌恶它，根本记不住，是理所当然的事情了。"大脑是新陈代谢最活跃的器官，占全身氧气消耗量的25%左右。如果孩子长期从事紧张的脑力劳动，大脑皮层就会处于高度兴奋状态，引起暂时的"脑贫血"，出现感觉迟钝、反应速度低、记忆力下降等症状。所以说，只有科学地使用大脑，才能够提高学习效率，"科学使用大脑的最佳方法是劳逸结合"。

2. 劳逸结合有利于孩子增强记忆力

用脑过度、违背记忆规律会降低孩子的记忆能力。如果大脑过于劳累，就会抑制记忆，反倒产生遗忘。所以，家长要教育孩子合理安排时间，玩是玩，学是学，保证孩子用清醒的头脑进行记忆活动，从而保证记忆方法准确、科学，不但节省脑力，而且能够延缓脑力疲劳的发生。

劳逸结合好处多

"任何事情都要遵循着规律去做，用脑也是一样。"家长不要盲目地督促孩子学习，从而令孩子的大脑产生疲劳，导致记忆力下降，最终事与愿违。教会孩子劳逸结合，才能让孩子增强记忆力，获得良好的学习效率。

七、"纵容"孩子的"破坏"能力，唤醒创造力

调查显示，"中国的中小学生认为自己有好奇心和想象力的只占4.7%，而希望培养自己的想象力和创造力的只占14.9%。"我们的孩子为什么失去了创造力和想象力？教育学家曾经这样评价："中国孩子的想象力并不比外国孩子差，家长们不培养也没关系，但一定不要扼杀。中国的家长很喜欢替孩子做事，比如替孩子洗碗、洗衣服、背书包、系鞋带，让孩子丧失了基本的动手能力和好奇心，从而遏制了想象力的发展。"

陶行知与金表

陶行知是我国著名的教育家，他小时候的一件事让他记忆犹新。

一次，陶行知自己在家里玩耍的时候，突然看到妈妈买回的金表十分漂亮，尤其表针滴滴答答的声音吸引了他全部的注意力。于是，陶行知找来了工具，一板一

第四章 兴趣+效率,孩子爱上学习的点金大法

眼地拆卸起金表来。当妈妈回家之后,看到金表已经被孩子拆坏了,顿时恼火极了,便把陶行知狠狠地揍了一顿。

第二天,陶行知的妈妈把这件事告诉了他的老师,没想到老师听完后却摇摇头说:"恐怕一个中国的爱迪生被你枪毙了。"妈妈疑惑不解,老师解释说:"孩子的这种行为是创造力的一种表现,你不该打孩子,要解放孩子的双手,让他从小就有动手的机会。"陶行知的妈妈听后后悔莫及,连忙向老师询问补救办法。

按照老师传授的方法,妈妈和陶行知一起把金表送到钟表铺,并且让儿子站在修表师傅的身旁,亲眼看一看其中的内部结构。

关于金表的这件事让陶行知先生终生难忘,至今对感动颇深。

孩子都有很强烈的好奇心,喜欢摸摸这儿,动动那儿。很多家长怕孩子把东西弄坏,总会制止孩子停手,轻则提醒,重则打骂。于是,孩子就在父母的错误教育下变得循规蹈矩,而创造力由此被扼杀。

用成人眼光观察孩子,往往会阻碍孩子创造发展

事例:

爸爸给小萱买回一个漂亮的芭比娃娃,娃娃的眼睛一眨一眨的,让小萱兴奋不已。为了弄清楚芭比娃娃是如何"学会"眨眼睛的,她趁爸爸不注意,用剪刀剪开了芭比娃娃的脑袋。这让爸爸非常恼火,决定"再也不给小萱买任何玩具。"

分析:

在小萱眼里,剪开芭比娃娃是为了搞清楚它为什么会眨眼睛,而在成人世界中,这就是名副其实的破坏,不爱惜玩具。成人和孩童的思维世界是存在偏差的,父母不要用成年人的眼光来衡量孩子的思维和行动。其实,孩子不是故意搞"破坏",而是想把脑子里稀奇古怪的想法去实践探索。苏霍姆林斯基认为:"儿童的智慧在他的手指上。"就让我们解放孩子的双手,充分培养他们的动手能力、探索能力、思维能力吧。"正如故事中的小萱,她的举动只是源于对这个世界充满了好奇。

鼓励孩子"破坏",纵容孩子"想象"

柏拉图曾经有句名言:"好奇是知识之门。"强烈的好奇心是孩子想象能力和创造能力的原动力,正如现代学者所认为的那样,"不会进行发散性和创造性思维的人,将是当今社会淘汰的另一种文盲。"身为父母,我们应当学会尊重孩子,保留那份天真的好奇心,并且以此为契机,鼓励孩子的创新精神和想象能力。

好方法成就好学生

1. 父母应该给孩子提供丰富多彩的环境

在孩子的眼中,一切新鲜的事物和新环境都是值得探索的。在强烈好奇心的驱使下,他们会不断思索、不停探索。作为家长,应当给孩子提供丰富多彩的环境,比如说提供给孩子一些玩具或者废旧小家电等等,让孩子通过动手"破坏"来探寻其中的"奥秘"。

2. 不做"完美主义者"

看到雪白的墙壁上被涂得"乱七八糟",妈妈忍不住揍了明明两巴掌。此时的明明非常委屈,他觉得白色的墙壁就好像天上软绵绵的云朵,应该有太阳和小鸟来"搭配"。这个时候,妈妈的"完美主义"成为扼杀孩子创造力的"罪魁祸首"。

还给孩子一生的财富

爱玩、爱探索、爱动手是孩子的天性,只有合理利用这些天性,孩子的求知欲和好奇心才能得到安慰得到满足,从而培养孩子的动手能力,思维创造能力等。当孩子养成细观察、细思考、勤动手的良好习惯之后,这就等于他拥有了一生最宝贵的财富。对于家长来说,鼓励孩子的"破坏",纵容孩子的"想象"是十分重要的事情,对孩子的未来有着积极的影响作用。

八、看世界听外界,培养孩子的思维能力

孩子的思维能力不需要专业的训练,在自然环境中就可以得到提高。幼儿时期是孩子思维能力发展的关键时期,而外面世界的丰富性和多彩性都是家中无法比拟的。带着孩子多看看世界,多听听外界对幼儿思维能力发展有着重要的促进作用。孩子可以在其中学到生动形象的表达方式,从而在刺激听觉和视觉中扩大知识视野,开拓眼界。

最重要的收获

刘某的妈妈是一为小学教师,多年的教学经验使她明白思维能力培养对孩子来说十分重要,而多带孩子走走则是其中的一条捷径。

每逢节假日,刘某的妈妈都会带着儿子出去走走,出去看看。这天,刘某母子俩来到冰雕世界,这可让孩子兴奋极了。刘某一会伸出小手摸摸冰,一会侧着耳朵听企鹅的叫声。突然,他的眼里发出惊异的神采,大声地对妈妈说:"妈妈,妈妈,我知道了一件事情。"

第四章 兴趣＋效率，孩子爱上学习的点金大法

妈妈耐心听儿子的话语。

"妈妈,企鹅是极地动物,它喜欢冷。所以叔叔就放了这么多冰块,如果企鹅热了就含在嘴里一块,就像我们吃冰棒一样,凉丝丝的。"听完儿子的话,妈妈笑了,而且笑得很甜。

对于孩子来说,他需要凭借感觉器官——眼睛、耳朵、鼻子、嘴巴来认识这个世界,从而产生自己的思维。与成年人不同,孩子对周围世界的印象不是靠概念,而是需要凭借自己的直觉感受。如此来说,丰富多彩的世界就是一个最伟大的学校,它能够教会孩子很多,带来孩子很多。倘若父母忽略外界这个学堂对孩子的重要性,就会让孩子的思维能力在不同程度上有所制约。

1. 制约孩子主动思维能力培养

举一个相对简单的例子,父母带孩子去爬山,静止的"山"就会出现在孩子的视觉采集信息中,孩子的大脑中则会主动地形成山高大威严的概念。真实的感受会让孩子对书本上硬生生的"山"字有着更丰富、更生动的理解,这对于孩子来说就是主动思维能力的一种锻炼。反之,就等于制约了孩子这方面能力的培养。

2. 制约孩子逻辑思维能力培养

众所周知,逻辑思维能力就是指主动思维的延伸性,"孩子只有获得逻辑思维良好的延伸性才有可能做到我们通常所说的在行事做事过程中所拥有的坚忍不拔的品质。"在外界体验的过程中,孩子可以通过看到"山"引起广泛的联想,从而让逻辑思维能力得到锻炼。对于整日窝在家中的孩子来讲,这方面的培养是有所欠缺的。

教育专家认为:"从孩子一周岁开始,就在这复杂的、综合的、知觉的基础上开始出现一种最原始的思维,我们把这称之为感知动作思维。"感知思维是通过孩子动手、动眼、动口、动耳来实现的,家长需要做的就是为孩子提供可供培养孩子思维能力的环境和条件。

走出去,学回来

思维是智育的核心理想,开阔孩子的眼界是培养孩子灵活、敏捷思维能力的关键所在,身为父母我们应当从以下几方面做起:

1. 为孩子提供感知和观察的环境

带孩子走进大自然,让孩子在观察和体验中去认识、去思考,从而扩大自己头

脑里的印象范围,对事物做出直观而又正确的判断和概括。

2. 启发孩子积极思考能力

父母应当在孩子观察和体验过程中适时引导,善于给孩子提出一些小问题,让孩子带着"问号"去感知这个世界,从而想办法、寻途径去找出答案。

3. 培养孩子探索精神

小孩子好奇心都很强烈,看到新鲜事物就难免要问一问、摸一摸、听一听。孩子具有强烈的探索和求知欲,家长应当保护他们的这份积极性,因势利导,培养孩子爱学习、学动手、好钻研的良好习惯。

4. 启发孩子不一样的思考

传统观念中,大海就应该是蓝色的,泥土就应该是黑色的。然而,在现实生活中孩子会用自己的眼睛发现,大海有时候呈现碧绿色,而泥土竟然也有红色、黄色等多种颜色。通过诸如此类的直观感受,家长可以因势利导,让孩子在认识新鲜事物的概念时不要被传统教育颠覆主观感受,而是要思考、要验证。

从具体感性认识入手,积极促进孩子思维

培养思维能力是一个比较抽象的概念,如果不是从直观入手,孩子思考起来难免会有些吃力。父母应当根据儿童年龄的特点,通过直观的感性认识来达到思维概念质变的飞跃。在此,我们家长应当确立的观念是,"任何一种所谓的'抽象'能力培养,都应该在孩子不同的成长阶段有非常具体的培育方式,然后依据自己孩子的个体特质和成长环境进行恰当的应用。"

九、自己先熄火,才能让孩子不磨蹭

不少孩子在做起事来磨磨蹭蹭,穿衣磨蹭,吃饭磨蹭,做功课磨蹭。往往家长看到这种状况,火爆脾气马上就会爆发,不停地催促:"快点"、"你怎么这么慢"。实际上,有时候父母的急躁不能对孩子的磨蹭有丝毫改变,反而会产生负面影响。那么,针对孩子的磨蹭,家长应当如何是好呢?

爱磨蹭的东东

东东刚刚上小学一年级,不管做什么事,他都会不慌不忙、慢悠悠地去做。为此,东东的小屁股没少挨爸爸的大巴掌。

妈妈按照东东的作息时间,给他设计了一张时间表,但是发现东东很少能够在

第四章 兴趣＋效率,孩子爱上学习的点金大法

时间内完成任务。比如说,早上穿衣、洗脸、刷牙,东东就要磨蹭将近1个小时,这可急坏了他的父母。当然,这些还算小事,可是每天晚上的功课对东东和他的父母来说简直就成了一次"考验"。

原本40分钟就能完成的作业,东东每次都要写到晚上10点钟作用。所以,妈妈催、爸爸打、孩子哭的局面经常在东东家上演。

东东的案例具有一定的普遍性,如今不少孩子都有磨蹭的现象出现。很多家长不同程度地反映出:"我实在是忍不下,心中的火苗噌噌地往上蹿。"然而,生气、发脾气并不能对孩子的磨蹭有所改善,我们应该从根源找问题,看看有什么妙招能够让孩子"快一点"。

1. 缺少时间概念

一般来讲,孩子的时间观念比较淡泊,以至于他们没有成人那种的急迫感。孩子根本不知道拖延时间会有什么后果,他也并不认为自己的慢有什么不对的地方。比如说迟到,家长知道迟到的后果很严重,可是孩子却不以为然,他所想的只是眼前和正在做的事情。这些都是由于孩子的生理和心理特征所决定的。

2. 慢性子

一些孩子的神经类型属于相对安静而舒缓型,他们动作比一般人都要慢,即便受到外界刺激之后依然紧张不起来。对于这种性格的孩子,家长首先要保持冷静,随后在通过一系列科学的途径来帮助其改变。

3. 注意力不集中

作业边做边玩、吃饭东看西看,这都会减慢孩子的正常速度。孩子的注意力集中的时间很短,客观的环境随时都会对他有着强大的吸引力。比如说孩子正在做某件事情,而周围的其他事物可能会短时间内吸引他的注意力,令他忘掉应该把正在做的事情做完。于是,孩子就出现了慢吞吞,做做这、干干那的行为。

4. 提不起兴趣

自己喜欢的事情马上就可以做完,自己不感兴趣的事情就慢慢吞吞,能拖延一刻就拖延一刻。比如说孩子早上赖床,出于困倦的心理状态,孩子就会用磨蹭来进行潜意识抵抗。

5. 动作不熟练

认真地讲,有些时候孩子的磨蹭并不是出于本意,而是因为动作不够熟练。举例来说,一个4岁年龄的孩子系鞋带,必然会比成年人慢上很多。这是因为孩子的

思维能力和身体协调能力正处于发育期,一些基本技巧还没有熟练掌握。

6. 没有自信心和安全感

有些孩子性格内向,天生胆小,到了一个新环境或者见到陌生人的时候,心里就会出现瞻前顾后、害怕做错的消极心理,越是担心、害怕,孩子的动作就越慢,并且容易出错。倘若这个时候身边有人不停地催促、责备,孩子的恐惧心理就会加强,自信心自然受到影响。

7. 父母做事没有规律

一些家长做事情毫无规律,根本不懂得统筹方法,比如说衣服洗到一半,突然想到该做饭了,于是又着急忙慌地跑进厨房。父母不讲效率的做事方法会在潜移默化中影响孩子,时间长了,孩子身上就会出现慢吞吞的行为。

8. 家长的大包大揽

孩子吃饭慢,家长就抢过饭碗喂孩子;嫌孩子自己穿衣服耽误时间,家长就代替孩子穿衣,这样一来,孩子的就会养成依赖心理,惰性越来越强,不管做什么事情都慢慢吞吞,等待别人的忙帮。

看完以上内容,我们不难发现导致孩子磨蹭行为的发生是有多种原因的。作为父母,我们应当保持冷静和平和心态去对待孩子,这样才能真正改善孩子慢吞吞的行为。

正确对待磨蹭的孩子

生活中做事磨磨蹭蹭的孩子不在少数,不但影响正常的学习、生活,还给家长也带来很多不便。身为孩子的父母,我们该如何对待和纠正孩子这一不良习惯呢?

1. 自己冷静

对于孩子磨蹭,有些家长可谓是"忍无可忍"。当劝说、催促都无效的前提下,就会动用责骂、体罚等方式来粗暴对待孩子,殊不知这是一种非常不正确的教育方法。这样的教育非但不能让孩子改掉磨蹭,还会让孩子产生厌烦和抵抗情绪。

2. 排除诱因

有些孩子做事磨蹭源于注意力不集中,孩子正在做作业,电视中的声响会分散孩子一大部分精力,他总想跑过去看一眼电视,留下作业不肯马上做好。针对孩子的这种磨蹭习惯,家长应当排除一切诱因,尽量保持安静环境,让孩子专心做自己的事情。

第四章 兴趣＋效率,孩子爱上学习的点金大法

3. 培养时间观念

俗话说,"老虎紧追到脚跟,还要回头辨雌雄"。都火烧眉毛了,孩子依然慢慢吞吞,不着急。这样的孩子,是与他们没有正确的时间观念有关系。身为父母,应该和孩子一起制定一个克服磨蹭、互相监督的时间计划表,认真去做事情。一段时间以后,孩子就会为自己的进步而感到高兴,从而慢慢养成根据时间来调节做事速度,合理把握时间的良好习惯。

4. 自然教育

如今,教育界提出了一个新的教育方法,那就是"自然教育法"。这种方法是在短时间内给孩子留一个教育空当,让孩子自己真真切切地体会到磨蹭的坏处,从而从心底想主动根除磨蹭的坏毛病。

5. 适时锻炼

家长不要对孩子的事情大包大揽,而是要给孩子适当的锻炼。从小开始,就要求孩子做一些力所能及的事情,从点滴间培养自理能力和时间观念。

发脾气解决不了问题

当孩子做事磨蹭时,一些家长就会表现得比较着急,对孩子催促不停、责备不停甚至打骂不停。然而,这些粗暴、简单、不科学的教育方式对孩子的磨蹭并没有实际效果。其实,孩子做事慢慢吞吞是有一定原因的,家长采用发脾气的方式于事无补。与其火冒三丈,倒不如让自己平静下来与孩子一起找寻根本原因,从而有的放矢地解决问题。

十、世界上没有坏孩子,用多把尺子衡量他

《哈佛家训》中有这样一个故事:"小兔子是奔跑冠军,可是不会游泳,有人认为这是小兔子的弱点,于是,小兔子的父母和鸭子老师就强制它去学游泳,鸭子老师鼓励小兔子:'我两条腿都会游泳,你有四条腿,只要坚持付出90%的汗水,就一定会成为游泳冠军。'小兔子耗了大半生的时间也没学会,它不仅很疑惑,而且非常痛苦;猫头鹰老师说:'小兔子是为奔跑而生的,应该有一个地方让它发挥奔跑的特长'。"现实中,很多成年人喜欢用成人的眼光和自己的衡量方式来给孩子贴标签:学习成绩好的是"好学生"、"乖娃娃"、调皮好动的孩子是"破坏王"、"落后生"。由此可见,衡量的标准不同,就会造成对孩子不客观的评价。

好方法成就好学生

"差等生"的"好"表现

王某是学校内老师、同学公认的差等生。语文对于他来说就是个弱项,从小学一年级开始,一直到现在的三年级,王某的语文成绩只是勉强及格。每次开家长会,王某都会被老师当众点名批评,这让他的父母尴尬无比,感觉处处低人一等。

一天中午,王某和几名同学一起放学回家,路过村口河塘的时候突然听到有人喊救命,原来是两个5岁左右的小娃娃在河边玩水,其中一个不小心踩空掉进河里。看到有人落水之后,会游泳的王某连忙吩咐身旁的同学去喊大人,自己跳下水塘去救孩子。十几分钟后,筋疲力尽的王某在其他好心人的帮助下把落水儿童救上了,自己也于当年被评为全市范围的"十佳少年"。

通过王某的故事,身为成年人的我们不仅深深地进行反思。只用分数和成绩这把尺子来衡量,难免就会产生以偏概全的现象,从而忽略孩子全方面能力与发展。

单一尺度衡量,会束缚孩子身心发展

目前,社会上流行的一种普遍现象就是用分数来衡量孩子的"好"与"坏",以至于有很多高分低能的"优等生"出现。这个现象相当于一个警钟,深重而深刻地告诉父母,分数仅仅能够反映孩子某个时间段的知识学习情况,并不能"平等、客观"的评价孩子。如果继续用成绩等单一尺度来衡量孩子,难免会束缚孩子的身心发展,不利于少年儿童的成长。

著名心理学家和教育家霍华德·加德纳认为,"每个人都或多或少具有八种智力,只是表现程度不同。每个孩子都具有自己的优势领域,有自己的学习类型和方法,家长应该做的,是为具有不同潜能的孩子提供适合他们发展的不同的教育,把他们培养成为不同类型的人才。"

多把尺子,多些智慧

教育专家马丁·洛森说:"学习者的成功标准是相对自己取得的成就。学习是成长、发展过程,不是为了获奖或竞争。我取得的一大进步,对你可能是一小步。有些人付出巨大努力,却收获甚小。另一人也许只付出一点努力,却有显著成效。哪一种方式更有意义?"马丁·洛森的话是在告诫家长,人与人之间是不同的,他们无法用统一标准进行比较,学习如此、能力更是如此。如果想给予孩子真实、公平的评

第四章 兴趣＋效率，孩子爱上学习的点金大法

价，那么就请多用几把尺子，全方面进行衡量。

1. 评价孩子必须坚持全面原则

如今教育界提倡的是让孩子"全面发展"，这就意味着父母在对待孩子的原则上杜绝去犯断章取义的错误。因为，孩子是一个独立的个体，拥有的主客观条件也不同，有些能力与生俱来，有些需要后天培养。"如果评价者没有一双慧眼，不能够冷静地对教育对象自身素质及潜能有个准确的分析，那做出的教育评价肯定是盲目的、可笑的。"

2. 用欣赏的眼光去对待孩子

教育工作者曾经说过："我们的教育确确实实存在着一个重大的弊端，即没有在实践层面上解决好培养什么人和如何培养什么人的问题。改变'以分为命'"的唯分论、唯升学论。"每个孩子都有着自己的闪光点，家长要用负责任的态度和赏识的眼光去对待孩子，帮助孩子取长补短，而不是盯住孩子的某种劣势不放，出现错误的评价。

3. 为孩子搭建多方面发展的平台

"如果你让小鸟和鸭子比游泳，那么结果可想而知。与其这样，倒不如让小鸟展开翅膀自由飞翔。"家长应当对孩子自身能力、资质方面有一个明确的认识，尽可能地为孩子搭建多种平台，让孩子尝试自己喜欢的事情，父母可以在孩子的表现中找到准确的定位，节省"摸着石头过河"的时间。

4. 尊重孩子，客观评价

尊重孩子的个性与特长，就等于多一把欣赏和评价孩子的尺子，自然会多产生一批"好孩子"。倘若父母只重视孩子的学习成绩，一切围绕着考试去转圈圈，那么就会出现"考试第一，育人靠后"的怪现象。身为父母，我们应当让孩子健康发展，尊重孩子的个体差异，尽量提供客观而准确评价。

衡量孩子，一把尺子是不够的

当今社会竞争越来越激烈，家长就越来越重视孩子的学习成绩。可是，单一用成绩或者某种特长来衡量孩子的方法是不正确的，是与科学的教育观念相背离的。明智的父母，应当多角度、全方位的观察和培养孩子，帮助孩子调整正确的发展法相，并且能够给予合理的评价才是家庭教育中最为重要的事情之一。

第五章 正确对待,阻止学校压力在家庭中延续

学校是在孩子成长过程中占据重要位置的场合,但是,我们也不得不承认,如现今,学校也是造就孩子最大压力的关键所在。当孩子从学校校门走出来后,他们渴望的不是从一个课堂、跳到另一个课堂,而是期望能够获得足够的压力释放空间。此时,如何让孩子从学校的压力中解脱,让孩子在家庭中释放压力,是每一位父母都应关心的问题。

一、特长学习,世界真正的风险投资

据对1500名学龄前儿童调查,"有94%以上的孩子参加一两个特长教育兴趣班,有43%的孩子参加过四五个特长教育兴趣班……"如今社会上,特长培养、兴趣班已经不是一个陌生的话题。当越来越多的特长班拔地而起的时候,大多数父母呈现出的是一脸迷茫,因为面对众说纷纭的特长教育,父母们也不知道怎么样才算是正确对待。

用心良苦的母亲,劳累疲倦的孩子

周一放学后:奥术补习班

周二放学后:小提琴培训班

周三放学后:形体训练课

周四放学后:英语补习班

周五放学后:硬笔书法培训班

周六:声乐课

这是9岁的赵某一周内需要利用课余时间去学习的内容,赵某一脸无奈地说:"这些课我都不喜欢,是爸爸妈妈逼着我上的。相对而来,我更喜欢周日,因为周日我要去上游泳课。"

看到孩子如此的繁忙、劳累,赵某的母亲说:"我也知道孩子很累,但是如果现在不让她掌握点技能,长大后就会在激烈的竞争中被无情的淘汰。哎,我也是用心良苦啊。"

好方法成就好学生

和赵某一样,很多孩子都像拧紧的发条一样,学着没完没了的兴趣班,过着无可奈何的机械式生活。对于一个正处于成长发育的孩子来说,这样的生活既残酷又夸张。然而,残酷和夸张背后,有着更令人意想不到的影响。

案例一:

自从儿子5岁之后,李女士就辞职做了全职太太,为的是腾出更多的时间和经历来带孩子去参加培训班。

每天下午5点钟,李女士从幼儿园接完儿子之后,母子两个人就开始了劳累的奔波。李女士的家住在郊区,而兴趣班却在市中心,李女士用自己的话来说:"为了孩子的未来,不管刮风下雨也都要坚持,不能半途而废。现在的孩子多幸福,我小时候家里很穷,即使我喜欢音乐,家里也买不起任何乐器让我学习。为了儿子有个好前途,就要从小抓紧。"

分析:

在李女士的潜意识里,带着孩子去学习特长只不过是在弥补自己童年时期的遗憾。因为害怕儿子像自己一样,童年失去机会"无所成就",所以就要加倍的努力,在孩子身上圆自己的梦想。

案例二:

刘先生夫妻二人是普通的公司职员,收入一般。但是为了孩子,刘先生还是咬着牙把女儿送进了全市硬件设施最好、师资力量最棒的贵族学校。提起兴趣班,刘先生一脸无奈地说:"孩子的学费已经占据了我们家日常生活中的一大半开销,但是学校的兴趣班收费却让我们实在头疼。别的孩子都参加书法班、舞蹈班、美术班、英语班,如果我的女儿不参加,她的心理就会产生不平衡感觉。没办法,我们只好硬着头皮让女儿参加。"

分析:

面对价格昂贵的特长辅导班,一些家长是出于"面子"问题,不考虑孩子自身条件和家庭情况盲目选报的。这样不但对孩子有弊没利,还会就此让家庭背负沉重的生活负担。

案例三:

林女士教育孩子主张自由发展,让孩子在童年尽兴的玩耍。但是,邻居家的孩子与林女士的儿子同岁,小家伙天生就喜欢唱歌,每次从声乐班回来都要大展歌喉。慢慢地,林女士的心也不再平静了。环顾周围的孩子,不是在学英语就是在学声

第五章 正确对待,阻止学校压力在家庭中延续

乐,只有自己的儿子每天在家里玩。于是,在儿子极不情愿的情况下,林女士给他报了美术班。

解析:

林女士的选择是极其不明智的,出于"攀比"心态让孩子学习特长,只能会让孩子产生逆反心理,消极对待。

盼望子女成才是每个家长的正确心态,这本应该无可厚非。问题在于,从孩子自身发展和实际情况来看,很多孩子不适合上各种各样的特长兴趣班。所以,家长不能依据自己的愿望而盲目发展孩子所谓的"特长"和"兴趣"。

正确对待"特长"

教育部学前教育负责人认为,"对目前全国幼儿园普遍开办各种兴趣班的状况,教育部的态度是不鼓励,但也不明确禁止,各幼儿园可根据自己的实际情况操作。"

1. 在宽松状态下培养孩子的兴趣

孩子的特长发展应该遵循孩子的实际情况,从孩子全面考虑,不要强迫孩子进行某种学习,以免影响孩子的身心发展。但是,孩子的特长潜能确实需要激发,父母应当根据观察给予正确引导,在宽松、愉快的前提条件下培养孩子的兴趣,这对孩子的成长是很有好处的。

2. 特长学习从孩子的实际情况出发

有些孩子会在很小的时候就表现出某种艺术天赋,对于这样的孩子父母应当正确培养。相反,某些家长擅自替孩子做主,参加很多名目繁多的特长训练,不但给孩子造成心理压力,还会让孩子过早对学习丧失了兴趣和热情。

3. 特长学习应当因势利导

对于孩子来说,玩耍是最好的学习,而大自然则是最好的课堂。在玩耍中,可以启发孩子的好奇心和创造精神;在外界里,可以开阔孩子眼界,拓展思维能力。孩子的才能是来自多方面的,家长应当尊重孩子的意愿,重点培养孩子的综合能力和性格,因势利导地对孩子进行培养。

拥有慧眼,明智看待

某教育局曾经抽查过128名小学生,调查显示"参加过特长培训的124人,占

全部学生数的96.9%。目前正在参加各种培训的106人,占89.2%;其中参加2门以上特长培训的有51人,占48.1%,最多的同时参加5个项目的培训。"可以说,这种现象的出现是与广大父母分不开的。当今的知识时代中,家长害怕孩子被淘汰,被落后,于是拼命地为孩子补习知识、寻找特长,认为"谁拥有知识,谁就拥有财富"。然而,现实用鲜活的事例证明,特长培养不是适用于每个孩子的,它必须根据孩子的个性特质、兴趣爱好加以指导,而不应仅仅成为孩子竞争中取胜的砝码。针对特长学习,家长应当擦亮眼睛,用平和的心态去对待、去甄别、去选择。

二、孩子也需要休息,保持孩子的理性休眠期

据心理学家临床调查发现:"13%-16%的儿童有心理问题。就诊的患者主要分为四个方面:发育问题,如智力低下、孤独症等;行为障碍;情绪障碍;精神病,如精神分裂、抑郁症和双向情感障碍,其中,行为障碍、情绪障碍的患者占一半以上。这两种心理问题都是受后天因素影响,感觉学习压力大;同学之间人际关系紧张;抑郁,对学业、前途、未来没有希望,是青少年出现心理问题的主要诱因。"小小年纪的孩子为什么会出现这么多严重的心理疾病呢?答案就是压力过大。

妈妈,我想休息一会

"妈妈,我想休息一会。"这句话出自11岁的小学生黄某之口。当妈妈听到躺在病床上的儿子说出这句话的时候,泪水如决堤一般涌下。

黄某生活在单亲家庭中,由于父母离异,小小年纪的他就懂得心疼妈妈。为了不辜负妈妈的期望,他总是对妈妈的要求百依百顺。妈妈让他早点起床背诵课文,每天早上5点他就会准时起床;妈妈希望他睡觉前练习英语听力,黄某每晚都是抱着随身听入睡。尽管如此用功,黄某的成绩却总是处于班里的中等水平,这可急坏了他的妈妈。黄某为此也是愁得吃不下饭,睡不着觉,那颗稚嫩的心灵承受着巨大的压力。终于有一天,黄某再也支持不住了,晕倒在课堂上。

南京师范大学的刘晓东教授曾经说过,对待孩子不要急功近利,更不能违反规律,"我们的儿童教育特别是学前教育,要特别注意尊重儿童的理性休眠期。儿童大概在十一二岁的时候才会产生理性思维、逻辑思维。你不要过早地给他一些他所难以理解的东西。孩子的成长有一个特点,就是他的阶段性、规律性是非常强的。"倘若反之,孩子就会受到很多负面影响。

第五章 正确对待,阻止学校压力在家庭中延续

1. 压力过重,影响孩子身心健康

案例中的黄某就是因为学习压力和心理压力过重,导致身心受到损害,影响自身正常发展。儿童时期的孩子正是无忧无虑的年龄,如果大人生硬地将理想、愿望背在孩子稚嫩的肩膀上,孩子的生长发育就会受到阻碍。

2. 压力过重,孩子容易患心理疾病

焦躁、失望、抑郁这些心理疾病本不应该发生在小孩子身上。根据台北一份统计问卷显示:"发现因学习压力而引起的焦虑及其他心理症状已成为目前学生中最普遍、最严重的心理问题。"

3. 压力过重,对孩子个性发展造成危害

有些家长认为,只要孩子学习好,其他的都可以不考虑。长此以往,就会导致孩子产生敌对、压抑等不良情绪。慢慢的,这种不良情绪就会积重难返,对孩子个性发展造成危害。

保护好理性休眠期

大思想家卢梭曾经说过:"也许在成人眼中的'浪费时间',正是孩子们在为'化蝶'做着最好的准备工作。"如今有一种理论叫做理性休眠期,特指"儿童大概在十一二岁的时候才会产生理性思维、逻辑思维。在这之前,很多孩子不能真正地接受成人世界的大道理,但是他在表面的幼稚之下隐藏着极其丰富的、有意义的生活,那是与成人生活不一样的儿童世界。"就像卢梭所说,孩子就如同一只蚕,他的休眠只是为了化蝶重生的美好时刻。

1. 保持孩子理性休眠期,还给孩子快乐和幸福

如果把考试取得好成绩当做学习的目的,那么孩子就很难在从中感受到乐趣。对于孩子来说,家长应当用平和心态来对待分数,不要过度地逼迫孩子去学习、去背诵,从而还给孩子一份原本属于他的快乐和幸福。

2. 保持孩子理性休眠期,张弛有度的去学习

一位学者曾经说过:"教育不像工业,而更像农业。工业是流水线,只要把你挤到流水线上批量生产,产品一样的。教育是像农业,有经验的农民从来不会提前让植物成熟或者违反季节,他非常注意它的生命周期,什么时候播种,什么时候浇水,什么时候剪枝,什么时候施肥,完全按照植物的生长规律来做。"对于教育来说,急功近利的心态是错误的。学习也如同其他方面一样,需要遵循孩子的成长阶段性和

规律性的特点。

卸掉压力，解放孩子

出于自我保护，孩子都有自己的理性休眠期。在此期间内，父母不要打扰孩子，而是给他自由让其慢慢探索成长。不要认为孩子是在浪费时间，相反他们是在蓄积能量，厚积薄发。卸掉沉重的压力，让孩子过自己丰富而有意义的生活，这才是明智父母所提供给孩子的最好选择。

三、与其多学习，不如多游戏

根据《新闻晚报》报道，"孩子出类拔萃的并不是提前识字，而是游戏，游戏，再游戏！"美国佛罗里达州的心理专家、早教专家玛思博士也同样认为"游戏的力量十分强大"。玛思博士表示，"生活用品是最好、最廉价的游戏道具。廉价的纸盒并不比昂贵的玩具差，评价玩具好坏的并不是价格，而是用处。锅碗瓢盆就是最好的音乐道具。孩子通过敲击可以了解声音的大小、节奏，甚至为自己创作出一段不错的音乐，充满成就感。"

让孩子在游戏中学习

每天晚上，于先生都和儿子玩得不亦乐乎。于先生家的玩具与市面上卖的不一样，都是他精心设计，亲手制作的。比如说贴有英文字母的扑克牌卡片、带有阿拉伯数字的玩具小火车等等。在游戏中，儿子感觉到玩耍的快乐，又从中学习到了知识，这一点让于先生高兴不已。

有些家长的教育观念是让他们多读书、多写字，但是专家认为对于孩子来说，游戏比学习更为重要。教育学家多湖辉认为："普通的机器越使用越受到磨损，性能越变得落后，人的头脑却完全相反，通过对大脑生理学和心理学的研究可知，人的大脑几乎是可以无限制地延长使用的。甚至有人说，人的大脑大约有140亿个脑细胞，其中能够使用的仅仅是5%左右，剩下的约95%处于睡眠状态。常常有人担心给孩子的脑子里塞入过多的东西会引起爆炸，这样的担心完全是多余的。与此相比，更令人担心的是因为不使用大脑，而使大脑的活动减弱。想一想如果我们因为得病半个月卧床不起，腿脚突然变得软弱无力的事实，就会明白这个道理。脑细胞也与此相同，一不使用，当然就会适应这个环境，产生类似停滞和老化的现象。"因此，对于家长来说应该及早放弃填鸭式的教育方法，而是采取主动、愉快的游戏方式来锻炼孩子的大脑，引导孩子的学习。

第五章 正确对待,阻止学校压力在家庭中延续

寓教于乐

爱玩是每一个孩子的天性,即使是身为父母的我们也没有权利将孩子的天性剥夺掉。对于孩子来讲,游戏的好处多多,他能够在其中学习到很多书本上学习不到的知识。

1. 游戏可以教会孩子社交礼仪

"您好,请问蔬菜多少钱一斤?"别以为这是在菜市场上,而是小孩子在玩过家家游戏中的言语。孩子在集体游戏中,既可以体会到融入集体的快乐,又可以在潜移默化中锻炼自己的社交礼仪,成为一个讲文明、懂礼貌的好孩子。

2. 通过引导,孩子可以在游戏中学习到更多知识

有一个孩子,他在 3 岁的时候就已经认识了上百辆汽车的型号和标志,令周围人十分吃惊。学习的起因十分简单,他的父母在停车场停车的时候,就经常给孩子讲解不同车型的特点,从而让孩子在不知不觉中学习到了知识。只要家长在孩子游戏的时候稍微开动脑筋,单纯的玩耍立马就可以变成锻炼大脑的方法,使"好好学习"到"好好玩"的转变更加有意义。

3. 游戏可以让孩子张弛有度的生活

在英国,每个孩子都没有暑假作业,老师留下的唯一作业就是"好好玩,尽情玩,被阳光晒得黑黑的"。孩子不用担心考试成绩,也不用再去想学习压力,而是全身心的去玩,从而放松身心,为第二学期好好学习做准备。

把学习变成游戏

美国的父母喜欢在地面上写满英文字母,让孩子在上面玩踢石子的游戏,一边让孩子玩,以便让孩子学会简单的英文拼写。借此经验,我们中国的父母也应当多给孩子提供玩耍的机会,并加以引导使其成为学习的平台,在游戏中展现教育的意义。

四、与老师协调,让孩子告别大量作业题

《重庆晚报》报道:"重庆一名 8 岁小男孩经常凌晨起床,从书包里拿出书和本子,在黑暗中一本正经地做起作业来。孩子这是怎么了?经重医附属儿童医院心理专家诊断,由于孩子的父母望子成龙心切,过度安排繁重的课外作业,导致孩童梦游。"孩子梦游做作业,家长和老师难脱其咎。如今,学校和家庭给孩子施加太大压

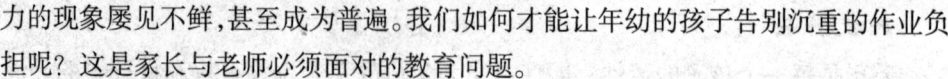

力的现象屡见不鲜,甚至成为普遍。我们如何才能让年幼的孩子告别沉重的作业负担呢?这是家长与老师必须面对的教育问题。

作业完不成,怎么办?

10岁的艾某一边做着作业,一边用手抹着眼泪。此时,已经是晚上10点钟了。

刚上三年级的艾某,由于课堂生字测验不及格,被老师罚抄写生字100遍。课堂上,老师一共测试了20个生字,每个生字100遍的惩罚对于年幼的她来说简直是不可能完成的任务。

看着女儿红肿的手指,妈妈心疼地对艾某说:"女儿,咱们别写了,先睡觉吧。"

"不嘛,如果明天交不上作业,老师会骂我的。"艾某哭着说道。

艾某的妈妈既心疼,又想不出什么好办法。按理说,女儿测试成绩不好,老师进行一定的惩罚是应该的,可是如此之多的作业量,是父母和孩子内心无论如何也接受不了的事情。

在妈妈再三劝说下,艾某终于上床睡觉了,晚上做梦的呓语都是关于作业的事。妈妈左思右想,决定第二天去学校和老师好好谈谈。

即使是在大力提倡素质教育的今天,不少学校和老师为了提高升学率,依然用题海战术和多留作业的方法来稳住学生的成绩。每一位老师都希望自己所教授的知识能够被学生掌握,于是在缺乏监督力的情况下,布置的作业量明显偏多。

1. 大量作业有碍孩子身体发育

如今,一些幼儿园也打出"让孩子迅速成才"的招牌,从小班开始就已经设立课堂,严格按照小学上课时间来教育孩子,并且在孩子手指小肌肉群没有发育完全的情况下过早地拿起了笔。放学后,还会留下诸如"写十行a"、"写三篇1"的违反教育规律的现象,把孩子囚禁在作业的"牢笼"中,对身心发育起到非常严重的负面作用。

2. 大量作业剥夺孩子玩耍的时间

在前面,我们已经提到玩耍是孩子的天性,学校和家庭应该懂得让孩子劳逸结合,而不是整日困在作业中不能自拔。然而,当孩子将大量的时间和精力都用于写作业上时,那么他们就无从体验到玩耍的乐趣,更无法提及在玩耍中成长了。

单单从教育本身来看,老师留作业是出于对孩子负责任的态度,哪个老师不希望自己的学生出人头地?所以说,用作业巩固知识的做法是老师对孩子负责任的表现,何错之有?然而,这些出发点都是好的,问题就在于方法不是十分对头。身为家

第五章 正确对待，阻止学校压力在家庭中延续

长，应当和老师进行沟通和协调，不要把提高成绩的希望全部都寄托在疲劳训练中，令孩子幼小的身心遭到伤害。

老师、家长联手出击，真正减轻负担

"减负"的口号已经喊了很多年了，如今也颇见成效。不过，还会有某些学校和老师选择了最粗暴的教育方式——大量作业。遇到这种情况，家长应该如何处理呢？

1. 与老师保持交流、沟通

在对孩子的教育中，家长与老师保持交流与沟通是十分重要的。通过这种互通有无的做法，老师可以掌握孩子课后的学习情况，而家长也能及时知晓孩子在课堂上所学到的内容。从而做到全面了解孩子，有针对性地布置作业内容。

2. 作业要有针对性

对于孩子来说，与其让他陷入题海战术，倒不如把孩子解放出来，让他多一些时间和精力去解决学习中的疑难问题。这时，孩子就需要家长的辅助，帮助自己与老师进行有效的协商。

3. 有意识的引导孩子

一般来说，学生只要在上课认真听讲，下课仔细复习，加之老师布置的一些作业就可以达到掌握知识的目的。所以，家长与老师应当有意识地引导学生，培养孩子的学习兴趣，给他们留有社会活动和拓宽知识面的自由时间，走出"靠作业提分数"的怪圈，让他们健康成长。

4. 家长和老师统一战线

只有在家长和老师思想都一致的前提下，孩子的教育才具有统一性。倘若家庭与学校在此方面出现分歧，那么孩子就会成为夹在父母与老师中间的"夹心饼干"，成为应试教育的悲剧。

家长、老师共同努力，为孩子打造轻松的天地

要让孩子成才，家长和老师需要付出很大的努力。在一些发达国家，家长和老师的教育方式都比较成熟，家长拥有正确的教育理念，老师也有着科学的授课方式。所以，这种可操作性很强的教育方法值得当代父母学习，这样一来不但让孩子少走弯路，也会对孩子的教育游刃有余。

五、家庭是最后一道保护杠，为孩子提供机会养伤

有人说："家是孩子温暖的港湾"，这句话一点不假。对于孩子来说，父母是最亲近的人，而家则是最安全的地方。当孩子幼小的心灵受到伤害，他第一个想到的人就是父母，第一个想去的地方就是"家"。所以，父母应当重视家庭在孩子成长中的作用，从而真真正正地为孩子提供一个可以疗伤的温馨地带。

一句"滚出去"，伤害了孩子的心

夜深了，13岁的王某然在街上流荡。虽然家就在不远处，但是他却不愿意回到那个令他更加伤心的地方。

白天，王某和几个小伙伴一起在小区内踢球，由于用力过猛，王某的一脚"射门"就把一家住户的玻璃打碎了。住户十分生气，拉着王某就去找他的家长评理。

王某的父母及时道了歉，并且主动给予了相应的赔偿。但是王某看得出，父母脸上全部都是怒气。关上门，爸爸不由分说地就把王某打了一顿，一边打一边说："你小子，怎么就会给我惹事，赶紧给我滚出去！"小小年纪的王某既伤心，又失望，一气之下冲出了家门，再也不想回到这个地方。

根据大量事例分析，很多离家出走的孩子都是因为受到了挫折，心理无法承受，害怕父母的责骂而选择离开了家。正如案例中的王某一样，爸爸的那一句"滚"，让孩子彻底断了归家的念头。在生活中，这样的例子数不胜数。

1. 父母粗暴的教育方式，会让孩子失去家庭的温暖

家，本应该是充满温馨和甜蜜的地方。如今，父母对孩子的期望值都十分的高，当孩子出现错误的时候往往会十分恼火，选择极端的方式来惩罚孩子。父母粗暴的教育方式与冰冷的家就此画上了等号，孩子出于对父母的恐惧心理，最终选择逃避家庭。

2. 父母粗暴的教育方式，亲子关系会遭到破坏

亲子关系需要建立在尊重的前提下，父母粗暴的教育方式往往是将孩子放置在不平等地位中。如此一来，难免会伤害到孩子自尊心，从而产生不信任父母、疏远父母的现象。

教育学家分析："家庭教育也存在着很多问题，最大的问题在于：我们没能让家成为孩子永远的港湾。"如果孩子生活在一个缺少爱的地方，那么孩子一旦在外面遭受到失败或者打击，就会陷入没有地方倾诉，没有地方依靠的局面。

第五章 正确对待,阻止学校压力在家庭中延续

给孩子一个可以停泊的港湾

孟子云:"古者易子而教也,父子之间不责善,责善则离。离则不详莫大焉。"意思是说古时候相互交换儿子进行教育,父子之间不求全责备。相互求全责备,会使父子关系疏远,父子疏远,那就没有比这更不幸的了。尽管孟子与我们生活的年代相隔十分久远,但是仔细咂摸其中的意思,依然有可供当代父母教育参考的地方。

1. 建立和谐的家庭氛围

温暖、和谐的家庭氛围能够为孩子提供安全感,当家人相亲相爱生活在一起的时候,孩子就会从中感受到幸福与快乐。而幸福与快乐,则是为孩子提供安全港湾的前提条件。

2. 与孩子成为朋友

如今,教育界提倡父母"蹲下身、俯下腰",意思是说要将孩子作为独立的家庭成员来平等对待。明智的父母选择与孩子成为朋友,这时孩子才会毫无顾忌地想与家长敞开心扉,说出那些不能对外人道的"小秘密"。

3. 具有谅解的态度

假如孩子在外边犯了错误或者考试成绩不理想,家长一定不要责备或者体罚。孩子的心灵是稚嫩而天真的,出现了上述的情况,在孩子心中一定已经增加了某种负担和压力,而父母的责骂相当于雪上加霜。不管孩子犯了什么错误,家长都应该保持平和心态去问清原因,之后采取正面开导的方式来帮助孩子认识错误、纠正错误,切不可再一次给孩子施加压力。

4. 不要给孩子乱贴标签

孩子受到了外界的批评,家长应当用正确的态度来进行处理,切忌冷嘲热讽或者乱贴标签。应当更加关心孩子、鼓励孩子,给他机会去改正自己的错误,令孩子尽快树立起信心,争取取得进步。

亲情为重,不可替代

对于孩子来讲,父母的态度是最为重要的事情。举例来说,一个孩子在外面受到伤害,他最渴望的就是得到父母的关怀和家庭的温暖。反之,亲子之间就会变得疏远,成为家庭教育失败的案例。古人教育孩子要求"行善",且非"责备",家长也应当从中汲取经验,做一个合格的父母,与孩子心贴心的父母。

六、老师指责了，家长就不用再啰嗦

目前，有这样一种家庭教育误区，那就是听到老师"告状"后，家长会怒不可遏，不分青红皂白继续责备孩子，惩罚孩子。可是，英国最近一项研究表明，家长既要对孩子严格要求，又要温柔关怀，这是培养高素质孩子的关键。研究人员认为，"最佳方法包括：父母要求孩子的表现与年龄相符，制定纪律，监督他们的行为。同时还要非常了解孩子的需求，并作出回应，既善于倾听，又能与孩子温和地交流。"

害怕家长会的陈燕燕

陈某在市中心小学上二年级，从上小学开始，她最害怕的就是开家长会。

她活泼好动，在学校里经常出现些小问题。平时，家长与老师接触的机会较少，她的"罪行"不会被告发到父母那里。可是每次开家长会，简直就成了她的"受难日"，老师总会单独留下她的家长进行逐一"控诉"。所以，开完家长会回家的路上，是陈某最担惊受怕的时候，因为她知道，到家之后迎来的会是父母的一顿巴掌。

像陈某一样经历的孩子有很多，他们在学校犯了错误会遭到老师的指责，而家长知道后又会展开新一轮的唠叨。有些父母喜欢翻陈年老账，那些陈芝麻烂谷子的事情都会被拿出来全部数落一遍，甚至越说越激动，越说越生气，到最后就会出现偏激的行为发生。殊不知，父母这种第二轮指责的方式会引起很多负面影响。

1. 父母的第二轮指责会影响孩子的心理健康

美国杜克大学心理学教授沙特朗通过研究指出，如果父母总是揪住孩子的错误不妨，唠唠叨叨、喋喋不休，孩子可能会反其道而行之，用叛逆的行为来与父母抗衡。长久以来，就会引发出关于暴躁、抑郁、叛逆等心理疾病的发生。

2. 父母的第二轮指责会影响孩子的性格

成年人都有过这样的经历，如果被上司盯住缺点不放，就会时常遭遇到上司指责、批评等情况，我们内心就会涌起强烈的对抗情绪，或是压抑中沉默，或是怒火爆发。孩子也是一样，如果父母在重复与老师同样的指责后，孩子就会很容易产生负面性格。

3. 父母的第二轮指责，容易令教育零效果

有些家长训起孩子没完没了，还时不时摆出家长的威严。也许父母没有想到，家长重复老师的指责，会让孩子出于逃避心理而选择"失聪"，对家长的话产生教育心理学中的"零反应"，无动于衷，使训教失去效果。

第五章 正确对待,阻止学校压力在家庭中延续

老师也好,家长也罢,指责孩子的目的是为了他们能够进行自我良性转化。然而,这里面包含着很大的学问,既然通过学校教育,孩子已经认识到自己的错误,那么家长就不应该小题大做,而是应该对孩子给予鼓励与支持,帮助他尽快纠正错误,查漏补缺。

重复指责,事倍功半

每个孩子在成长过程中都会出现这样或者那样的错误,当孩子出现错误已经被老师教育过的情况下,家长应该选择正确的态度去对待。

1. 采用收缩和安抚方式

一般来说,接受过老师指责的孩子已经在一定程度上认识到自己的错误。此时的家长应该尽量避免类似的批评。孩子是极其敏感的群体,重复的批评会对他们的自尊心和自我认同产生强烈的冲击和伤害,心里产生出恐惧感。因此,父母应当多给予孩子关爱,并且采取一定的安抚和收缩措施。

2. 不要和结果直接挂钩

孩子已经接受了批评,那么家长就应当心平气和地引导孩子去认识错误,并且找出纠正方法。有些家长看到结果很糟糕,免不了怒火中烧,继续责备,这就会令孩子失去对父母的亲切感,令事情发展与正确的道路背道而驰。

3. 禁止比较

"老师今天夸奖谁谁了,可是你却总闯祸"、"你看看,都是同龄人,你怎么比人家差那么多",以别人为标准,实际上就是没标准。对于孩子来说,不能用统一标准来评价自己的孩子。孩子虽然小,但是对公平性的要求很强。

4. 不要冤枉孩子

有些时候,孩子在学校接受的批评是无辜的,对孩子来说这就等于受到了伤害。身为家长,应当给孩子申辩的机会,听听事情缘由究竟是什么样的,以免孩子受到伤害,产生心灵阴影。

做合格的家长

在孩子接受完老师的批评后,明智的父母是不会继续第二轮"攻击"的,而是提出科学、理性的建议和意见,帮助孩子纠正错误。反之,不仅令孩子的情绪得不到释放,反而又凭空增添很多亲子矛盾,令孩子出于家长和老师双重批评的压力之下,

终日郁郁寡欢。所以,在孩子接受完指责之后,父母应当试着了解他、理解他,帮助孩子释放情绪,让他感受到父母的关爱与接纳。正如教育学家王子凤所说:"孩子的感受比道理重要;孩子的快乐比真相重要。"

七、小孩子也有压力,帮助孩子合理宣泄

小孩子也懂得压力?答案是肯定的。根据心理学家描述,孩子在遭遇压力的时候,行为上会出现说谎话、无理取闹、故意损害东西等行为;情绪上会出现哭闹、恐慌、睡眠不良等;身体上的直接反应就是眨眼睛、挖鼻孔、揪头发等;精神反应则是注意力不集中、精神涣散等。看过这些现象我们不难得知,压力对孩子的消极影响是方方面面的,家长应当及时发现孩子的压力,并且引导有效进行排解。

孩子的心事

最近,马女士突然发现上小学的儿子有些不对劲。以前,儿子的胃口很好,饭量也很大,可是最近,经常只是吃了一点点就说饱了,之后把自己锁在卧室里不愿出来。

马女士对儿子的反常举动十分担心,便找了一个合适机会与儿子谈心。

原来,市里要举办一场关于小学生的知识竞赛,而学校要在全年级的范围内进行选拔。马女士的儿子知识面很广,成绩也非常优秀,很有可能会代表学校出席竞赛。没想到,儿子的班上刚刚转来一名女生,马女士的儿子认为这名处处十分优秀的新同学是自己最强大的竞争对手,由此心理背负上了沉重的压力。

得知儿子所说的情况后,马女士终于明白儿子身上的压力所在了,于是在接下来的日子里有针对性地帮助孩子减轻压力。最终,马女士的儿子在妈妈的帮助下轻松上阵,最终赢得了代表学校出席竞赛的宝贵名额。

当压力来临之后,孩子身上就会出现一系列行为举动,细心的父母可以根据孩子的异常来找到压力根源,从而帮助孩子减轻或者接触压力。如果家长疏导压力的工作不及时,那么就会给孩子带来身心发展的负面影响。

1. 压力影响孩子的身高

专家曾经叙述过这样一个案例,一个8岁的女孩因为父母离异,内心产生很大的压力,致使身高在一年之内没有任何成长。当医生进行幼小的心理疏导之后,孩子的成长很快又恢复到了正常水平。专家指出:"孩子心理压力过大、长时间处于焦虑状态会导致神经内分泌系统功能的紊乱,从而影响生长激素的分泌,最终导致身

第五章 正确对待,阻止学校压力在家庭中延续

高不长。"

2. 压力会让孩子的身心受到损伤

孩子有压力的时候,由于语言表达能力有限,往往选择沉默,不懂得主动去寻求成人的帮助。然而,过大的压力在孩子身上持续时间过长,孩子就会产生抑郁症、神经衰弱、厌食症等问题,最终令身心受损。

帮孩子合理宣泄压力

既然压力对孩子有那么多的消极影响,父母应当采用正确引导的方式帮助孩子减压,一般来说可以从以下几个方面入手:

1. 提供表达情绪的机会

为了弄清楚孩子的压力所在,家长应当首先给孩子提供一个表达情绪的机会,即使孩子闹情绪,也不要感到急躁和惊慌,更不能强加组织。最好的方式是让孩子在尽情表述后慢慢冷却,然后因势利导,给孩子讲明是非道理。

2. 倾听孩子的诉说

当孩子有了压力,自然会产生心事。有些孩子想把这些心事讲给父母听,寻求他们的帮助。但是,有些家长忙于工作和生活,往往认为孩子"啰嗦"或者"这都不算事"。从而敷衍或者应付孩子,而不是耐心倾听孩子的诉说。遇到类似的情况,家长应当坐下来心平气和地听孩子说完,让孩子始终在平等、亲切的情感中达到心灵上的放松。

3. 行为示范,以身作则

工作上的不顺、生活中的琐事都会给成年人带来压力,当家长遇到压力的时候,应该自由表达喜怒哀乐等不同情绪,不迁怒他人,不暴躁,不乱发脾气,给孩子树立一个敢于表露情绪、敢于倾诉压力的好榜样。只有这样,孩子才能明白,压力是每个人都能遇到的问题,只有合理宣泄才是解决的正确途径。

4. 布置"发泄角落"

当孩子苦于压力始终不能发泄的时候,家长可以为孩子布置一个"发泄角落"。在那里,孩子可以尽情用涂鸦、投掷飞镖等方式来消解愤怒情绪,从而达到卸掉心理包袱的目的。

5. 抱抱孩子

小孩子与成年人不同,他们心理承受能力普遍较差。当他们遭遇压力之后,小

好方法成就好学生

小的心灵在短时间内难以平复。此时,父母的一个爱抚或者拥抱都能给他带来强大的动力。其实,家长那温柔的言语,关爱的举动对孩子来说,就是消除压力的"灵丹妙药"。

打造"零压力"的天空

学习上的困难、同学间的矛盾、老师的指责等等都可能是造成孩子压力的本源,这些压力不但会影响孩子身心健康,还会对学习和生活起到负面的作用。身为父母,我们要认真观察孩子的举动,之后采用正确方式来了解孩子内心的真实感受,从而及时排解、消除压力,让孩子走出这片阴霾,重现"零压力"的美丽天空。

八、遭遇挑战?给竞争下一个完美的定义

唯物主义辩证法认为,事物都会有正反两个反面,竞争也不例外。一方面,竞争可以激发个人的努力成为前进的动力,对个人的发展起到促成的作用。另一方面,只要有竞争必然会出现胜负两方,如果胜者骄傲轻敌就会丧失战斗力,在下一轮竞争中失利;失败者如果萎靡不振,自卑嫉妒,则会产生极大的负面影响。所以说,在竞争日益激烈的今天,教会孩子如何正确面对竞争对手,是一门十分深奥的学问。

妈妈的故事

10岁的深某放学回来后,立马不高兴地窝在沙发里面。

"儿子,发生什么事情了?为什么不去做功课?"妈妈从厨房探出头询问。

"烦死了,我没有心情做作业。"深某嘟着小嘴对妈妈说道。

妈妈意识到孩子在学校遇到了事情,赶忙走出厨房,温柔地问道:"究竟怎么了?能不能和妈妈说说?"

"妈妈,你说我优秀吗?"深某答非所问。

"傻孩子,为什么要问这个问题?"妈妈耐心地问。

"从上小学一年级开始,我一直是班里的第一名。可是,这个学期班里转来了一个新同学,她学习成绩比我还要好,我觉得老师和同学喜欢她更多一些。所以,我很烦恼。"深某对妈妈说道。

"孩子,妈妈今天给你讲个故事吧。一位动物学家对生活在非洲大草原奥兰治河两岸的羚羊进行过研究。他发现东岸羚羊群的繁殖能力比西岸的强,奔跑速度也不一样,每分钟要比西岸的快十三米。对这些差别,这位动物学家曾百思不得其解,

第五章 正确对待,阻止学校压力在家庭中延续

因为这些羚羊的生存环境和属类都相同,食物也一样。

有一年,他在动物保护协会的协助下,在东西两岸各捉了十只羚羊,把它们送往对岸。结果,运到西岸的十只一年后繁殖到十四只,运到东岸的十只被狼吃掉了七只。这位动物学家终于明白了,东岸的羚羊之所以强健,是因为在它们附近生活着一个狼群;西岸的羚羊之所以弱小,正是因为缺少这么一群天敌。"妈妈边讲,边抚摸着儿子头。之后继续说道:"儿子,你已经长大了,应该明白竞争的正确含义,你说对吗?"

"妈妈,我好像明白了一些,我马上把它写成日记,然后再仔细跟你探讨竞争的真正意义。"深某的脸上有恢复了往日的笑容,赶快回到卧室中去写日记了。

深某妈妈所讲述的故事虽然浅显,但却蕴含深刻的道理。就如同小故事中所讲,没有天敌的动物往往最先灭绝,遭遇天敌的动物必须用繁衍壮大来求得生存。这个现象在学校甚至社会中同样存在,没有竞争就不会有所发展,正确对待竞争,教会孩子正视竞争,试着拥抱面前的竞争对手,他会有意想不到的收获。然而,一些粗心的父母没有意识到孩子的异样,甚至认为他们小小的年纪不用懂得竞争,这样一来,就会造成以下几种严重的后果:

1. 当孩子遇到挑战时,难免会产生畏惧心理

孩子年纪尚小,阅历又很少,当他们遇到所谓的挑战时,往往会慌了手脚,不知道如何去面对竞争,如何调整最好的状态去投入到竞争中去。因此,有些孩子会产生畏难心理,也有些孩子会产生恐惧心理,最终"不战而败"。

2. 当孩子遇到挑战时,容易把竞争对手当作敌人

如果将竞争对手视为敌人,做好与他拼个你死我活、鱼死网破的准备不但令自己时刻紧绷神经处于备战状态,而且还会使自己心情紧张,往往顾此失彼。成年人都知道,理性地面对竞争对手既不轻敌又不紧张应对,最有能力的竞争者通常都会与对手和平相处。一味的排斥对手对事情没有帮助,通常还会落得两败俱伤。

所以,作为父母,我们应当用发展的眼光来看待日益长大的孩子,并且告诉他们竞争的真正含义,从而令孩子正确对待挑战、合理面对竞争。

告诉孩子,竞争也可以变成共赢

我们都听过这样一则故事:

好方法成就好学生

一个小男孩和朋友发生了争执,异常气愤的他冲到山边,高喊:"我讨厌你!我再也不要搭理你!"

山谷中回传了这个声音,"我讨厌你!我再也不要搭理你"的话语不断在男孩耳边响起。这个男孩难过极了,于是跑到家中对母亲哭泣道:"妈妈,他们都讨厌我,不愿意和我做朋友。"

母亲问清楚原因后,让他对着山谷喊:"我喜欢你,我愿意和你成为朋友。"山谷中立刻回响一个声音,说道:"我喜欢你,我愿意和你成为朋友。"顿时,男孩明白了,只有你真诚地对待别人,别人才会真诚地对待你。

后来,小男孩和他的朋友们愉快的相处,并结识了更多的伙伴。

成年人都知道,只有遵循"给予就会被给予,剥夺就会被剥夺;信任就会被信任,怀疑就会被怀疑;爱就会被爱,恨就会被恨"的互惠互利定律,我们才能与人和睦相处。所以,我们要为孩子从小灌输正确的竞争理念,从而让他们不再谈及"竞争"就会为之色变。

1. 告诉孩子:竞争中可以求发展

竞争与合作是相辅相成,相互依存的关系,是你中有我我中有你交融状态。与竞争对手联手并不是不可能完成的事,当真正的与竞争对手成为伙伴,则对双方本身都是一种壮大。

2. 告诉孩子:以竞争促发展

正确面对竞争,我们的孩子如果被竞争吓得退缩不前、畏首畏尾停滞发展,那么正中竞争对手下怀,不战而胜。反之,化竞争为动力,让紧追其后的竞争者成为鞭策自己前进的动力,奋勇前行、所向无敌。

3. 告诉孩子,竞争可以获得双赢

玩过跳棋的人都知道,六个人各执一色棋子,此时他们的目的是第一个达到终点,成为优胜者。如果这个时候一味地挡住别人的棋子,就会断了自己的棋路,最终失败。相反,如果甘于为人搭桥铺路,别人自然会率先到达目的地。竞争与合作是并存的,如果你想取胜,既不能一心想着竞争,也不能一味地付出,在竞争与合作中求得发展才是正确的做法。

迎接挑战,面对竞争

我们的孩子还小,当他们面对挑战和竞争的时候往往会不知所措。作为家长,

第五章 正确对待，阻止学校压力在家庭中延续

我们要给孩子灌输正确的竞争理念，培养他们科学的竞争意识，让孩子从小就懂得生活在社会中就会遇到各种各样的竞争与竞争对手，学做一名聪颖的孩子，分析清竞争的重点，发挥强项补充弱项、查漏补缺，让自己可以从容应对挑战与竞争，将不利因素化为前行动力，让自己立于不败之地。另外，试着拥抱竞争对手，不但可以为自己注入前行动力，还可以让自己宽容、仁爱的一面闪烁发光。

九、同学的攀比：怎样的财富教育才最适合孩子？

"班里红红的衣服比我的好，我要去买一件和她一模一样的衣服"、"我偏要穿名牌，班里的同学都穿名牌衣服，我不穿会被他们看不起的"。如今，生活好了，经济条件富足了，孩子的攀比心态就在不知不觉中产生了。很多家长为此感到十分头痛，不知道是应该满足孩子好，还是不满足孩子好，下面我们就来仔细分析一下。

"奢侈"的生日会

王小咪的父母都是下岗工人，妈妈在做钟点工，而爸爸则在工地从事重体力劳动。当王小咪看到同学都是被父母车接车送的时候，她对父母说："你们以后不要接送我了，同学要是看到咱们家没有汽车，我会被看不起的。"王小咪的父母面面相觑，最终点头答应了孩子的要求。

"妈妈，班里的小兰今天过生日，邀请我去参加她的生日聚会。快给我50块钱，我要去买礼物。"为了让女儿高兴，妈妈从兜里掏出了一张放了很久也舍不得花的钞票。可是，令妈妈没有想到的是，女儿参加同学的生日会归来，满脸的不高兴，一直撅着嘴说："小兰家里真是气派，她的生日会简直是大手笔。下个月我过生日，一定比她的生日会办得还要大。"

转眼间，到了王小咪的生日了。为了不在同学面前"丢面子"，王小咪决定请同学去豪华饭店"大撮"一顿，她的这个要求可是难为住了父母。

"孩子，咱家的条件你也知道，哪有那么多钱来给你办生日聚会啊。"爸爸语重心长地说。

"不嘛，不嘛，人家小兰的爸爸掏出一千块给她办生日会，我只要五百块钱怎么就这么难。你们要是不给我钱，我就不吃饭！"小咪任性地说。

对女儿十分娇惯的父母经不住小咪的软磨硬泡，只得把一个月的生活费全部给了女儿。当女儿捧着钱兴高采烈地离去时，父母脸上满是辛酸和无奈。

好方法成就好学生

无疑,王小咪父母度的纵容和溺爱培养了孩子骄奢专横的个性。但是,应该怎么引导孩子的这种对物质的攀比心理呢?怎样才能建立孩子正确的自信呢?在弄清楚这些问题之前,我们不妨先来看看攀比心态会给孩子带来哪些负面影响:

1. 攀比会给孩子带来痛苦

西方哲学家奥利斯曾经说过:"攀比是痛苦的根源所在。"生活中,我们常常看到相互攀比的孩子,其实在攀比的背后,孩子幼小的心灵背负着太重的负担,让他们感觉不到这个年龄应该体会到的幸福与快乐。

2. 攀比影响同学关系

炫耀、伤害、自卑是攀比所带来的一连串副作用。炫耀会无意中伤害到别人,从而令他人被动地陷入攀比之中。于是,有些孩子妄自菲薄,觉得自己生活不如别人;有些人趾高气扬,处处高人一等。这样一来,原本纯洁的同学关系就会沾有利益色彩,从而令双方开始疏远。

3. 攀比让孩子过于计较得失

攀比的时候,一些孩子会关注别人有而自己没有的东西,于是不顾一切地盲目追求,最终弄得身心疲惫。每个人都不会立即拥有所有想要的东西,它需要自己去努力、去争取。然而,在攀比的恶习之下,孩子纯真的双眼再也看不到这些,头脑里充斥的全是别人的富有和自己的贫乏。

4. 攀比容易产生挫折和自卑感

攀比心理是一种狭隘的不健康心理现象。一旦攀比心理需求无法得到满足时,孩子容易产生挫折感和自卑情绪。

5. 攀比助长虚荣等不良风气,让孩子失去自我

心理学家认为"儿童长期受物质主义的主宰和操纵,既会扭曲心灵,也会让孩子变得没有主见,跟在别人的身后跑,到头来只能让自己迷失方向,迷失自己,不仅浪费自己的时间,还会浪费自己的金钱,分散精力,影响自己的学习。"

综上所述,攀比对孩子来讲有着极为消极的影响,家长应当帮助孩子确立正确的消费观念,引导他尽快走出攀比的误区。

财富教育,消除攀比

众所周知,攀比只会给孩子和他人造成伤害,那么我们就要从根本上消除孩子的攀比心理,为其树立正确的价值观。

第五章 正确对待，阻止学校压力在家庭中延续

1. 父母要以身作则

有些孩子的攀比风气来自父母本身，很多家长喜欢把自己孩子与别的孩子进行比较，从而让孩子在刺激的同时催生攀比心理。另外，某些家长在生活中就有攀比举动，从而潜移默化中影响到了孩子。因此，父母想要让孩子杜绝攀比行为，那么就要以身作则，行为示范。

2. 让孩子学会理财

让孩子学会理财是培养孩子树立正确价值观念的方法之一，一些家长让孩子自己保管压岁钱，还有一些家长每月按时发放零用钱给孩子，让孩子自己学会记账，学会支配。从而让孩子学会节制消费。

3. 正确引导攀比行为

当孩子与别人进行攀比时，证明他已经有了竞争的倾向。这个时候，父母应该因势利导，把孩子攀比的心理引导向正确方向，让攀比转化为动力，让孩子设法满足自己的合理需要，以培养孩子的独立性、自主性等良好的心理品质，而不是局限于物质方面。

带领孩子走出攀比误区

负面攀比犹如一道深不可测的陷阱，时时有可能将天真无邪的孩子所吞没。作为家长，我们有责任也有义务帮助孩子走出攀比误区，通过科学的财富教育、树立正确的价值观和进行合理的理财等一系列教育方式之后，让孩子明明白白地懂得，物质和精神上的盲目攀比是百害而无一例的，只有靠自己的双手，自己的努力，才能够有所成功，有所突破，让自己和生活变得更加美好。

十、当孩子抱怨老师，家长应更谨慎地批评

学龄儿童每天都会有较多的时间在学校学习，因此师生关系就成为孩子在学习生活中最主要的人际关系之一。据了解，孩子与老师在理智、情感和行为等方面进行动态交流的时候，因为种种原因难免会出现师生矛盾。有的孩子向父母抱怨老师不好，老师也反映出"学生难教，老师难做"的苦衷。此时，父母的正确引导就成为让师生关系正常进行的重要桥梁。

好方法成就好学生

老师偏心

"妈妈,我不想去上学了。我们班的李老师特别偏心,我不喜欢她。"9岁的顺子向妈妈抱怨道。

"老师偏心?你能给我说说事情的经过吗?"妈妈耐心地询问。

"班里竞选小组长,我和张某的票数一样多,可是老师却把小组长的名额给了他,没让我去当。你说,这不是偏心是什么?"顺子生气地说。

"还有这种事情,儿子,别生气。明天妈妈一定去学校找你们老师,我倒要看看那他怎么说。"儿子的话音刚落,妈妈就已经开始愤怒了。

妈妈的愤怒仿佛在一时间感染到了孩子,顺子的"委屈"心理更加深了,于是跑到卧室呜呜地哭个不停。

师生关系是学校教学过程不可避免出现的问题,很多家长反映"孩子不喜欢新老师"、"儿子不愿意去上课",在这种情况下,家长就必须学会做一个明智的父母,而不是像顺子妈妈那样将事情弄巧成拙。

1. 不要陪同孩子一起抱怨老师,这样会削弱孩子对老师的信任

一般情况下,刚入学的孩子与老师之间会出现一个短暂的磨合期。在这个时间段内,家长应当积极做好协调工作,不可以采取不当的教育方式。比如:家长当着孩子的面责怪老师;孩子与老师发生矛盾时,家长视而不见,造成孩子情绪波动等等。这样一来,不但不利于师生矛盾的解决,而且会更加有害于孩子的身心成长,令学习积极性受挫。

2. 家长不要用过度保护的教养方式

过度保护下的孩子承受不了任何打击,家长也会容易过度关注孩子的心理感受。学生与老师相处的过程中,很多情况老师都是在正常管理的范围内来教育学生。有时,会有个别学生因为个体原因不适应,就会产生对老师的不满。如果家长看不得自己孩子受委屈,在没有清楚缘由的情况下一味地责怪老师,势必会造成师生关系紧张。

3. 家长教育能力缺乏

家长自身素养过低,教育能力缺乏会导致不能正常对待师生关系,而是令其产生偏差。当孩子与老师之间发生问题的时候,则是考验家长真正处理能力的时候。

童年是人的一生情绪特质形成的最重要时机之一,心理学家称"这时期养成的习惯会嵌入神经网络的基本架构中,不太会因后来的经验而改变。"面对孩子抱怨

第五章 正确对待，阻止学校压力在家庭中延续

老师的情况，家长应当合理分辨抱怨理由，正确响应孩子的需求，帮助孩子良好地处理抱怨情绪。

家长要学会解决师生矛盾

当听到孩子在抱怨老师的时候，家长应当做到以下几个方面：

1. 日常学习

家长应当在平时多学习家庭教育的科学方法，其中包括人际交往等知识和技巧。

2. 不要感情用事

当孩子抱怨老师的时候，家长应当保持理性情绪，不能感情用事。既不要当着孩子的面表达对老师的不满，又不能不分青红皂白地指责孩子。应当仔细了解事件真实过程，之后冷静、客观地帮助子女进行分析。

3. 稳定孩子情绪

孩子年龄很小，看问题常常是感性和片面的，免不了会掺杂情绪化的叙述。家长应当事先稳定孩子的情绪，之后再与孩子共同探讨、交流。

4. 正确教育

家长应当正确引导孩子，让他用宽容的态度去理解和接纳老师。要正确接受老师的教导，不能故意放纵，以免出现更多问题。

5. 家长与老师要及时沟通

家长与老师的及时沟通可以有效消除误解，共谋对策，达成共识。

正确引导，消除矛盾

孩子出现对老师的抱怨时，家长要选择合适的时机正确引导孩子，有意识地教会孩子客观地看待问题，引导孩子找到老师优点，让孩子跳出原有思维的局限。另外，家长一定要加强与老师之间的沟通，互通有无，以便从根本上消除师生矛盾。

第六章 有健康才有未来,孩子这样运动最有效

在孩子的成长过程中,其身体健康无疑是最重要的。那么,如何才能保证孩子的健康成长？充足的营养与良好的睡眠远远不够,孩子还需要参与适当的体育运动。当繁重的学业占据了孩子的大量时间时,父母应该明白,让孩子放弃锻炼身体无疑是在透支他们的健康。生命在于运动,本章中,给出了一些适合孩子们的运动方法与运动建议,以帮助孩子们能够实现真正意义上的茁壮成长。

一、树立起健康新理念

如今,教育界业内人士提出了一个关于"7+1>8"的运动理念,具体是说"孩子用1个小时参加体育运动,用7个小时来学习,其学习效果比8个小时光学习要好。"家长重新认识学习与运动之间的关系,对孩子的健康成长有着积极的意义。

带着孩子去跑步

通过一年的体育锻炼,8岁的王孟强就仿佛变了一个人一样。以前,王孟强不愿意吃饭,每次都是在爸爸妈妈"威逼利诱"下勉强吃下几口东西。此外,小孟强身体十分不好,感冒、发烧简直成了家常便饭,已经成为了医院里的"小熟人"。孩子的这些问题,让王孟强的父母十分苦恼。

经过大量阅读儿童教育的有关书籍,王先生和妻子决定改变对孩子的养育方法,每天带孩子去跑跑步。开始,王孟强跑几步就会累得喘不上来气,可是没多久,小孟强竟然能够跑到爸爸的前面。经过一段时间的运动,王先生十分欣喜地看到了儿子的改变。如今的王孟强是面色红润胃口好,身体的免疫力也得到了大步的提高。

通过小孟强的例子我们不难得知,适当的体育运动对孩子的身心健康有着积极的影响。当今的生活节奏很快,很多家长都忽视孩子体育运动问题,认为让孩子"吃好、穿好、学好"就是对孩子最大的关心。其实不然,强健的体魄是每一个孩子光明未来的坚实基础,父母树立健康新理念,让孩子从小就爱上运动。反之,孩子就会如同羸弱的"豆芽菜",即使学习再好也不会有美好的前途。

好方法成就好学生

不注重体育运动,孩子生长发育会受到影响

根据科研人员研究发现,通过对同等年龄的两组学生进行对比发现,适当运动的孩子会比不运动孩子的身高明显高出5厘米—8厘米,这就证明运动能有效促进孩子的身体成长。

健康运动,快乐成长

如今,国家十分重视青少年儿童的健康成长问题。于是教育部提出了"每天锻炼一小时"口号。身为孩子的父母,我们应当认真贯彻落实健康运动的思想,让孩子们用充沛的精力,强健的体魄来迎接美好的未来。在运动中,家长应当注意以下几个事宜:

1. 运动要遵循儿童自身生长发育的规律

专家认为,纵然体育运动有不少好处,但是也要遵循孩子自身发展的规律和个体生理特点。孩子正处于生长发育期间,器官各方面还没有成熟,很难承受超负荷的运动。长此以往,就会对孩子造成损伤。研究表明,"儿童时期的膝盖损伤成年后患关节炎的可能性会增加三四倍。"

2. 运动时间不宜过长

儿童的身体发育以骨骼生长为主,并没有进入肌肉生长的高峰期。在这个时候,如果孩子运动时间过长,就会令肌肉过早地因为接受刺激而变得发达,给心脏器官造成重大的负担。

3. 力量型运动不适宜少年儿童

引体向上、俯卧撑、仰卧起坐等力量练习科目,少年儿童并不适合。这种力量型运动会导致正在发育的肌肉过早的僵硬,失去正常弹性。另外,孩子的关节囊比较松弛,力量型锻炼容易使孩子胸腔内压力急剧上升,静脉血向心脏回流受阻。

4. 运动项目不可单一

专家指出,"过早从事某一专项体育运动对未成年儿童也是一种伤害,其中包括:疲劳性骨折、疲劳过度、饮食功能失调以及情感压抑等问题。"因此,专家认为父母应当鼓励儿童参加多种体育活动,进行身体的全方面的锻炼。

让孩子在运动中成长

一般来说,根据适应性的规律进行体育运动,可以"加速孩子从纯自然的状态

第六章 有健康才有未来,孩子这样运动最有效

逐渐成为社会状态下的社会人"。健康的理念不但促进孩子成长,还会让孩子在运动中放松精神,体验到学习和生活中没有的快乐。作为家长,我们要用睿智的眼光去帮助孩子选择适合的体育运动,让孩子逐渐达到健康的目的。

二、明眼辨析,看出孩子的"亚健康"状态

亚健康是指非病但是非健康体征,是介乎于健康与疾病之间的状态。世界卫生组织将机体无器质性病变统一称之为第三状态。很多家长认为,亚健康多数发生在成年人身上,小孩子是不可能产生亚健康的。然而医师提示,如果你的孩子容易生病、好动、精神不集中、厌食挑食,这些都是亚健康状态的外在特征显示,需要引起家长的重视。

孩子怎么了?

8岁的赵小虎如同他的名字一样,长得十分壮实。可是,小虎的身体却经常出现大大小小的状况。自赵小虎的妈妈回忆,儿子就没有完整上一周课的时候,每周都会因为感冒、发烧、咳嗽、闹肚子而中途请假回家养病。

得知赵小虎这一情况后,一位医生提醒他的妈妈说:"你家小虎的身体正在处于亚健康状态。"

"亚健康?不可能。我儿子能吃能喝,虽然经常闹些小毛病,但是身体没有大问题啊。"赵小虎的妈妈不相信这种说法。

其实,孩子同成年人一样,也有亚健康状态。儿童亚健康的危害意义比成年人亚健康更加深远。如果将一个人的身体比喻成为高楼大厦,童年期的亚健康状态等同于没有将地基打得牢固,就算整栋楼都盖起来,也会摇摇欲坠、岌岌可危。

1. 亚健康影响孩子的生长发育

儿童的亚健康常常伴随食欲不振、代谢紊乱等现象,这样就会影响孩子的骨骼和智力发展,对孩子的成长发育造成不良影响。

2. 亚健康会给孩子造成心理危害

没有耐心、对事物提不起兴趣等负面情绪多是亚健康状态的直接负面结果。这些负面情绪会给孩子带来偏执、自卑、多疑等不完善的人格。

3. 亚健康会影响孩子的学习

长期的亚健康状态,孩子就会出现注意力不集中、记忆力减退和学习效率低下等问题。严重者还会产生厌学等现象,从而令成绩直线下降。

4. 亚健康会影响孩子的未来

亚健康状态等于是一个祸根,据医生称,童年时期有亚健康状态的成年人比健康人群更容易患上肿瘤、心脑血管疾病、消化系统疾病等等。

5. 亚健康会令孩子染上恶习

亚健康状态的另外一方面表现是儿童自我调节能力差,没有行为约束能力。时间一久,孩子就会诱发不良的行为问题,比如说叛逆、斗殴等。

综上所述,亚健康状态可以引发一系列严重的问题,家长应当对孩子的健康状态极端重视,并且早日发现并采用正确行为来进行治疗。

赶走亚健康

很多家长十分不解,孩子为什么会出现亚健康状态?根据医生的解释,以下几种可能是亚健康状态的诱因:

1. 滥用抗生素

孩子身体不适,很多家长根据经验给孩子服用抗生素类的药物,或者去不规范的小诊所输液。反复使用抗生素就会让孩子的身体正气受到损伤,从而影响孩子健康。

2. 饮食不规律

孩子正处于长身体的时期,很多家长就每顿饭都让孩子食用大鱼大肉来补身体。中医认为"这些肥甘厚味及饮食的不规律恰恰是引起孩子亚健康状态最常见的因素。因为孩子的脾胃功能尚未完全发育成熟,而长期如此的饮食会增加孩子的脾胃负担,造成小儿脾胃功能的紊乱,从而形成脾胃不和。"

所以专家提醒广大家长,应当为孩子合理搭配饮食,生病要去医院就医,并且让孩子每天进行一定的体育锻炼以强壮体魄。那么,家长该如何观察孩子是否处于亚健康状态呢?

1. 面色发黄、没有光泽

2. 睡眠质量差,易出虚汗

3. 经常性便秘或腹泻

4. 头晕、呕吐

5. 抗挫能力差

6. 对事物毫无兴趣

第六章 有健康才有未来，孩子这样运动最有效

7. 逆反心理、自卑心理等负面情绪出现
8. 容易感冒、发烧
9. 不合群，喜欢独处
10. 沉默寡言、性格过于内向
11. 牙齿生长不好
12. 指甲有白斑，且易折断
13. 手心、脚心发热

当孩子出现上述几种特征的时候，很可能已经处于亚健康状态。此时，家长应当带领孩子及时就医，并在日常生活中注意以下几点，帮助孩子调节身体，尽快远离亚健康状态：

1. 饮食多样化
2. 慎用抗生素
3. 注意调节孩子的脾胃
4. 不要给孩子过多食用山楂
5. 增强锻炼（爬山、游泳、慢跑等）

体制健康、优势成长

儿童专家孟晓苏认为："长期'亚健康'会影响儿童的生长发育，容易造成儿童免疫力低、营养素摄入不均衡，影响骨骼、神经和智力正常发育。"所以，家长应当通过科学的膳食搭配、张弛有度的生活、适当地体育锻炼等方帮助和引导孩子保持心理健康状态，强健体魄，实现孩子"体制健康、优势成长"。

三、恰当运动，让孩子变得健美、健康

许多家长都希望自己的孩子身体健康，于是就会让孩子接受运动锻炼。但是育儿专家指出："由于孩子身体的各种器官正是发育的时期，所以有一些体质运动不适合孩子的锻炼。"不适合儿童的运动方式，不但不能达到健美、强身健体的目标，反而弄巧成拙，令父母后悔莫及。

小小的长跑"运动员"

在重庆街头，每天清晨都会看到这样一个场景：

一个身穿运动服的父亲带领3岁的女儿进行环城长跑，往往跑了一会之后，女

好方法成就好学生

儿就会哭起来,不想继续跑步。但是,出于父亲的威慑,小小的女孩只能边跑边哭。父亲的这一行为,受到重庆市民的纷纷指责。

"这个爸爸太狠心,小孩子真的好惨。"

"孩子边哭边跑,看得我心都碎了。"

"都说虎毒不食子,这个爸爸简直就是在虐待儿童。"

虽然耳边响起很多批评的声音,但是女孩的父亲郝先生却充耳不闻。

"我是在对女儿进行全面培养,每天的长跑不但能够锻炼她的身体,还能磨炼她的意志。只要孩子坚持下来,她就胜利了。"郝先生说起来滔滔不绝。

那么,郝先生的教育方式究竟是错还是对呢?为此,专家给出的建议是想要让孩子身体健康是一种很好的思维,但是"父母也要遵循孩子的成长规律,对于一些不适宜孩子年龄的运动,最好还是不要过早的尝试,以防引起适得其反的效果。"

1. 长跑不适宜儿童

长跑属于典型的撞击运动,对人体关机的冲击力度相当的高。孩子正在处于生长时期,经常进行长跑锻炼会令骨骼发育不利。

2. 蹦跳不适宜儿童

有些家长经常与孩子进行蹦跳等互动性较高的锻炼方式,但是专家指出"做蹦跳运动时,人体重心所承受的重量相当于自身体重的3倍,每跳一次膝盖骨所承受的冲击力相当于自身体重的三分之一,这样对骨化过程尚未完成的孩子来讲,很容易造成韧带和膝关节半月板损伤。"

3. 8岁以下儿童不适宜轮滑运动

轮滑、滑板车是在儿童中十分流行的工具,可是玩轮滑或者滑板车的时候,孩子需要用腰部、膝盖、脚踝等部位来支撑身体,不仅令容易身体受伤,而且会影响个体的全面发展。

4. 力量型锻炼不适宜儿童

儿童的生长发育规律是先长个,再长体重。这个时期内,孩子的肌肉力量很弱,并且容易疲劳。所以,家长不要让孩子从事引体向上、俯卧撑、仰卧起坐等力量锻炼,以免孩子肌肉局部强壮或者僵硬。

其实,通过运动来让孩子强健体魄,拥有健美的形体并非难事,家长不妨让孩子有针对性地进行运动。

第六章 有健康才有未来,孩子这样运动最有效

针对性运动,有利儿童成长

儿童运动学专家建议,对于不同年龄段的孩子要采取不同的、有针对性的运动方式,比如适合4-6岁孩子的运动有跑步、游泳、骑自行车、爬山、乒乓球等;适合6-10岁孩子的运动有游泳、体操、滑冰等;适合10岁以上孩子的运动有短跑、跳远、跳高等;适合13岁以上孩子的运动有各种球类活动等。除此以外,以下活动也会有效促进儿童成长发育:

1. 儿童高尔夫

山西大学体育学院马益文教练认为,"儿童高尔夫运动最大的价值并不在于让孩子一味地发力击球,锻炼他们根本还不存在的肌肉,而在于让孩子在标准的挥杆当中锻炼手、眼、腰的协调和配合,促使神经系统的迅速发展。"

2. 儿童网球

北京体育大学体育教育系毕业的白宏亮教练认为,"儿童网球对于孩子们的反应能力、平衡能力、注意力都有很强的训练作用,而最为突出的是孩子们能够在愉快的回球当中强化空间判断能力和手脑协调能力,这对于孩子的身体发育是有一定的促进作用的。"

3. 儿童足球

著名幼儿教育专家,北京博凯智能全纳幼儿园总园长殷红博认为,"足球运动是所有球类运动中最均衡的运动,人的全身各部位都能得到充分运动和锻炼,而儿童能够在足球运动当中获得力量、速度、耐力、平衡能力等方面的综合提升,能锻炼他们的灵敏性和协调性,对于他们神经系统的发育很有好处。"

4. 儿童健美操

健美操是健身型的有氧运动,它既可以提高孩子的心肺功能,又可以提升儿童身体的柔韧性和协调性。通过健美操中舞蹈元素联系,对塑造孩子挺拔形体有着很好的作用。

合理运动,健康体魄

如今,国内外的教育专家都提倡让孩子每天有1个小时的体育锻炼时间,从而养成孩子的运动惯性。通过合理的运动和适当的锻炼,不但可以促进儿童的生长发育,还可以令孩子有完美的形体表现,可谓一举两得。

四、让智力活动在运动中闪闪发光

智力？运动？不少家长脑海里有这样一个误区，认为运动就是单纯性地锻炼，与智力完全不沾边。实际上，这种观点是大错特错的。运动不仅仅能够锻炼孩子的身体，促进其身心良好的发育，而且还能训练大脑的灵活性，让孩子受益匪浅。

奇妙的九宫格游戏运动

午后，林子勋约上几个小伙伴一起来到小区做游戏。玩些什么？孩子们冥思苦想。"跳九宫格好不好？"林子勋率先提议。随后，他的提议受到其他伙伴的赞同。

林子勋在一片空地上画出九宫格的图形，并在相对应的格子中画上不同的符号。据小朋友讲解，这些符号有着各自不同的意思。比如说圆形的符号代表不可以踩踏；长方形的图形意味着孩子必须跳跃过去。这种游戏兴趣性极强，同时也需要孩子们开动脑筋才可以跳完全程。

整个下午，小伙伴们玩得兴致勃勃，直到天黑了才恋恋不舍地回到家。回家之前，他们还没有忘记约定下一次的玩耍时间。

所谓的九宫格游戏，是在传统的九宫格的基础上所改良的运动项目。如今，不少小学已经将其引进，目的就是让学生在锻炼身体的同时进行智育培养。可以说，这样的益智类运动对孩子是十分有益，较单纯性运动相比会有如下好处：

让孩子在运动中提高智力

所谓的智力活动，"就是人类精神活动（智慧、感情、意志）中的智慧，是与感情和意志有区别的高层次的大脑机能，具体指认识、记忆、想象、理解、判断、推理、创造等广泛的精神活动。"现实中，益智类的运动可以通过体育活动提高大脑的兴奋度，从而成为人类感知外部世界的基础。

卡尔·威特说："孩子智能开发应该从运动训练开始。充分刺激孩子的身体的直接感觉，能促使他大脑各部分积极活动，使孩子大脑的各个功能区都能得到最大的发展，成为一个聪明伶俐的人。"

运动智能，收获成功

一提起体育运动，很多人的脑海里立马涌现出"头脑简单，四肢发达"的观点，认为运动是不可能与智力行为有所交集。然而，加德纳曾经提出过一种理论叫做多

第六章 有健康才有未来,孩子这样运动最有效

元智能理论,他认为:"身体运动作为七种智能中一种独立的能力,认为它与其他六种智能具有同等重要的地位。"这给人们认识智能提供了一个全新的视角,对于促进智能有着举足轻重的作用。那么,哪几种运动能够提高孩子的智力呢?

1. 儿童健美操

适合儿童做的健美操可以有效增进人体机能健康,让孩子精力充沛,充满活力。可以有效促进精神系统和消化系统等技能。洛杉矶加州大学的研究人员进行的一项研究发现,"不同的健美操动作也有不同的效果。比较向后的动作、向前的动作和站姿进行比较后发现,改善脑力的最佳姿势是身体向后弯曲。"

2. 舞蹈

很多家长愿意让孩子学习舞蹈,认为舞蹈不仅对塑造孩子完美形体有着一定的促进作用,而且能够提高儿童的气质。除此以外,科学家发现跳舞对锻炼儿童左右脑有着十分明显的效果。因为在舞蹈中,孩子需要根据左脑的组织里和理解力来努力跟上节拍,再通过右脑对肢体的协调支配下,儿童才能跳出韵味和美感。

3. 骑脚踏车

有研究显示:"骑脚踏车时,人体会分泌一种'快乐'的荷尔蒙,这种荷尔蒙让我们心胸开阔,精神爽朗。"此外,孩子在骑脚踏车的过程需要做好手脚平衡工作,从而让大脑摄入更多氧气,之后就会感觉到头脑清楚、思维清晰。

4. 乒乓球

如今,乒乓球已经成为一项十分普及的活动。科学研究表明:"乒乓球运动要求大脑快速紧张地思考,促进大脑的血液循环,供给大脑充分的能量,具有很好的健脑功能。打乒乓球时,眼睛以乒乓球为目标,不停地远近、上下、左右调节和运动,不断地使睫状肌和眼球外肌交替收缩和舒张,促进了眼球组织的血液供应和代谢,能有效地改善睫状肌的功能。"

5. 游泳

众所周知,游泳可以有效促进脑细胞的发育。当孩子置身于水中的时候,流动的水就会对儿童身体表层的血管进行按摩和刺激作用,从而提高孩子神经系统对外界的反应能力,促进大脑的开发和使用。

聪明孩子,快乐运动

卡尔·威特曾说:"我认为运动对孩子来讲是一件受益万分的事情。如果能够稍

加改良,运动就会成为促进孩子脑部发展的一种有效工具。"所以,父母应当对为孩子选择对智力有提高作用的运动。不过家长们应该注意,要从孩子的角度出发,考虑孩子的接受能力,不可以急于求成,否则会得不偿失。

五、让孩子爱上运动的良方

众所周知,运动对孩子的成长有着很大的好处。可是,一些"养尊处优"的孩子不喜欢运动,甚至逃避日常的体育课。我们的孩子为什么会对运动如此反感?心理学家解释称,"单一、枯燥的体育运动会让儿童失去兴趣,并且开始找理由进行躲避和逃避。"那么,我们又该如何让孩子爱上体育运动呢?

不情愿的运动

"快点,马上起床,赶快穿好衣服和我一起打球去。"张先生一边说,一边伸手拉起正在赖床的儿子。

张天翼今年10岁了,他是个十足的小胖墩。为了帮助孩子锻炼身体和减肥,张先生精挑细选帮儿子选择了球类运动。为了儿子能够坚持锻炼,每天张先生都会陪伴小天翼一起锻炼。

可是,令张先生没想到的是,儿子根本不理解他的良苦用心。只打了几天球,张天翼就不愿意继续下去,每天赖在床上不愿意起来。

专家称,运动不但能够锻炼孩子的身体,还会增强合作精神、自尊以及对技能的掌握能力。经常进行体育锻炼的可以培养出一种健康的生活方式。然而,生活中像张天翼这样的孩子比比皆是,他们厌烦运动,甚至对其有着强烈的抵抗情绪。为什么会这样呢?

1. 家长的负面影响

生活中,有很多父母认为"成绩重要,其他靠后",不注意培养孩子的运动意识,甚至人为剥夺孩子的活动时间。久而久之,家长的强硬做法就会让孩子的运动热情减退,最终"退化"成为"不愿意运动的呆子"。

2. 运动单一

"每天早上坚持跑步"、"必须游泳400米",这些言语背后包含着是单一的体育运动方式。每日机械地重复单一的运动,活泼的孩子就会难以忍受其中的枯燥。

3. 不科学的运动项目

曾经看过一个父亲,每天都会要求仅有5岁的女儿爬山。爬山的劳累和身体上

第六章 有健康才有未来，孩子这样运动最有效

创伤让孩子对爬山产生了极其强烈的恐惧心理，于是不愿意进行这项锻炼。

好动是孩子的天性之一，曾经有教育学家说过："世界上没有一个不愿意运动的孩子。"那么，孩子逃避运动的行为肯定事出有因。家长应当帮助孩子找出这个诱因，改变方式让孩子爱上运动。

运动与快乐

对于儿童来说，他们年龄较小，能力特点不是十分明显。此时，家长应当将运动锻炼的终点放在兴趣上。如果有条件，可以给孩子提供广泛接触运动的平台，让孩子主动地发觉自己感兴趣的项目。

1. 细心观察

细心的父母不难发现，孩子在生活的点滴活动中，经常会不自觉地流露出所谓的运动天赋。比如说有些孩子喜欢跑；有些孩子喜欢球；有些孩子喜欢水等等。通过孩子的兴趣，家长可以友善地鼓励他尝试相关的运动。

2. 观看比赛

如果有机会，家长应当带着孩子去观看机场职业比赛。通过职业的比赛，孩子可以看到高水平运动员的出色表现，并且身临其境地体会到激动人心的地方。慢慢地，他们就会产生尝试这项运动的兴趣。

3. 亲子互动

孩子对父母都会有一定的依赖感，认为父母在的地方就会很安全。所以，父母可以尝试着与孩子一起进行体育锻炼，比如说游泳或者网球等等。

4. 不包办勉强

在美国，"父母常常给予孩子自行选择参与哪种游戏或运动项目的权利，而从来不搞包办或强迫，特别不勉强孩子参与大人喜爱或选择的项目。"也许出于家长的压力，孩子会"顺从"地进行运动，但是时间久了就会产生抵触情绪，令父母得不偿失。

爱上运动，拥有健康

据报道，"我国青少年的速度素质、耐力素质、柔韧性素质、爆发力素质、力量素质等体能素质呈全面下降趋势。相伴随的情况是肥胖孩子增加、肺活量下降、近视发生率随着年龄的增大而加大"。为了避免在我们的孩子身上出现这种悲剧，家长应当花费心思来为孩子选择适合他的运动方式，通过体育锻炼，让孩子爱上运动，

从而拥有健康。

六、总结运动经验,帮助孩子建立强大发展意向

总结经验是一种简单易行、行之有效的方法,对日后的行为会起到规范和引导作用。不少父母都善于总结家庭教育中的经验,却往往忽略孩子的运动也要进行经验总结。通过对孩子运动方式的总结,家长可以根据实际经验进行不断反思、总结和梳理,发现子女运动中的优点与存在的问题,明确以后活动中应该努力改进的方式,从而达到帮助孩子建立强大发展意向的目的。

总结的好处

黄朝勋的妈妈是一个非常细心的母亲,她提倡儿子进行运动,不但孩子运动时候她会陪在旁边,而且还会将黄朝勋每次的运动状态都用笔记本记录下来。

每周周末,黄朝勋的妈妈都会掏出笔记本,认真比对儿子这一周的运动状况,从中找到不足,以便及时纠正孩子的运动目标。例如,黄朝勋最喜爱的运动方式就是跑步,他曾经坚持跑步一年多。可是,黄朝勋妈妈经过总结,发现长跑的运动方式并不适合年幼的孩子,儿子不但会在长跑后出现疲倦的精神状态,而且会时不时喊腿疼。通过孩子运动前后脉搏、心跳等数据分析,黄朝勋妈妈果断帮助儿子寻找其他运动方法。现在,打篮球成为黄朝勋的最爱。

提及儿子的运动,黄朝勋的妈妈总是一脸骄傲地说:"我儿子现在很少生病,而且个头也比同龄人高出一截。"

每个父母都应该学习黄朝勋的妈妈,善于总结运动经验,既有益于孩子的运动,又可以更好的掌握运动规律,增强自身意识。反之,忽略运动经验总结,往往会出现这样的弊端:

1. 让孩子陷入运动误区

运动虽然是好处多多,然而不符合孩子个性特点的方式只能给儿童带来伤害。有些家长只强调锻炼,却不懂得跟踪、分析,更无从谈及经验总结,这就导致有些孩子长期进行不科学的运动方法,从而陷入运动误区不能自拔。

2. 不能及时调整运动方向

有些孩子在运动中存在着天赋,如果父母不懂得总结运动经验,就很难发现孩子在某一运动方面异于常人的优势。

所以说,总结运动经验有利于从实际出发,提高孩子的锻炼水平。

第六章 有健康才有未来,孩子这样运动最有效

善于总结,做合格的家长

1. 运动经验总结具有典型性和代表性,能够对孩子的锻炼活动有所帮助,具有一定的实践价值,对孩子的未来有很深远的影响。

2. 在总结经验的时候要具有反思精神和创新精神,以孩子现状为基础,放眼未来,以实事求是且略有提高的精神去发现孩子身上的闪光点,从而让孩子的运动方式进行弹性发展。

3. 总结运动经验应该具有稳定性、实用性和创造性。孩子运动是处在相对稳定的状态,调整方案必须经得住时间的考验,而且还能被孩子所接受,只有这样总结才会有实践效果。

从实际出发,获取完整的运动经验

一般来说,父母对孩子的运动经验总结需要具有代表性和典型性,为了全面性的总结经验,就需要父母从以往的实际出发,令总结范围做到有点有面,点面结合,以此获取完整的经验,从而令孩子主动具有运动意识。

七、让孩子在运动中结交自己的朋友

一位成功学专家说:"所有成功的人之所以成功,是因为他的人际关系非常好。"从小培养孩子的人际交往能力是值得家长重视的问题。交往可以让孩子学会适应环境,为日后步入社会打下基础。孩子只有在与小朋友友好的交往过程中才能够尽早学会协调人际关系,正确认识自我,从而形成积极向上的情感。对于交往能力强的孩子来说,结交朋友是百利而无一害的事情。我们都知道,很多运动项目需要多人来完成,家长应当及时引导,让孩子注意和重视这些与他人交流的过程。

好朋友,拉拉手

"和我一起玩皮球的蓝蓝是我的好朋友,和我一同游泳的溪水是我的好友。对了,经常和我一起跳皮筋的妮丝也是我的好朋友。妈妈,我真高兴啊,我的好朋友竟然这么多。"5岁的郝佳鹏一边掰着手指,一边兴奋地说。

听着儿子充满童稚的语言,妈妈不由得笑了。

郝佳鹏是幸运的,因为他拥有一位认真而又疼爱自己的好妈妈。郝佳鹏的妈妈一直重视儿子的交友过程,用她的话来讲:"我家鹏鹏是独生子十分孤单,所以我希望他能够多结交些伙伴。于是,我总是注意给孩子提供一些交友机会,比如说一起

好方法成就好学生

玩耍、锻炼等等。"

随着社会的发展，人际交往的功能显得愈发重要。父母必须培养孩子的交往能力，让孩子学会怎么与人交流，与人相处，这对于父母和孩子来说都十分重要。

1. 不懂得交往的孩子容易产生恐惧感

成人都知道社交恐惧症这个名词，特指对暴露在陌生人面前或可能被别人注视的一个或多个社交场合产生持续、显著的畏惧，并严重地影响患者的日常生活。如果父母不注重孩子交往能力培养，就会容易出现害怕见到陌生人或者与他人谈话感到脸红、紧张，甚至出现惶恐不安、出汗、心跳加速、手足无措等现象。

2. 交往能力差的孩子会出现负面性格

不懂得如何交往的孩子典型的行为特征就是内向、胆小、自卑自责、缺乏信心。他们在主观意识中否定自己，害怕与人接触交往，生怕自己做错事惹人耻笑。这些孩子不懂得正确认识自己，不知道每个人都是优点与缺点并存的，自己免不了会身存短处，如果针对自己的缺点不放就会认为自己一无是处，失去与他人交往的信心；相反，每个人都有自己的优势和闪光点，适时发现自己的长处以积极的心态认知自己，从而克服负面性格的出现。

信息化的今日，人际关系已经融入社会，出现社会化的端倪。所以，家长要重视孩子的交际能力，可以让他们从结交小伙伴开始培养，从而收获甜蜜的童年友谊。

提供机会，适时引导

蒲松龄所说："天下快意之事莫若友，快友之事某若谈。"结识志同道合拥有共同话题的朋友无疑为人间快事，在运动中结交伙伴则可以帮孩子以最快的速度达成这一快事。所以，聪明的家长又怎么可以让孩子放过运动这个大好机会呢？

1. 帮助孩子加强社交的目的性和计划性

乒乓球是两人运动、篮球和足球为多人项目，这些体育锻炼都是需要孩子和他人配合来完成的。父母可以在孩子运动前有意识地提醒他，他所要进行的运动中也许存在与他兴趣、爱好相同的小朋友，并适当交给孩子一些交往技巧。

2. 多鼓励孩子

孩子缺乏交往经验，出现胆怯、脸红、言语不清的状态是可以理解的。父母不应该嘲笑孩子笨，而是鼓励孩子，并且进行一定的示范促成孩子的交友过程。

第六章 有健康才有未来,孩子这样运动最有效

3. 给孩子提供合作运动机会

有些孩子害羞、胆小,是由于缺少家庭之外的其他人交往所造成的。家长可以利用锻炼的机会,给孩子创造一些多人合作的运动项目。让孩子在运动中尽情、尽兴,并且感受到与小朋友一起交流、合作的快乐。

让孩子学会结交朋友

如此发达的社会中,人与人之间的联系更为密切,交流也更加简便容易,地球村的时代已然来临。千万不要让孩子把自己封闭起来,家长要引导孩子懂得珍惜身边的每一位朋友,珍惜每一个能交到朋友的机会,只有这样,我们的孩子才能令自己的社交圈无限扩大,友谊之花常开。

八、对抗与合作,为孩子打开最初的竞争意识

教育学家说:"合作与竞争是人们生存和发展的基础,是人在成长和发展过程中必须具备的基本要素,而合作之间有竞争,竞争之中有合作,两者相辅相成,协调发展,才能促进孩子能力的发展。"如今不少体育活动都具有对抗性和集体性,正如教育学家所说,只有让孩子懂得竞争与合作的意义,才能令孩子树立争取的竞争意识。

拥抱竞争对手

肖泽和王利明是一对形影不离的好朋友,这不,这两个小伙伴同时参加了学校的羽毛球比赛。经过层层比赛和选拔,最终肖泽和王利明成为竞争对手将要站在羽毛球场上。两个孩子外表平静的背后,却隐藏着焦灼和纠结的内心。老师观察到两个人的异常,便叫来他们来谈话。

"我们是好朋友,如果赢了他,王利明就会被淘汰出局。"肖泽小声地说。

"是的,我想拼尽全力比赛,可是一想到肖泽,我就有点想放弃。"王利明如是说。

听了两个孩子内心的真实想法,老师不由自主地笑了。他亲切地摸着两个孩子的头说:"傻孩子,体育运动存在着竞争性,这就需要你们全力以赴去面对每场比赛。可是,你们有没有想到,不管你们谁都能够取得最后的胜利,都等于为班级争了光。身为朋友,你们更应该为彼此感到骄傲才对。"

听完老师的话,两个好朋友如同醍醐灌顶一般醒悟,不约而同地拥抱在一起,并且友好地轻拍着对方的肩膀。

竞争和合作是对立统一的,"竞争中有合作;合作促进合作;合作产生竞争,孕

好方法成就好学生

育新的竞争。"孩子从小就在运动中培养正确的竞争力,有助于他们的身心健康。相反,他们就会混淆竞争与合作的含义,出现种种错误的观点和举动:

1. 如果把竞争的对手当作敌人一样的看待,那么就会有"你死我活"、"鱼死网破"的想法出现,令孩子的神经时刻处于备战状态,从而导致心情高度紧张。

2. 不能明确合作的真正意思,孩子就会出现各自努力等举动。可是,当众多力气没有用到一起的时候,结果可想而知,那就是事与愿违的失败。

对抗和合作在体育运动中是不可避免出现的问题,家长应当正确引导孩子,让他们懂得竞争不代表"势不两立",而合作也需要"齐心协力"。

竞争中学会合作,运动中寻找快乐

在运动中,只有将合作和竞争作为主旋律,让这两个元素始终贯穿于每一个运动项目之中,孩子才能够尽情地挥洒汗水,让友谊和团结瞬间融为一体,取代不正确心理。这个时候,运动已经变成次要内容,重要的是孩子在体育中收获了快乐与喜悦,也懂得了人与人之间如何互相理解和配合。

1. 竞争中需要合作

"竞争本身不是目的,而是达到更高目标的手段。"在运动中,家长应当教育孩子掌握"双赢"选择,不能相互排斥,造成两败俱伤,而是在运动中相互促进,互相提高。

2. 在合作中成长

体育运动中,群体性项目需要集体合作才能胜利,比如说篮球、足球和接力赛等等。孩子需要在运动中吸取集体的力量和智慧,通过与他人齐心协力的合作达到最终的目标。

3. 维持和谐,保持运动热情

古人云:"千人同心,则得千人之力;万人异心,则无一人之用。"当今社会,分工越来越细,只有将所有人的力量凝聚在一起才能有所作为,成为赢得竞争的必要条件。所以,父母应当培养孩子如何在运动中打造团队精神、提高竞争力、保持积极向上的热情。

让孩子在运动中成长

一名卓越的父母就要从细节入手,在点滴生活之中教会孩子日后所必备的能

第六章 有健康才有未来，孩子这样运动最有效

力。在日常活动中，父母应该有意识地倡导孩子与同伴之间相互支持以及积极地沟通，并且多提供孩子与他人在一起交流的时间与场地，比如：体育锻炼、群体运动项目等。

九、科学运动，你需要为孩子做好基本准备

为了让孩子拥有一个好身体，很多家长都带着孩子出去运动。然而，运动学家表示，出于对科学运动知识的匮乏，不少儿童的运动方式具有盲目性和反科学性。不但不会让孩子获益，反而可能让孩子受到伤害。受到伤害？这是所有家长都不想看到的事情。那么我们该如何理解科学运动，又该怎样为孩子做好运动的基本准备呢？

医院中的急诊小患者

天色刚刚微白，医院里就来了一对年轻的父子。只见爸爸怀中抱着一个男孩，只见孩子面色苍白，毫无意识。医生看到这一幕，连忙询问简单的病情，并把孩子送进了急救室。

原来，为了让6岁的孩子有个好身体，王先生每天清晨都会带着孩子进行锻炼。据王先生所说，他和孩子运动后满身大汗，儿子连连喊热，于是就立即躺在地上"降温"。没想到孩子刚刚躺在地上，就出现全身抽搐、休克昏迷的现象。

听过王先生的叙述后，医生连连摇头并指责他的"糊涂"。

很多人都明白运动前"热身"的道理，可是不少人却忽视锻炼后"冷身"的意义。众所周知，运动能够加速血液循环，身体就会有发热、出汗的感觉。科学的运动方式是运动之后要有一个让心跳和脉搏缓慢下降的过程，比如说跑步后进行简单的几分钟慢走。然而，王先生却在孩子心脏最活跃、血压较高地状态下立刻停止运动，血液不能突发性地自动适应身体的变化，血压会猛然下降，心脏供血不足，引起昏迷甚至休克死亡。所以说，不懂得科学运动方式是一件非常危险的事情。

1. 不科学运动，容易给孩子造成急性运动伤害

所谓急性运动伤害是指"单一次内发性或外因性的刺激，使组织器官破坏的现象。"不少儿童受伤者都是由于运动的不合理性所导致的肌肉拉伤、骨折等现象。

2. 不科学运动，容易给孩子造成慢性运动伤害

"慢性运动伤害是指累积多次微小伤害的身体病态现象。"一般来说，孩子年龄较小，他们不会用正确的语言表达自己身体上的不适，从而令父母所忽视。然后在重复

好方法成就好学生

不科学运动的情况下,孩子就会出现关节炎、骨膜肌腱炎等与自己年龄不符的病症。

以科学的态度来对待运动

所谓的科学运动就是"有运动科学知识做实践依据,涵盖多个学科,如运动医学,运动生理生化学,保健学,运动训练学,生物力学等,在运动过程中,有明确的量和强度作规定,严格控制运动者的运动负荷。"运动学家认为科学运动包括竞技训练和大众健身两个方面,少年儿童锻炼身体的方式就属于后者。父母只有掌握科学运动理论,才能够针对运动锻炼的孩子进行运动处方式的指导。

1. 运动强度要符合儿童年龄特征

有些父母急于求成,于是为孩子加大运量,殊不知这是一项危险的事情。按照科学运动的理论,个体最大心率 =220- 年龄,通过这个公式的计算,便可以得到儿童个人适应运动的强度。

2. 运动要具有持续性

"三天晒网,两天打鱼"的运动方式是最为不科学的,科学运动的基本要求是每周不少于 5 天进行运动锻炼,每次运动时间需要根据孩子年龄、个体特征等具体内容来决定。

3. 多进行有氧运动

有氧运动的明显特点是"强度不大(中等强度或中低等强度)、有节奏、不中断和持续时间长。有氧运动能明显提高机体摄氧量,增进心肺功能。"例如健身操、球类运动、休闲游泳等都是适合儿童的较好方式。

只有科学运动,才对健康有益

在上世纪 90 年代中期,有识之士提出了一个响亮的口号:"只有科学运动,才对健康有益。"大量事实证明,科学的运动不但能够促进孩子的身心生长发育,而且能够对孩子起到一定的保护作用,从而让孩子在运动中增强体质,提高个人免疫力。

十 帮助孩子精心挑选运动器械

为了让孩子更好的从事运动锻炼,不少家长都会将价值不菲的运动器械购买回家中。可是,这些家长也许从来没有想过,不符合孩子生理、身体发育特点的健身

第六章 有健康才有未来，孩子这样运动最有效

器材等于为孩子的健康留有隐患，就如亲手在子女身上埋下一颗"定时炸弹"，随时都有爆炸的可能。

不该发生的悲剧

"孩子，是妈妈对不起你啊。"白女士手里捧着女儿的遗像，悲痛欲绝。

白女士的女儿刚刚4岁，是一个活泼可爱的小姑娘。女儿的乖巧、懂事让父母爱不释手，容不得女儿受半点"委屈"。

一天，白女士带着女儿在小区内玩荡秋千的游戏。当时正值放学时间，不少小朋友都陆陆续续地站在秋千旁边，等着玩耍。白女士看到周围的孩子比自己女儿高出很多，生怕一起玩耍时别人会伤害到女儿，于是便提出带着女儿回家。女儿见状，不禁哭了起来，对妈妈说："妈妈，我喜欢荡秋千，再让我玩一会吧。"

听到女儿的请求，白女士又环顾了周围环境，对女儿说道："乖宝宝，跟妈妈回家吧。我给你买一个秋千放在阳台上，专供你自己玩。"

白女士说到做到，回到家中就在网上订了一款可供家庭摆放的秋千。不多日，秋千就放在了自己家的阳台上，女儿高兴极了，玩得不亦乐乎。

谁知，一天下午悲剧产生了。白女士在厨房里做饭，突然听到女儿哀嚎的声音，当她飞速跑出来的时候，发现女儿的脖子被秋千的链条勒得紧紧的。白女士费了九牛二虎之力解救下来女儿，并且以最快的速度送到了医院。可惜，由于窒息时间过长，白女士的女儿不幸离开了他们。

原来，白女士在网上所购买的秋千不符合国家标准，属于三无产品，质量根本不过关，这才有了开头那一幕。

白女士家庭的悲剧为其他父母敲响了警钟，运动固然对孩子的好处多多，然而不适合孩子的运动器材反倒给父母平添很多烦恼。

1. 不合格的运动器械会对孩子造成伤害

虽然国家加大力度进行产品管理，可是市场上仍然有不法商贩以次充好，销售不合格的产品"昧着良心赚钱"。就如案例中的白女士一样，出于疼爱之心为女儿选购家庭秋千，但是没想到买回来的却是让女儿送命的三无产品。

2. 不适合孩子的运动器械会阻碍孩子身心发育

随着歌曲《双节棍》的出现，双节棍成了不少孩子的心爱之物。王先生禁不住10岁儿子的软磨硬泡，在商场的运动柜台给儿子买回了双节棍。然而令他没有想到的是儿子年纪很小，在力量不够和技巧不熟练的情况下打伤了自己，住

好方法成就好学生

进了医院。

虽然对于一个孩子来说,运动不仅对他身体发育很重要,而且还能影响到他的智力,于是越来越多的父母开始为孩子选购运动器材。根据运动学家张鸣必教授的理论,"并不一定所有的器材都适用于儿童",这需要父母多下些工夫,找到既有利于孩子身心,又有助于提高运动兴趣的正确运动器械。

挑选运动器械的诀窍

不要认为所有的运动器械都适用于孩子进行锻炼,这里面蕴含着很大学问:

1. 跷跷板

这是一种孩子都非常喜欢的玩具,对于3岁左右的宝宝来说却是一件非常危险的游戏。因为需要双人合作的运动器械,倘若一个人出乎意料地离开跷跷板,另外一段的宝宝就会猝不及防地翻落下来。

2. 单双杠

单双杠是小区内常见的一种健身设施,很多父母为了锻炼孩子的臂力让其在此进行运动。姑且不论这种练习是否适合儿童,单单就单双杠来讲就会对孩子产生伤害。孩子年纪小,臂部力量不够,如果没有成人在身边保护,很容易导致孩子摔伤。

3. 适合孩子的运动器材

1)羽毛球:羽毛球运动是有氧运动和无氧运动的结合,它不受场地影响,可以让孩子在共同锻炼中体味到其中的兴趣性。

2)跳绳:跳绳中的跳跃运动是在孩子身体可以承受的范围之内,可以有效锻炼孩子肢体协调能力,是适合孩子运动的器材之一。

用心帮助孩子成长

在孩子成长的道路上,父母所扮演的不仅仅是老师和引路人的角色,还是一位辛勤的园丁。家长既要时刻为孩子浇水、施肥,也要为娇嫩的花草捉虫、修剪枝丫,以此保证他们能够健康、茁壮的成长。身为父母,我们要为孩子多付出一些精力和耐心,帮助他们拥有健康的体魄,早日成为国家的栋梁。

第七章 从细节入手，培养孩子养成良好生活习惯

习惯往往会对一个人的命运起到决定性的作用，而决定孩子习惯养成的，则是每一位父母。想要让孩子拥有一个健康快乐的童年，父亲便首先要帮助他们养成一个好的生活、学习习惯。学习惯会让孩子终身受益，而坏习惯往往会使孩子的一生都受到负面的影响。真正的教育，是为了养成孩子的良好习惯创造一定的条件，让孩子拥有建立好习惯、形成好习惯的方法与步骤。

一、言传身教，身体力行

教育家魏书生曾经说过："行为养成习惯，习惯形成品质，品质决定命运。"换言之，培养孩子良好的行为习惯对于他的一生都十分重要。然而，父母是孩子的第一启蒙老师和终身老师，自己的一言一行都会对孩子品质的形成、行为的培养有着相当大的影响作用。

"身教"对培养孩子习惯十分重要

张女士有一个四岁的女儿，十分可爱。周末，张女士一家三口带着女儿去公园玩。坐公交车的时候，妈妈抱着女儿坐一个座位，爸爸坐一个座位。车子刚开到站，就上来了一位颤巍巍的老人。张女士夫妻连忙把头转向车窗，生怕把自己的座位让给老人。这个时候，张女士的女儿奶声奶气地说："妈妈、爸爸，你们为什么不给老奶奶让座位？妈妈不是给我讲过故事，要照顾老人的吗？"女儿的话音刚落下，张女士夫妻的脸顿时羞得通红，连忙起身腾出座位让老人坐下。

南开中学校长康岫岩说："教育的规律之一就是养成，要养成好的素质，教育就要起于细心，做于细微，行于细致，成于细雕，来不得半点的粗心和粗糙。"然而，父母作为孩子的第一启蒙老师，自己的一举一动都会被孩子看在眼里，记在心上。所以，父母应当注重言传身教的影响和作用。倘若相反，不但不会对培养孩子良好习惯有所帮助，而且还能起到相反的负面作用。

1. 父母言行不一，孩子就会对其产生不信任感

家庭生活中，信任和尊重同样重要。现实中，有很多家长都会轻易向孩子许诺

好方法成就好学生

"如果你乖,我就会给你买新玩具""如果你考试得满分,我就会奖励给你新衣服"。可是结果呢?父母出于这样或那样的原因,经常把这些许诺抛到脑后,根本不会理睬孩子的要求。这样一来,孩子幼小的心灵就会产生被欺骗的感觉,从而对父母不再信任。

2. 家长不拘小节,孩子就会如法炮制

随手丢垃圾、随地吐痰、浪费水电等等,很多家长在生活中不拘小节。可是令家长没有想到的是,这些行为习惯早已被孩子看在眼里、记在心上,产生了潜移默化的作用。随后,家长就会发现孩子在不经意间重复这些父母所做过的不正确举动。与其追悔莫及,不如家长行为示范,为孩子树立正确的榜样。

美国教育家斯特拉夫人的名言的真正含义:"对人们播上思想的种子,就会得到行为的收获;播上行为的种子,就会得到习惯的收获;播上习惯的种子,就会得到品德的收获;播上品德的种子,就会得到命运的收获"。如果父母想培养孩子良好的生活习惯,就要做到身体力行,言传身教。

说教不如行动

古人说得好:"言传不如身教"。很多时候,家长费尽口舌去给孩子讲述培养好习惯的重要性,倒不如在日常的教育活动中重视自己言传身教的作用。当家长时刻以良好习惯来展示给孩子之后,孩子自然会耳濡目染、积沙成塔,在潜移默化中感受到良好的风气。

1. 家长不能忽略点滴小事的重要作用

先哲荀子在《劝学》中说:"不积跬步,无以至千里,不积小流,无以成江海。"对于孩子来说,任何良好行为习惯的养成都是很重要的事情。所以,家长应当从生活细节入手,重视自身榜样作用,从而培养孩子良好的行为习惯。当这些行为慢慢成为孩子自觉动作之后,我们常说的良好习惯便成为孩子终身受益的"宝藏"。

2. 重在坚持

良好的习惯是一个人宝贵的精神财富,然而习惯并不是一朝一夕便能成就的,它需要日积月累。有些父母想起的时候便注意自己的榜样作用,做得很好,但是时间一长便坚持不住了。事实上,短时间内孩子还没有将良好行为转变成为习惯。如果这个时候父母没有坚持下来,那么就等同于半途而废。所以,最好的办法就是父母与孩子一同学习、一同成长,既做孩子成长道路上的老师,也做一名认真学习的

第七章 从细节入手,培养孩子养成良好生活习惯

学生。

行为示范,成为孩子的榜样

河南教育心理学研究专家林涛老师说:"人们日常活动中大约90%的行为来自于习惯和惯性。所以说,培养孩子良好的习惯,比学习知识本身更重要。"家长的行为举动如同一面镜子,它会真真实实折射在孩子的眼睛里。如果父母注意自身言传身教的作用,注重自我良好习惯的展示,那么传在孩子耳朵里的便是正确的声音,看在孩子眼睛里的全是有意义的现象,自然对培养他们良好的行为习惯起到了正确的榜样作用。英国哲学家、思想家培根说:"习惯是一种顽强的巨大的力量,它可以主宰人生。"由此看来,培养良好习惯不只是为了成才,更重要的是为了孩子成人,在一定意义上说成人比成才更重要。

二、好习惯用加法,坏习惯用减法

教育学家摩尔森曾说:"久而久之的习惯会成为人的潜意识行为。"换言之,当孩子某种习惯形成后,就会在日常生活中不自觉地流露出来,从而体现出具有系统性和稳定性的心理特征。对于家长来说,培养孩子好习惯、逐步去除坏习惯是维护和教育孩子成长过程的重中之重。

好坏习惯要"泾渭分明"

欧阳女士有一个五岁的儿子,从孩子呱呱坠地的那一刻起,她的全部世界都被这个小小的生命填充得满满的。

随着儿子的长大,欧阳女士发现了教育孩子是一门十分深奥的学问,为人母的感觉除了有喜悦之外,还有着烦恼和挫折。比如说,五岁的儿子时常表现出异常的叛逆,如果不能及时满足,孩子就会和大人顶嘴,甚至大哭大闹。为此,欧阳女士购买了大量教育儿童的书籍,她猛然发现,孩子的内心世界并不明确知晓何种行为方式是正确的,何种行为方式是错误的。于是,欧阳女士为儿子制订了一套行之有效的"习惯加减法游戏"。

欧阳女士买了两个漂亮的玻璃罐子,一个罐子上贴上黄色标签,上面注明"坏习惯";另一个罐子贴上红色标签,上面注明"好习惯"。倘若儿子犯了错,欧阳女士就会给孩子详细讲述这种习惯的坏处,并且将它记录在纸条上投入"坏习惯"罐子

好方法成就好学生

经过一段时间,儿子有意识地去改正了,欧阳女士则会将这张纸条取出,填写上相应的良好行为投入"好习惯"罐子。

半年时间过去了,欧阳女士发现儿子十分喜欢这种"游戏"。用儿子的话说,"当看到好习惯罐子里满满的,坏习惯罐子里空空的时候,心里就是十分高兴,我胜利了!"

家长都希望自己的孩子拥有良好的行为习惯,这就要求为人父、为人母之人一定要有足够的耐心、细心和爱心,明确自己在教育孩子过程中所扮演的角色,明确应该怎样培养孩子的好习惯,然而这项"工程"十分浩大,并非一蹴而就。如果混淆、放纵或轻视好坏习惯,则会产生十分严重的后果:

1. 家长的轻视会对孩子产生错误的习惯观点

在孩子的世界里,习惯并没有"好"与"坏"之分。比如说,他们认为大声哭闹也许能够让父母妥协或者得到自己想要的事物。然而在成人眼中,这则是应该改正的不良习惯。所以,父母一定要及时地、清楚地指明孩子的错误习惯,帮助其改正。

2. 忽略好习惯的赞扬,不利于良好行为的持续性

有些父母将目光针对于孩子的不良习惯,时时用言语或行为进行提醒、纠正,认为孩子的良好习惯是"应该秉持的特性",从而忽略对孩子的赞扬与奖励,其实这是家长教育的一种误区。及时发现孩子的良好行为,对其给予一定的鼓励,不但能够给孩子带来成就感和满足感,还能令孩子明确知道"这样做是正确的",有助于好行为的延续性保持,孩子也会有意识地衍生多种良好的习惯。

3. 强调孩子的坏习惯,不利于帮助其改正

"说了你多少遍,就是改不掉坏毛病"、"这种坏习惯你怎么就改不掉呢"?在生活中,类似的语言比比皆是。家长们在有意无意地强调孩子的不良习惯,殊不知这样的言语容易在孩子幼小的心中形成根深蒂固的观念,认为这种习惯自己"不容易改掉"、"永远克服不了"。

注重科学方法,有针对性地培养孩子好习惯

身为父母,要注重用科学的方法教育孩子,对于习惯这方面要懂得抓住关键点,找到行之有效的方式来有的放矢地进行培养。具体来说,有这样几个方面:

1. 严格要求,明确好坏习惯。

俗话说"没有规矩,不成方圆"。家长要根据孩子年龄、心理和性格等特点,提出

第七章 从细节入手,培养孩子养成良好生活习惯

标准要求,制定行为规范,让孩子明确知道什么事情该做、什么事情不该做;事情应该怎么做、不应该怎么做。比如说,对长辈有礼貌、可以和伙伴共同分享、自己的事情自己做等等,这些都是应该拥有的好习惯;而依赖父母、东西乱扔乱放这些则是不好的行为方式。明确了行为的好坏,孩子才能更好地把握自己的社会角色,有助于形成积极向上的人格。

2. 适当渲染、夸大孩子的好习惯,为其做"加法"

父母是孩子的第一任老师,当孩子表现出良好的习惯时,父母一定要给予鼓励,并且抓住时机为孩子灌输是非观念、为人标准和善恶原则等内容,用抛砖引玉的方式及时引导和帮助孩子对人和事物的正确认知。

3. 看似轻描淡写、实则"避轻就重"对待坏习惯,为其做"减法"

改正孩子的某种行为习惯不是一朝一夕的事情,需要父母有耐心去对待。由于孩子心理特点使然,在改正坏习惯的过程中会出现动摇和反复。在这个阶段,父母要做的是坚持不懈,用心去观察,去指正,而不是大张旗鼓地对孩子进行责骂批评,令孩子对不良习惯的印象加深。

科学教育、有目的地去培养

西方教育学家称:"习惯是人生的主宰"。每一个孩子都会有不同的习惯,有些习惯是良好的,而有些习惯是需要改正的。良好的习惯可以令孩子终身受益,反之坏习惯会影响孩子的行为、性格、生活、学习,对孩子的将来会有十分重要的影响。生活中,很多家长因为孩子身上的坏习惯而感到担忧。从某种意义上说,培养好习惯、改正坏习惯是父母在当前教育应当积极关注和解决的重要问题。所以,科学的教育、有目的地培养在孩子成长过程中起到举足轻重的作用,而加大好习惯、轻化坏习惯则是培养孩子良好生活习惯的一条捷径。

三、延迟满足,让孩子学会自制

"现在条件好了,只要孩子的要求不过分,我们都会及时满足。"生活中,很多家长都秉持着这种教育方式。然而,有求必应、及时满足的教育方式真的适合孩子成长吗?答案是否定的。因为教育学家通过多年的研究发现,只有在儿童时期就懂得自制的孩子,长大后的自制力、独立感、责任感才会比一般人强出很多,会更加有所作为和成就。

好方法成就好学生

为什么不能马上吃到冰激凌?

对于女儿要求,唐先生都是有求必应,一分钟也不会耽搁。这天,唐先生刚从幼儿园接出女儿,女儿就吵闹着要吃冰激凌。恰巧,那天幼儿园附近的冷饮店停业,于是唐先生提议带着女儿去稍微远一点的冷饮店。不料,女儿非但没有同意爸爸的建议,反而在幼儿园门口大哭大闹起来,甚至坐在地上不起来。女儿的这一举动让唐先生在尴尬之余十分恼火,不由得举起巴掌揍了女儿的小屁股。

此时的女儿十分委屈,她搞不清楚一贯立刻满足自己要求的爸爸为什么会恼怒,为什么会责骂,为什么会伸手去打她?一连串的问号充斥着她小小的心房,于是哭得更加起劲了。

我们姑且不去讨论小女孩的行为习惯是坏还是好,仅从唐先生以往的做法中便可以知道家长的不足。因为他忽略了一点:疼爱并不等于马上给予。其实爱也是一种教育,它需要节制,没有节制的疼爱只能给孩子带来伤害。

1. 一味的满足会让孩子变得更加"贪心"

当父母对孩子所有的要求都满足的情况下,孩子就会产生"想要什么都可以得到"的观点。很多人会这样想,现在生活条件这么好,孩子的小要求为什么不满足他?但是我们也许想象不到,没有节制的满足等于助长孩子的欲望,他可能由此变得人性贪婪,当贪心变得不能控制的时候,则是一种十分可怕的现象。

2. 一味的满足就能让孩子变得快乐吗?

社会心理学有一个理论,叫做"饱享剥夺理论",说的是"当一个人的需求被过度满足的时候,他的快乐也被随之剥夺。"当家长满足或者过度满足孩子的需求时,孩子比较容易出现物质焦虑、滥用的问题,因为他们根本不明白,也不懂得珍惜家长所给予的满足。

3. 一味的满足容易导致不良性格的"滋生"

随着生活水平的提高和独生子女政策的效应,某些家长对孩子十分宽容,"有求必应"甚至"无求也应"。这样一来,孩子逐渐琢磨出对付家长的办法,"一哭、一闹、一耍脾气,自己的条件就能得到满足"。于是,孩子贪婪、自私、急躁、虚荣、蛮不讲理等不良性格也就渐渐养成。

4. 一味的满足,会让孩子变得脆弱

家长的一味满足会让孩子的成长过程变得"一帆风顺",没有任何挫折。然而现实生活并非如此,在没有外界监督的情况下,孩子们会变得十分脆弱,他们不懂得

第七章 从细节入手,培养孩子养成良好生活习惯

调节自己的行为、抑制冲动、抵制诱惑,也不懂得需要坚持不懈地向目标努力。因为他们缺乏成功者最为重要的心理素质——自制力。

因此,家长们应该知道这样一个道理:延迟满足孩子的欲望与需求并不等于他们"受了委屈",而是在帮助孩子培养自制这种良好的意志品质。

要有意识、科学地"延迟满足",培养孩子自制能力

教育学家认为,延迟满足是"人格中自我控制的一部分,是心理成熟的表现,也是自制力这种良好品质的表象特征。"众所周知,自制力是成功者重要的心理因素,越来越多的家长也由此意识到"延迟满足"教育的重要性。那么,我们在生活中应该如何合理运用"延迟满足"的教育方式呢?下面几点也许能够帮助广大家长:

1. 在等待中"满足"

"你知道用什么办法能够让孩子得到痛苦吗?答案就是:百依百顺。"这是法国教育学家卢梭对家长提出的问题。在百依百顺的教育方式下,孩子的欲望会无休止的累加,他们不懂得珍惜,也不懂得感恩,更无从提及自制能力。所以,家长千万不要因为孩子的某种举措而妥协,要让孩子学会等待,学会接受现实。另外,父母应当在适当时候"延迟"满足孩子的欲望,而不是提出立即应允。孩子在等待中学会忍耐的时候,他的自制力正是不断增强的过程。

2. 用努力换取"满足"

延迟满足可以算作是一种自律行为,可是孩子的年龄很小,往往不懂得如何去自律,这就需要家长的沟通与引导。家长可以与孩子进行一项约定,想要一件新玩具,就要通过自己的努力去获得。比如说连续两天自己穿衣、自己吃饭等等。当孩子通过努力去换取自己想要的事物以后,他就会树立"自己想要的事物要靠自己争取"的想法,从而在侧面加深对自制力的印象。

3. 并不是所有欲望都能"满足"

现在的孩子,由于家长给予得太多,因而认为所有的欲望和需求父母都要答应。而我们的家长又看不得孩子受委屈、受挫折,包办下孩子所有的应该实现或可以不去实现的条件。殊不知,此时的孩子体验不到成功的喜悦,反而抗挫折能力和自制力都会随之减弱。延迟满足,本身就是一个小小的考验,只有孩子顺利通过挫折教育,才能够培养独立的人格和坚强的自制力。

好方法成就好学生

父母"延迟满足"教育,孩子收获美好未来

清·魏源《默觚·学篇七》里说:"得之不难,失之必易"。延迟满足既能够让孩子懂得去珍惜,又能够促使他学会克制。"延迟满足"能够让孩子在形形色色的诱惑面前拥有抵御能力,又能够提高忍耐力和自制力。父母"延迟满足"的教育,就是让孩子明白,只有克制自己的欲望,提高自制能力,才能够用不懈地努力去追求更高的目标,得到更多的收获。

四、迈开小步子,循序渐进养成好习惯

"孩子一定要有一个好习惯",这是天下父母的共鸣。然而,有些家长总是抱有焦急的情绪来对待孩子习惯的培养过程,恨不得出现立竿见影的效果。养成一个习惯究竟需要多长时间?行为学家研究表明,一个习惯的养成平均需要连续的21天,如果需要长期固定还要继续强化大概90天左右的时间。所以说,孩子习惯的培养和矫正需要一个过程,家长必须克服浮躁情绪,迈开小步子,循序渐进、持之以恒地对待。

怎么就改不掉呢?

"我很苦恼,孩子边吃边玩的坏习惯怎么就改不掉呢?"糖糖的妈妈如是说。

糖糖今年4岁了,由于父母工作较忙,一直由姥姥带着。姥姥照顾外孙子十分细心,可是"隔辈人,更加疼",在生活中总是溺爱着孩子。比如说,糖糖不愿意自己吃饭,喜欢边看电视边让姥姥喂着吃。如果让他自己去吃饭,糖糖就会又哭又闹,甚至"绝食"。当糖糖妈妈意识到这个问题的严重性时,孩子的这个坏习惯已经养成了。

之后很长一段时间内,糖糖妈妈都在纠正孩子这个不好的习惯,可是事与愿违,发现事态并没有多大的改善。情急之下,妈妈打过孩子、责骂过孩子,甚至不喂饭让孩子饿肚子,这一切都收效甚微。

在孩子的教育过程中,很多家长都有过这样或那样的困惑,就像糖糖妈妈那样,希望孩子能够矫正不良习惯。可是很多时候,孩子的习惯还没有改变,父母的脾气却变得越来越急躁。事实上,教育学家称:"一个新习惯的培养必然会冲击相应的旧习惯,而旧习惯不会轻易退出,所以要不断重复新建立的好习惯,需要不断强化它。"反之,就会出现以下几种情况:

1. "一口吃成胖子"的方法并不科学

很多家长希望孩子的坏习惯一下子就可以改掉,或者好习惯立刻培养而成。于

第七章 从细节入手,培养孩子养成良好生活习惯

是就会采取某种极端的方式来对待孩子。教育学家通过长期的跟踪试验表明,一口吃成胖子的方法并不科学,相反会让孩子产生反感或者逆反心理,将局面越搞越糟。

2. 培养习惯也需要坚实的基础

一个好习惯的培养就如同建造一座摩天大厦,如果根基不牢固,那么后面的所有努力都将成为无用功。习惯培养或者矫正都要经过三个阶段,分别为:基础阶段、构筑阶段和巩固阶段。这三个步骤需要循序渐进的完成,且缺一不可。如果父母在这几个过程中产生急躁心理、贪多贪快,则会产生事倍功半的效果。

万事开头难,在为孩子培养和纠正习惯这个过程中,父母应当做到"四个多":多一点自制、多一点提醒、多下一点工夫、多一点认真。只有小步子坚定的前进,才能看到后面的坦途。

习惯的培养或纠正需要循序渐进、持之以恒

1. 开始要慢

培养习惯如同驾驶一辆汽车,为了安全出行,启动时车速一定要慢。举例来说,培养孩子每天写日记的习惯,开始时万万不可要求过高,哪怕孩子只写了短短几句话,就应该给予相应的鼓励。凡事不能急于求成,如果开始时就对孩子极其严格,反而让孩子失去了继续下去的兴趣。

2. 逐渐加速

慢慢地开始,等于尊重了大脑的"始动原则"。当孩子适应了新习惯的存在以后,就可逐渐地提速。对孩子的要求在其能够接受的前提下,适当增加高度,让宝宝在不知不觉中得到提高。

3. 及时鼓励

当付诸行动以后,家长就要用善于发现的眼睛来发觉孩子的点滴进步。不管成效较多还是较少,只要有改善,就要对孩子及时鼓励。让孩子品尝到拥有好习惯的快乐。

4. 按步骤行进

好习惯需要有巩固的过程,进一步培养习惯,就要制定全面的计划,"增强对孩子自我行动的时间和空间的控制能力。"当巩固计划制定以后,家长还需要督促孩子按照步骤前行。除此以外,父母心中还需要有一个考评表,这样会更加有利于加

强孩子的执行力。

5. 不怕慢，就怕躁

矫正和培养好习惯的过程很容易遇到特殊情况，比如说心情不好，效果不佳等等，这个时候家长和孩子难免会产生急躁情绪。此时的父母最应该做的就是将心态放平和，要"站直了，别趴下"，一步一步坚持走下去。许多人没有养成良好的习惯，关键的原因就是输给了"急躁"。

一步步走，一点点成功

世上的事情，都需要认真对待，正如习惯的培养。良好习惯的养成过程就是精神教育和意志品质的磨炼过程，对于不良习惯的矫正也需要循序渐进地前进。急功近利、一口吃成胖子的心态并不成熟，相反会把孩子推到另一个极端。与其说好习惯的培养是战胜自我的过程，倒不如将其认为是一点点努力，一步步前行所取得的胜利成果。

五、明确奖励，是为了日后可以不奖励

教育学家王光华指出现代家庭教育存在两种误区：其一是对孩子的教育，该奖励时不奖励，该惩罚不惩罚，这种是放任自流的家庭教育；其二是家长高兴了就奖励，生气了就惩罚，这种是不负责任的家庭教育。生活中，对孩子奖罚不分明的现象时常发生，为了孩子的健康成长，家长应该对其引起高度重视。因为孩子正处于是非观和性格形成的关键时期，明确奖励可以让孩子保持积极向上的良好心态。

家里的"表扬区"

齐齐的家里有一个特殊的区域，那就是表扬区。齐齐的爸爸妈妈给他定了一些简单明了的规定，比如说自己吃饭可以获得一朵小红花，帮助父母做家务获得两朵小红花等等。当齐齐积累到一定红花数量时候，爸爸和妈妈就会带他去买一本喜欢的书或者一件喜欢的玩具。开始的时候，齐齐需要爸爸妈妈的提醒。比如说，当他乱扔东西的时候，妈妈就会对他说："齐齐，不要忘记小红花呦。"为了多得一朵小红花，齐齐就会乖乖地将东西收拾整齐。

过了一段时间后，父母惊讶地发现，齐齐竟然将这些好的行为养成了习惯，再也不用别人的督促了，这让他们兴奋不已。

现代社会的教育，越来越多的人主张对孩子进行激励教育，因为幼小的心灵需

第七章 从细节入手,培养孩子养成良好生活习惯

要适度的鼓励,这样可以帮助他们培养信心。但是,父母对孩子的教育一定要弄清楚目的,不要让奖励带有很大的随意性。奖励既不是父母的教育艺术,也不是情感的宣泄,而是为了孩子的日后的健康发展所打下的坚实基础。以下的几点是奖励不甚明确而造成的教育误区,希望家长能够从中看到失败的教训,汲取正确经验:

1. 奖励过滥,孩子会产生"免疫力"

有些家长喜欢事事用奖励来教育孩子,久而久之就会让孩子产生"免疫力",而令奖励失去其应有的教育效果。举例来说,孩子做一件事情,又快又好做完可以得到奖励,很快做完可以得到奖励,很好做完可以得到奖励,做完可以得到奖励,甚至马虎做完还可以得到奖励。虽然奖励是相同的,但是做完的各种效果之间却存在天壤之别。久而久之,就会让孩子认为什么样都能得到父母的激励,让奖励失去原有的效力。

2. 奖励过多,会让孩子"上瘾"

心理学上有一个名词叫做"依赖心理",父母过多的奖励会让孩子"上瘾",导致孩子有表扬和奖励就去做,没有表扬和奖励的事情,即使自己应该去做,有能力去做也不愿意动手。过多的奖励会减弱孩子对事物本身的兴趣和吸引力,最终会让孩子的创造力和自我激励能力泯灭。

3. 奖励不明确,会让孩子缺乏主见

教育学家发现这样一个现象,家长对孩子的教育中奖励不明确,孩子就会过多的关注别人的评估意见,久而久之就会缺乏自己的主见。当孩子为了迎合别人的看法去生活和学习之后,就会过早的学会察言观色,甚至会隐瞒自己观点,最终失去个性和自信心。

儿童心理学家马克威尔森曾经说过:"奖励,是孩童教育的一块敲门砖,既不能不用,也不能随便使用。当然,当孩童心扉的大门打开之后,奖励就要科学的逐渐减量。"换言之,明确奖励是父母必须学会的一门功课。

明确的奖励,好习惯的开始

1. 奖励目的要明确

奖励一定要有明确的目标,事先让孩子知道怎样做才正确,达到哪些条件才能得到奖励。当然,对于奖励目标不要好高骛远,也不要不切实际,而是要有让孩子"踮起脚尖"就可以实现的效果。否则,孩子会因为很难实现而丧失信心或者放

弃努力。

2. 精神奖励和物质奖励同样重要

父母希望孩子建立良好的品质，就要树立精神和物质奖励并重的原则。如果一味的物质奖励容易让孩子造成"金钱至上"的心态。其实，喜欢表扬和荣誉是孩子的天性，物质奖励可以满足孩子一部分心理，而精神奖励却是无穷无尽的。所以，精神奖励和物质奖励同样重要，父母在教育过程中应该平衡好二者的关系。

3. 明确奖励范围

奖励的确对孩子好品质的培养有着激励作用，但是父母对孩子进行奖励之前，一定要事先让孩子明确知道哪些行为是应该得到奖励的，以便鼓励孩子再接再厉，取得预期的教育结果。

4. 奖励要及时

当孩子改正不良习惯或者做出良好行为的时候，父母一定要及时给予表扬，让其清楚地知道自己做的事情是正确的。这样，孩子不但品尝到做正确事物的"甜头"，而且会在日后有意识地去巩固这些良好行为，最终养成好习惯。

适度激励，为好习惯奠定基础

如今，激励教育受到越来越多年轻父母的欢迎，因为孩子需要适度的奖励来培养自信心。当然，激励教育只是孩子成长过程中的一部分，不少专家认为家庭中的明确奖励可以让孩子抑制不良行为，起到培养好习惯的效果。奖励作为一种外部强化的教育手段，最主要的目的是让孩子在没有奖励的情况下仍然能够自觉、主动、自发地去做应该做的事情。因此，父母应该创造的奖励条件，是让孩子在自律中得到满足，从自身的点滴成功中获得快乐。

六、"冷"对孩子的"牛脾气"

教育学家曾经做过这样一项调查，调查对象是一百名不同年龄段的孩子是否顶撞过长辈。结果表明，98.76%的孩子都有过这样的行为表现：父母让他做力所能及的事情，孩子装作没有听到，无动于衷；耐心地给孩子讲道理，你说一句，他却反驳十句；你批评教育他，孩子却躲进屋子，让家长吃"闭门羹"。孩子究竟是怎么了？非要和大人作对？其实，孩子这样的行为大多数是为了引起别人的注意，他们通过这样的举动来让自己的权利欲得到满足。

第七章 从细节入手,培养孩子养成良好生活习惯

孩子为什么不乖了

最近,齐先生很是困惑,刚刚上小学的儿子经常与大人针锋相对,有时候还会表现得粗野无礼。

周末,孩子坐在电视机前没完没了地看起了动画片,齐先生一再地强调不应该长时间看电视,要注意保护视力。没想到儿子脖子一横,蛮横地说道:"我不,我偏看。"这让齐先生十分恼火,类似这种行为在儿子身上比比皆是,父母与儿子针锋相对的事情几乎每天都会在家中上演。

"以前我家的孩子十分乖巧,这究竟是怎么了?"齐先生满脸愁容。

为人父母大都有过这样的感受,孩子不听话气人、顶嘴气人、倔强气人,就像文中齐先生的困惑一样,孩子究竟是怎么了?该如何改掉孩子的"牛脾气"呢?家长之所以有这样的疑问,多数源于没有用正确的方法去解决孩子身上发生的问题。很多父母是因为自己没有好办法去教育孩子,反而将所有的问题都推给了孩子,这样就会在不经意间"纵容"、"助长"孩子的"牛脾气"。

1. 针锋相对,以牙还牙

孩子犯起了"牛劲",如果父母再针锋相对、以牙还牙,那么事情就会变得更加糟糕,甚至局面会发生僵持状态。事实上,父母和孩子之间的争执并不需要分出谁胜谁负,因为这并不是一场权力之争。当孩子顶撞你的时候,不要急于争吵,可以换种方式告诉孩子:"你这样不对,我不喜欢与这样的宝宝对话。"

2. 过激行为,伤害孩子

小孩倔强的时候通常是任性的时候,面对孩子无礼的要求和举动,不要被怒火冲昏头脑,而是让自己尽量冷静。如果不管不顾地对孩子大声吼叫,或者说出伤害孩子自尊的话语,不仅破坏了与孩子之间的关系,还会助长孩子的逆反心理,让孩子故意做出不良举动来惹父母生气。

3. 妥协会让孩子变本加厉

如今的家庭多是独生子女,这样一来两边长辈对孩子的疼爱也会多出许多。在这种情况下,孩子很容易被溺爱成为"娇娇女"、"小皇帝"。这些孩子希望自己说一不二,想得到月亮别人就不能摘取星星,所以任性的行为也逐渐暴露出来。这时,家长必须断然拒绝孩子的无理要求,一旦妥协,就会让孩子认为"他们害怕我耍脾气",从而进一步的变本加厉。

4. 火上浇油，局面僵化

教育学家说："孩子的任性，多数是源于父母的任性。"仔细品味这句话，十分有道理。当孩子倔强、任性的时候，如果父母坚持按照自己的意愿强行约束孩子的时候，就会呈现出一场艰苦卓绝拔河比赛的场面，双方都较着劲，谁都不愿意松手。

社会在发展，对未来人才的素质要求也越来越高。所以，对孩子的教育父母就要付出越来越多的精力和心血。尽管家长付出了很多努力和辛苦，但是孩子依然会出现任性、倔强、不听劝说等行为弱点。针对这些弱点，家长要正视面对，帮助孩子进行修正，这样他才能够健康成长，成为社会的有用人才。

学会修正孩子的弱点

犯"牛脾气"是现代孩子最为常见的不良性格之一，其主要表现为固执、一意孤行、不听他人劝告等。专家研究发现，任性的孩子通常难以合群，不适应集体生活，且自控能力差。所以，家长一定要认真对待孩子的弱点，及时帮助其矫正，够则就会对他将来的学习和生活造成很多不利影响。

1. 平息火气，缓处理

对待任性、倔强的孩子，针锋相对并不是科学的教育方法，遇到这种情况时，不妨试试这样的方法：用和蔼的态度来对待孩子，将自己语调放低、放柔、放缓，耐心来与孩子交谈，了解他的动机。当明白知晓孩子的内心动态后，家长可以有的放矢地解决问题。

2. 适当惩罚，直面处理

对于年龄稍小的孩子，正面教育往往达不到所希望的效果，此时适当的惩罚也是一种有效的教育手段。举例来说，孩子任性不吃饭，责骂和威胁都会令孩子逆反心理加重，父母只需要将食物收起来，并且不给孩子任何零食，孩子能够体会到饿肚子的滋味并不好受，就会在日后收敛性子，按时吃饭。

3. 第三者立场，妙处理

当和孩子的争论没有结果的时候，父母应该跳出这个恶性循环的圈子，让自己站在第三者的立场上。此时的父母不要强行扭转孩子的态度，而是以第三者的心态冷静观看事态原由与发展，从中找到孩子倔强真正起因，之后将正确观点摆明，让孩子及时认识到错误并给予纠正。

第七章 从细节入手,培养孩子养成良好生活习惯

4. 浇灭火气,冷处理

孩子发脾气的目的就是为了引起父母的注意,从而达成自己的心愿。当孩子因为自己的要求没有得到满足的时候,会出现哭闹、顶撞等行为,此时的家长可以暂时躲避,对孩子无礼要求不予理睬。当自己的行为没有得到父母的重视,孩子就会知道哭闹和顶撞并不是解决问题的方式,往往会主动示好或者做出让步。这时,家长可以抓住时机认真地给孩子讲明道理,并且给予适当的鼓励。

杜绝"牛脾气",帮助孩子健康成长

教育学家在研究大量真实的案例后,得出的结论是:孩子的"牛脾气"父母负有不可推卸的责任,是由于家长没有正确的教育而造成的。比如说,妥协、迁就孩子的无礼要求;对孩子粗暴惩罚;用强硬的态度来扭转孩子等等。这样一来,孩子的倔强和任性丝毫没有减弱,反而会走进另一个极端的误区,那就是进一步通过任性来要挟家长。因此,当孩子身上暴露出性格弱点的时候,父母应该做到"三冷法则",即:冷眼观看、冷静对待、冷却处理。

7. 合理饮食,与孩子一起告别垃圾食品

合理膳食是健康生活的基础之一,每位家长都希望自己的孩子身心健康,而这一切都需要良好的饮食习惯来保驾护航。饮食专家研究表明,近三十年中,我国儿童由于食物短缺所导致的传统影响不良已经转成如今的新型营养不良问题,越来越多的孩子因为长期食用垃圾食品导致缺铁、缺锌、缺钙、贫血、肥胖、超重等现象出现。因此,为使孩子的身体得到健康发展,家长就要合理、充足地安排孩子的营养,与孩子一起告别垃圾食品。

他们叫我小胖墩

放学,8岁的明明哭着走进了家门,在妈妈的询问之下,明明上心地说:"在我们班里,我是最胖的一个,有的同学叫我小胖墩,还有的同学给我起绰号叫我'猪八戒'。"话音刚落,明明就扑在妈妈怀里哭个不停。

妈妈看到儿子的哭泣既感到伤心,又感到自责。原来,明明特别爱吃膨化食品和油炸食品,另外每个星期都要去吃一次洋快餐。那时,看着儿子大口吃着汉堡喝着饮料的时候,妈妈还在为儿子能吃而感到自豪,殊不知这些高热量、高脂肪、高蛋白质,同时低矿物质、低维生素、低膳食纤维的食品让年幼的明明摄入了大量没营

好方法成就好学生

养的热量,从而热量过剩导致了孩子的超重和肥胖。

根据调查,"我国大约有35%的学龄前儿童、50%的小学生、60%到70%的肥胖中学生将把他们的肥胖带到成年,使得成年发生心血管发病的危险明显提前,甚至会导致过早的死亡。"中国青少年研究中心进一步研究表明,我国儿童之所以发生营养不均衡、肥胖的现象,主要是过多适用违反膳食平衡原则的搭配食物——垃圾食品所造成的。

1. 多吃零食危害大

所谓零食,就是指正常用餐以外的零星食品。通常,这些食品味道浓烈、食用方便,非常受到孩子们的欢迎。然而,这些食品营养成分非常有限,含有大量脂肪、盐分、糖分,既不能满足孩子生长发育的需求,又占据孩子有限的肠胃,影响对其正常饮食的摄入。

2. 甜食尽量要少吃

甜食,就是指糖分较高的食物。如今的孩子都喜欢糖果,是因为刚出生时肠胃功能不全,需要吸收葡萄糖来提供生命的代谢需要,因此味蕾对糖的记忆深刻而依赖。当孩子逐渐长大后,糖果已经成为多余的物质,不仅会降低孩子的免疫力,影响孩子的健康,甚至会影响孩子的智力发展。所以,家长要及时控制和纠正孩子对甜食的摄取量。

3. 少给孩子喝饮料

饮料因为口感好而吸引孩子的味觉,然而北京大学儿童青少年卫生研究所在21万儿童中进行健康危险行为调查发现,过多引用饮料会对儿童健康产生很大的不良影响。以碳酸饮料为例,它的主要成分为糖、色素、碳酸等,当孩子饮用之后,就会摄取过多热量,而这种热量并没有起到营养作用。所以,专家将它称之为空心热量。

4. 快餐食品不要吃

快餐食品中通常添加了大量调味剂,对小孩很具有吸引力。如今生活节奏较快,有些家长喜欢带着孩子去吃快餐,或者在超市买回品种繁多的速冻食品、方便食品来做为孩子的正餐。然而,就在孩子大快朵颐的时候,则是垃圾食品危害孩子健康的时候。专家指出,快餐食品中对儿童有利的微量元素十分缺乏,根本不能保证儿童健康成长。

无论是微量元素缺乏导致的新型营养不良,还是热量过剩导致的肥胖和超重,

第七章 从细节入手,培养孩子养成良好生活习惯

都是儿童营养失衡的表现,这正是目前影响我国少年儿童健康的两大主要营养问题。想要让孩子健康发展,家长一定要强调食物多样化,实现影响均衡摄入,告别适用垃圾食品的日子。

均衡营养,合理饮食

1. 一日三餐,不可大意

美国波士顿大学儿童发育与营养研究中心的一份报告指出:"经过一夜 12 小时不吃东西,孩子的血糖下降得比成人快,如果孩子不吃早饭,快到中午的时候,就会对其大脑的功能产生微妙的影响,这与他们的心理思维及智能的发展密切相关。"父母应该秉持正确的正餐原则,不断为孩子变换菜谱花样,令食物结构更加趋于科学、合理,以便保证孩子对各种营养物质的需求。

2. 合理安排吃饭时间和次数

吃饭能够保证孩子营养供给,而过多的进食次数和过短间隙时间,孩子不但不能很好的吸收营养,而且还会造成消化不良。所以,家长要根据儿童消化和吸收情况,安排一天三顿正餐和一顿午点最为适宜。只有有计划安排好儿童饮食习惯,才能够让孩子身体得到更好的发展。

3. 零食要有规律地吃

过多食用零食会危害孩子的身体健康,但是父母对零食并不能持有完全杜绝的态度。如果在正餐时间之外,孩子感到饥饿可以适当食用饼干、面包等零食,可是不能让还养成吃零食的习惯。

和垃圾食品说"再见"

美国著名思想家、诗人爱默生说过:"健康是人生第一财富。"身体健康由良好的饮食习惯而获得的,孩子正处于生长的发育的重要时期,家长应该合理安排孩子饮食,让孩子养成良好的饮食习惯,尽量原理垃圾食品,以此来保证影响吸收、促进发育。

八、作息正常,帮助孩子造就良好生活基础

卫生习惯、生活习惯、饮食习惯、学习习惯、作息习惯被美国教育专家达斡尔森统称为"孩童五大必要习惯",达斡尔森告诫家长:"孩子几点睡觉,几点起床并非不

起眼的小事情，它直接影响到孩子的身心健康。"著名生理学家巴甫洛夫也曾说过："各种各样的习惯都是一种连锁条件反射系统。可见要养成任何一种习惯就必须持之以恒，按一定的要求坚持着去做，从而使这种行为逐步形成条件反射，成为自觉遵循的行为。"所以，要想养成孩子良好的生活习惯，家长就要坚持一定要按照正确、科学的作息时间去督促孩子。

作息时间表要符合孩子的正常规律

张西方今年上小学三年级，为了让儿子有规律地生活和学习，他的妈妈为儿子制定了一张自认为十分完美的作息时间表：每天早上6点钟起床；6:30早饭；中午12点钟放学回家后，要做一个小时的功课，然后去上学；下午放学回家，先补习一个半小时的英语，然后可以自由活动30分钟，之后就要继续写作业、温习功课；10点钟洗漱、上床睡觉。

张西方的妈妈认为这样有规律的作息时间，肯定能够对儿子的学习、生活提供帮助，没想到刚刚实行了几天，张西方就时常出现做功课打瞌睡、学习精力不集中等现象，这下子妈妈可是着实着了急。

好在张西方的妈妈认真反思这张时间表是否存在问题，并且果敢地做出改动，给孩子预留出午睡时间、增多晚上自由活动时间，另外将晚上睡觉时间提前一个小时。当时间表变得更有弹性之后，张西方每天精力十足，学习的兴趣也变得愈加浓厚。

其实，孩子良好的生活习惯养成，往往就是从每天起床、睡觉这些点滴的小事中培养而成的。正常的作息习惯，不仅能够帮助孩子健康茁壮地成长，而且还能让孩子拥有充分的精力去积极、主动地学习、生活。反之，不正常的作息生活直接影响孩子的睡眠，而不充足的睡眠则直接影响孩子恢复精力和体力的效果，严重时可以危害到孩子的成长和日后的生活。

1. 熬夜危害大

现实生活中，不少孩子有熬夜的习惯，追根溯源，往往是过多的功课和课外补习占据了孩子本应该上床就寝的时间。然而，当沉重的学习任务剥夺孩子的睡眠时间后，第二天孩子就会出现乏力、精神萎靡、注意力不集中等负面现象。

2. 睡觉前不应让大脑过度兴奋

有些父母习惯让孩子睡前背上一篇课文，或者要求孩子躺在床上对一天所学习的内容做做总结。这样一来，孩子的大脑就会变得兴奋起来，入眠较为困难。所

第七章 从细节入手,培养孩子养成良好生活习惯

以,这些都是不科学的做法,会对孩子的成长造成危害。

3. 作息时间不规律直接影响孩子健康

对孩子来说,养成按时睡觉、早睡早起的作息习惯能够保证足够的睡眠。如果因为内在或外在的因素打乱孩子的作息习惯之后,孩童的大脑皮层就会出现暂时混乱现象,对孩子健康必然产生负面影响。

正常而足够的睡眠是人生命活动的一个有机组成部分,为了让成长中的孩子健康,父母一定要将培养孩子正常作息习惯作为头等大事。

作息习惯好,孩子身体棒

1. 睡前工作不可忽视

孩子需要足够的睡眠,年龄越小的孩子,睡眠时间的要求就会越高。为了能够让孩子尽快入睡,睡前工作万不可忽视。准备上床之前,父母应该督促孩子认真洗漱,并用温开水泡脚,之后静坐5分钟放松全身心。这样,不仅能够让孩子去除一天的疲劳感觉,而且还能在短时间内进入睡眠,提高睡眠质量。

2. 睡前要抑制刺激

睡觉前,不要打骂孩子或者强迫孩子做不愿意做的事情;另外,睡前不要给孩子引用咖啡、可乐等饮料,更不要与孩子玩耍。这些事情都会令大脑异常兴奋,不易入睡。

3. 睡眠环境要舒适安静

正确作息习惯包括让孩子按时上床、上床尽快入睡,这就要求父母给孩子提供舒适、安静的环境,比如说不要开着灯睡觉,睡眠环境不能嘈杂等等。当孩子拥有宁静、温馨、熟悉的就寝环境,自然能够让孩子感到舒适和安稳。

谈完正确的睡眠要求后,家长还应该注意起床的几点要求:

1. 起床时间需要固定

有些家长认为,孩子周末、假期不需要上幼儿园或者上学,可以让孩子尽情睡觉。殊不知这样更改起床时间会将孩子生物钟"拨乱"。生物学家通过长期研究发现,很多孩子都拥有"星期一困难症",特指星期一的时候孩子起床困难、进入学习状态困难等现象。为了让孩子拥有一个规律的生活和学习习惯,家长一定帮助孩子每天都遵守固定的时间起床。

2. 醒后5分钟后再起床

为了防止孩子赖床,很多家长都希望自己的孩子做到"闹钟一响,立即起床"。根据科学家的理论,这种做法有悖于科学。孩子在刚刚睡醒后,根据惯性会出现困倦、疲乏等现象,这些正常的生理反应通常持续5分钟左右。所以,让孩子"赖"在被窝5分钟再起床,可以令孩子一整天都拥有充沛的精力与活力。

作息正常,终生受益

有规律的生活是一个良好的习惯,也是孩子铸就美好生活的基础。让孩子习惯什么时间做什么事情,不仅能够让其养成严谨的时间观念,还能令孩子有序地生活和学习。孩子的年龄较小具有可塑性,家长就要在这方面多下工夫。当孩子拥有良好的作息习惯后,他将会终身受益。

九、独立:孩子成长路上必不可少的生活准则

孩子不可能永远依靠在父母坚实的臂膀内,他们会随着时间的飞逝而长大成人。然而,一个自理能力较强的孩子,在他未来的学习和学习道路上,往往能够正视挫折与失败,敢于自己主宰命运,做出正确的决定来搏击生活;相反,自立能力差的孩子长大后依赖性较强,意志薄弱,经不起生活中的风浪。所以,父母一定要注意从小培养孩子的自立能力,因为这是儿童走上成人世界必须具备的良好品质之一。

美国邻居的榜样作用

乔乔的隔壁搬来了一家美国人,恰好邻居家的小女儿珍妮与乔乔同岁。很快,两个孩子就成为形影不离的好朋友。

乔乔的妈妈发现,美国邻居的教育方式与中国家庭有很大不同。比如说,珍妮从3岁开始就与父母分开住,她自己单独睡一个房间,而乔乔已经6岁了,还时常赶走爸爸赖在妈妈的怀里入睡;美国孩子从小听到父母的口头禅是"自己照顾好自己"、"这是你的事情,你要自己做决定"。相对比一看,乔乔每天被妈妈照顾得无微不至,乔乔还没有开口,妈妈就为她准备好了一切。

以前,乔乔妈妈认为对孩子所付出的一切都是为了她好。可是,美国邻居搬来之后,乔乔妈妈突然发现这样教育的孩子会比较任性和自私,根本不知道父母的辛苦和不易,甚至认为这些都是家长应该为自己做的。当乔乔妈妈意识到事情的严重性后,立即向美国邻居取经,希望以他们为榜样,有意识地为女儿创造独立活动的环境,力求让乔乔的自立性得到迅速发展。

第七章 从细节入手,培养孩子养成良好生活习惯

教育学家将自立定义为"儿童能够亲自处理自己生活和学习中的各种事情"。现在,一个家庭只有一个孩子,有些家长过分溺爱孩子,经常越俎代庖地为孩子做一些他力所能及的事情。我们可以断言,在这样教育方式下成长的孩子,长大后只能沦落为生活的弱者。

1. 照顾周全阻碍孩子动手能力发展

"宝宝,不要摸剪刀,妈妈帮你剪"、"孩子,你要什么跟爸爸说,我来给你拿"、"我的乖孙子,还是奶奶帮你系鞋带吧"等等,这些话语在中国家庭中比比皆是。害怕孩子受到意外伤害,或者担心孩子自己做得不好,家长们喜欢将所有事情都给孩子搭理得妥妥当当的。慢慢的,孩子就会习惯家长包揽所有事宜的生活,而自己的动手能力得不到锻炼,久而久之就会发生能力滞后现象。

2. 大包大揽制约孩子创新思维、创造能力

如今的家庭只有一个孩子,家长"望子成龙"、"望女成凤"心切,舍得花费大量金钱来对孩子进行智力投资。但是,家长往往忽略了孩子成长中最不起眼,却又是最重要的一点,那就是培养孩子的独立能力。父母早早地就为孩子规划好生活、学习的一切路线,甚至将孩子成年后的生活都已经考虑周详。他们认为这样是对孩子负责,然而一直生活在父母这棵大树"荫庇"下的孩子难以对新鲜事物提起兴趣,更无从谈及创新思维和创造能力。

父母对孩子的培养教育应该是多方面的,不能只注重某一方面而忽视孩子的整体素质。教育学家指出,对孩子要求不能仅仅满足于身体健康、学习成绩好,而是需要从综合能力考虑。其中,培养孩子的独立能力则是父母首当其冲需要考虑的事情。

培养独立能力,奠定孩子的未来

现在,我们所处的社会已经处于信息激增、竞争激烈的时代。每个家长都希望自己孩子的未来一片光明,然而这就意味着孩子必须具备思维敏捷、善于独立思考和过硬的心理素质。

1. 鼓励孩子尝试而不是制止

出于对孩子的担心,很多家长总是阻止孩子尝试一些新鲜事物。其实,孩子尝试探索是出于好奇心的驱使,家长应当在适宜的条件下鼓励孩子去尝试,而不是进行过多的干涉。如果孩子做错了事情,家长要避免批评、指责,而是与孩子共同找寻

失败原因，以防下次出现同样的错误。

2. 让孩子去选择

美国教育学家阿拉德在孩子刚刚能够表达自己意思的时候，就经常为孩子摆出几个选择让其自己决定。阿拉德解释说，这是在培养孩子的独立思考意识。刚开始，孩子不会注意选择之间的区别，但是随着孩子的成长，他就会主动地去探求其中的区别，衡量其中利弊，转而选择对自己有利的答案。

3. 自己的事情自己做

幼儿在3岁的时候，就已经具有独立穿衣的能力。有些家长总是觉得孩子还小，包揽很多事情，这样就令宝宝失去了独立意识。同时，孩子也会认为事情只要对父母说出，爸爸妈妈就可以帮忙办到。因此，应该让孩子去做自己可以完成的事情，也许开始的时候孩子需要很多时间来完成，此时的家长千万不能急躁，相反应该给予相应的鼓励来提高孩子的积极性和主动性。

4. 让孩子自己做决定

家长喜欢乖巧的孩子，可是在事事顺从的背后下孩子做决定的权利却被父母在无形中剥夺了。为了培养孩子的独立能力，父母应该多咨询孩子的意见，并创造条件让孩子发表自己的想法。比如说晚饭吃什么？挑选什么样的兴趣班等等。这样，不但能够锻炼孩子独立思考能力，还能对其智力发展起到一定的促进作用。

独立的孩子最优秀

现在，身为家长的我们可以包揽孩子的穿衣、吃饭，监督他们要好好学习，但是他们长大之后呢？到那个时候，离开父母的他们能够独立的生活吗？能够担当起生活的重担吗？如果孩子在年幼时，过多的享受父母所给予的关心和照顾，不但不利于他的成长与进步，而且抹杀了孩子的创造力和创新思维。当孩子懂事的那一刻起，家长就要培养他的独立能力，从穿衣吃饭等小事做起，从孩子力所能及的事情做起，告诉他们要学会独立行动、独立思考、独立决定。久而久之，孩子遇到问题就能够有自己的见解和主张，给父母带来意想不到的惊喜。

十、对孩子也要讲究原则，让孩子为自己的错误"买单"

教育学家称："童年时代，由于好奇心作怪，孩子们喜欢体验一切新鲜事物来引起大人的注意。可是他们缺乏生活经验，处理事务的手法十分幼稚，往往会造成很

第七章 从细节入手,培养孩子养成良好生活习惯

多错事。"面对孩子所犯的错误,家长应该用包容的心态对待,还是严格要求呢?其实,这是教育孩子的一门深奥学问。如果孩子所做的事情是错误的,家长最好的教育方式就是帮助孩子将事情原委认识清楚,并分析错误理由,让孩子来判断事情的对错和严重性。当孩子心服口服地认识到自身所犯的错误后,积极、主动地进行补救,让他为自己的错误"买单"。

一位英语老师的自白

我是一名英语老师,负责小学生一直三年级的英语。一天,一位家长满脸兴师问罪的模样指责道:"你是一个不称职的老师,我女儿的英语作业竟然有那么多错误。我看,是老师不负责任,没有教好我家的宝贝。"

我先是一惊,静静地听完家长"数落"后问了一句:"以前,您家孩子的作业都是怎样完成的?"家长回答:"都是她妈妈坐在旁边辅导的,这不,她妈妈刚出差一天,女儿的作业就做得一塌糊涂。"

听完后,我笑了,说道:"发现孩子英语作业上的错误您应该感到庆幸,如果不是她妈妈出差,孩子功课上存在的问题还是不能发现。课堂上,她所学的内容没有吸收、消化,自然而然地直接反映在家庭作业当中。她妈妈一直在帮她,老师并没有从家庭作业中得到真实的反馈。我奉劝您,应该让孩子独立完成作业,当她发现作业有错误之后,才能紧张起来,并且认真学习,直到完全把握。"

一个月之后,这位学生的英语作业虽然仍然出现小错误,但是字体变得漂亮了,作业本也变得整齐了。通过电话家访后,得知我的谈话对学生家长起了作用,他们明白了让孩子自我管理。令人欣慰的是,孩子明白了学习是自己的事情,也成功地学会了为自己的错误买单。

每个人都要经历无数次的成功与失败,孩子也是如此,那些发现错误、改正错误的宝贵经历,都会成为孩子正确认识自己、认识人生、认识世界的宝贵契机。家长所要做的事情,并不是时刻为孩子撑起一把伞,而是需要让他们懂得遇到挫折要学会承受,并且通过挫折来认识自己、完善自己。否则,就会陷入"溺爱陷阱"的误区,令家长和孩子都不能自拔。

1. 认识不到错误,就会犯下更大的错误

错误之所以存在,可能是因为自我的处理方式、心态等方面出现了偏差。及时发现错误,孩子就能够早一点纠正偏差,有助于形成健康的人格和良好的习惯。如果孩子一直没有意识到错误的存在,那么小小的偏差也许会大大地远离正确人生

的主航道中心线,从而驶入负面的极端。

2. 包揽错误,等于害了孩子

孩子不可能永远生活在父母的庇护之下,他需要成长,需要独立生活。父母必须明白,孩子摔跟头、犯错误都不一定是坏事,这些经历或许能够成为他们一生中的宝贵财富。当孩子遭遇失败或者犯了错误的时候,出于"护子心切"的父母抢先一步替孩子将问题处理掉,孩子就不能正确对待挫折和失误,这就等同于为孩子的成长的道路多设置了一道人为障碍。

3. 忽略错误,就是漠视孩子意志力的培养

"一个人能力的构成不仅在于才华,更在于意志。"这句话说得很有道理,但是细细一想,错误本身和孩子的意志力也是息息相关的。早在两千多年前,古希腊人就在德尔斐神庙的柱子上刻上"认识自己"的铭文。一个意志坚定的人,他们可以正确认识自己、反省自己,哪怕遭遇挫折也不会放弃。可是,倘若孩子在成长期间就找不到错误的存在,那么他会主观、武断地认为自己是"十分优秀"、"不可能犯错误"的,他们不仅认识不到自己的不足,同样也不能正确面对生活中的成败。

4. 盲目夸奖或指责,会混淆孩子对事物的正确认知

有些家长习惯于激励教育,当孩子成功后,就会盲目地夸奖。哪怕孩子第二次犯的错误比第一次的轻,也会给予表扬,仿佛在赞许孩子犯下的错误比以往少了许多。还有一些家长,看到孩子的错误就会妄加指责,不但严重伤害了孩子的自尊心,而且也让孩子失去了自信心,认定自己是一个"什么都做不好的笨蛋"。教育学家孟东红指出,这两类家长的行为是极其错误的,孩子年龄较小,对是非并没有深刻的概念。如果盲目地夸奖或者指责,就会混淆孩子的认知,搞不清楚什么是正确的,什么是错误的,什么事情应该去做,什么事情要避免去做。

所以说,教育孩子是一门深奥的学问,每一位家长都希望自己的孩子健健康康地成长,顺顺利利地生活,那就不要忽略孩子成长中的点点滴滴。由于年龄小和认知发展的限制,孩子难免会犯错,有些时候这些错误是由于内因和外因相互作用而造成,并不是出于孩子的本心。父母既不能对其强加指责,也不能视而不见,大包大揽,而是要引导孩子去正视错误,从而杜绝此类事件再次发生。

发现错误、认识错误、改正错误

成年人都明白"成功必有法,失败必有因"的道理,对待孩子也同样如此。在生

第七章 从细节入手,培养孩子养成良好生活习惯

活中通过分析和总结失败的教训来教育孩子是最为明智的做法。一件错误的产生能够反映出孩子性格、能力等方面存在的劣势。所以,家长要在孩子黄金教育期重视引导孩子去发现错误,正确认识错误,及时改正错误,从而让孩子学会自我承受、自我调节和自我完善,更加健康、快乐地成长。

1. 不要横加指责孩子的错误

一些家长看到孩子犯了错误,就会产生强烈的负面情绪,并且将这些情绪一股脑地"抛向"孩子。事实上,这种耐不住性子,对犯错误孩子非打即骂的教育方式十分错误,并不利于孩子进行自我反省。正确的方式是,发现了错误,要平静地对待,帮助孩子进行分析,促使孩子学会自我反省,真正的想去改正错误。这样,孩子在今后的成长道路上,就会避免类似的错误存在。

2. 让孩子主动承担错事的后果

出于关心和爱护的心理,有些父母习惯于承担孩子的错误,这就让孩子产生"做错了没关系,反正有爸爸妈妈在"的心理。家长这样做并不是对孩子负责任,而是在伤害孩子。事情既然偏离了正确的路线,家长就应该让孩子敢于接受现实,主动承担由于错误所造成的后果。尝到错误的"苦果"之后,孩子才能对其有深刻的认识和记忆,从而根本、彻底地杜绝错误的再次发生。

3. 让孩子自己总结经验教训

让孩子总结失败的经验教训,就是在让孩子养成自我反省的良好习惯。学会自我反省之后,孩子就可以认识到自己哪些地方做得不够优秀,应该怎样去改进、完善等等。在这个过程中,父母一定要谨记不要替孩子做总结,以此避免掺杂进成人的主观成分,剥夺孩子自我反省能力提升的空间。

家长良好的教育,孩子美好的未来

美国著名教师詹姆斯说过:"教育是一种氛围,教育是一种生活,教育也是一种训练。"就整个家庭而言,教育孩子是重要的内容之一。家长必须运用科学、合理的教育方式,才能为孩子的成长铺平前方的道路。现在孩子虽然小,但是他们以后的人生之路会有坎坷和磨难存在。所以,家长就应该在孩子幼年时引导他们如何去面对错误,承担错误和纠正错误,通过这些点滴小事来正确认识自己,反思自己,从而磨炼意志,让性格变得更加坚强,内心变得更为强大。

第八章 勤于引导,帮助孩子远离负面心理

在孩子的成长过程中,父母所提担任的另一重要角色是心理引导者:身为成人,你们有能力帮助孩子去意识到各种负面情绪,让孩子拥有更好的注意力去认知、学习,同时为合作、快乐、充满友谊的人生敞开自己的胸怀。本章中,为广大父母们提供一些帮助孩子减少压力、改善负面心理的具体方法,帮助他们了解,在这些经常出现困难时刻,自己应该如何去做,才能让孩子的生活回归快乐。

一、赶走自私,带孩子品味分享之美

"我家的孩子太自私了,只顾着自己玩",生活中,总能听到家长这样的抱怨声。心理学家研究发现,0至7岁这个阶段的孩子,都具有自我为中心的天性,也就是说,当他们面对事物的时候,本能地率先考虑自己。这类表现,在成人的眼中等同于"自私行为"。不论从心理学的角度还是从教育学的角度上来看,这种自私与成年人的自私大有不同,它是孩子"所有感"的萌芽时期。所以,在这个阶段家长应该有意识地引导孩子学会和他人分享,为日后独立、自尊、自爱打下基础。

自私到分享的转变

3岁的龙龙和4岁的明明是对表兄弟,两家人关系融洽,经常带着孩子一起玩。可是家长发现,这对小家伙玩着玩着就会有纷争,甚至会"大打出手"。

一天,龙龙和明明兴高采烈地在一起玩着橡皮泥,两个小伙伴玩耍的氛围十分和谐。正当大人刚刚松了一口气的时候,因为一个小小的橡皮泥模型没有拿到手,表哥明明不由分说地将表弟龙龙推倒在地,强行夺走玩具。当妈妈批评他时,只见明明脖子一梗,大声说:"这是我的玩具,不欢迎别人和我一起玩。"看着儿子霸道自私的模样,妈妈的脸上挂不住了,不由分说地打了明明的小屁股,并且感叹道:"现在的孩子怎么这么自私呢?"

在孩子的世界中,好吃的食物、心爱的玩具就是内心世界的全部,像明明这样"护"自己东西的孩子不在少数。对于一个学龄前的孩子来说,"自私"是正常现象,只要父母稍加引导,孩子就会走向与他人"分享"的道路。反之,自私行为就会在孩

子身上愈演愈烈,直至这种负面心理伴随他的终生。

1. 忽略自私行为,会将其演变为冷漠、自私自利

如今的孩子多是独生子女,生活条件优越,加之祖辈与父母众星捧月的态度,孩子就会认为自己的在家庭中具有说一不二的独特位置。当在孩子身上发现自私行为的端倪,比如好吃的东西自己独享、不愿意让小朋友触碰自己的玩具时,父母应当注意这个问题。如果将其忽视,就等同于助长孩子的占有欲,强化了自我中心的意识。长期下去,孩子就会发展成为冷漠、自私自利的性格与行为。

2. 忽略自私行为,等同于助长孩子只享受索取,不付出奉献的心理

很多家庭中的子女,自从呱呱坠地的那一刻起,就享受着全家人的宠爱与关怀。家长总是在现有的条件下,努力让孩子充分享受各方面的爱。依照常理,孩子也应该同样地去爱家人、爱朋友。然而,有些孩子却表现得有些自私,经常说一些"这是我的,谁都不许吃"、"我的东西,谁都不让摸"的话语。如果父母忽略孩子这些看似天真的话语,就等于让孩子形成"唯我独尊"的心理定势,心安理得地享用他人给予的关心与照顾,而不懂得回报与付出。当自私的负面心理形成以后,他人就很难将其更改。也就是说,如果父母忽略孩子幼年的自私行为,等于为他的人生道路埋下了一道不可逾越的障碍。

孩子的自私与分享

每个人并不是天生就懂得要和别人分享事物,这些是需要后天学习的生活技能。当孩子到了成长的相应阶段,父母就要注意培养孩子的分享习惯,让他们早早品尝到分享所带来的"甜美滋味",从而慢慢地让孩子学会积极、主动地与他人共同分享美好的事物。

1. 不要让孩子产生"唯我独尊"的错误心理

孩子在1岁之后,就会意识到"我"的存在。他们渐渐地懂得"我"是一个独立的个体,而到4、5岁的时候,这种意识就会变得更加强烈。成人在满足孩子需求时,应当避免"这是宝宝的,谁都不给吃"、"宝宝真棒,自己的东西谁也不给"的宠爱话语,以免令孩子产生"我是唯一"的错误心理。所以,当家长将东西分给孩子的时候,应当启发孩子懂得道谢和感恩。

2. 教会孩子要"合群"

作为社会人,每一个人都是群居动物,和他人有着千丝万缕的关系。为了孩子

第八章 勤于引导,帮助孩子远离负面心理

美好的明天,家长应当教育和引导孩子"合群",培养他们与别人和平、平等相处的习惯,不可迁就孩子将东西占为己有的欲望。要让孩子指导,好东西应当大家共享,不能光属于自己一个人。

3. 为孩子创造分享的条件

当代的生活节奏非常快,很多家长下班后就将房门紧闭,让孩子一个人独自玩耍。要知道,这种情形很难让孩子体会到和朋友一起分享的快乐。所以,家长应当努力为孩子创造与小伙伴交往的机会,并抓住时机鼓励孩子将自己的食物、玩具或者图书和小朋友一起吃、玩、看,从而培养孩子团结友爱、互谦互让的良好品德。

4. 让孩子懂得可以分享的不仅仅是物质

当孩子逐渐喜欢与小朋友一同分享心爱之物之后,父母应当为孩子灌输可以分享的不仅仅是物质的思想,分享还包括一起开心的玩耍、愉快的交谈、倾听彼此的建议等等。

爱子女,就要教育好子女

高尔基曾经说过:"爱护自己的子女,这是母鸡都能够做到的事情。然而,会教育子女,则是一件伟大的国家事业,它需要才能和广泛的生活知识。"所以说,为人父、为人母的我们身上肩负着教育自己的重任,只有将孩子教育好,那才能称得上伟大的爱。一般来说,孩子的心理发育不成熟,难免会出现"护东西"的自私行为。此时的父母一定要加以重视,对其进行必要的约束和引导,令孩子懂得分享,学会分享,成长为具有健康心理和高尚品格的国家栋梁。

二、嫉妒之毒,孩子成长的绊脚石

心理学家称:"嫉妒,是人类与生俱来的一种品性,从理论上来说是因为对别人拥有的东西或能力怀有'本应该属于我的心理而产生的一种怨愤的情绪或行为'。"大约从2岁开始,宝宝就知道了什么是"嫉妒"。最初的嫉妒大多与父母有着密切的关系,比如妈妈在抱其他的宝宝、爸爸陪着其他宝宝玩耍等等。这时,孩子出于对安全感的寻求,就会以攻击的形式发泄心中嫉妒的怒火。然而,身为成年人的我们都明白,嫉妒是一种消极的心理特征,是一种扭曲的情感。当孩子身上发现嫉妒这种行为时,父母就要从小为其纠正这一不健康的心理行为。

好方法成就好学生

孩子出现嫉妒心理,怎么办?

一天,两个妈妈在一起聊天时,异口同声地问"孩子出现嫉妒心理,怎么办"的问题。原来,这两个家庭中的孩子都正在上小学,别看他们的年纪很小,但是嫉妒心里却很强。

妈妈甲说:"周末,我们全家去同事家做客,同事家的女儿米米从小就学习钢琴,于是当众表演给大家看。米米的钢琴弹得真是不错,当我们都报以热烈掌声的时候,我儿子却大声说了一句让我尴尬无比的话,儿子说'弹钢琴有什么好?她能够成为朗朗吗?'尽管儿子还小,但是他的这句话却让我在大家面前羞得面红耳赤。"

妈妈甲的话音刚落,妈妈乙说道:"哎,别提我家孩子的嫉妒心有多强了。每天放学回家,她都会和我说班里同学的坏话,如果有同学受到老师的表扬,我女儿就会认为那是因为那位同学会奉承老师才得到对方的喜爱;如果哪个同学考了满分,我女儿又会武断地认为那位同学考试抄袭。真是愁坏我了。"

本应该天真烂漫、内心阳光的孩子心中怎么会充斥这么多嫉妒的阴影呢?心理学教授刘毅玮分析说"如果在家里,大人之间互相猜疑、互相看不起,会在无形中影响孩子的心理。其次是不适当的教育方式。有的家长常对自己的孩子说他在什么方面不如某某,使孩子以为家长喜欢别人而不喜欢自己,由不服气而产生嫉妒。此外,有的孩子能力较强,但在某些方面不如别的小朋友,这样的孩子就容易产生嫉妒心理。能力较强的孩子,会因为自己经常得到肯定而形成一种'惯性',如果有一次没受到重视和关注,就容易产生嫉妒。"所以,家长应当注意生活中的点滴细节,及时拔掉孩子心中嫉妒的这根"刺"。否则,这根"刺"就会在孩子体内"安营扎寨",刺痛他的一生。

1. 嫉妒直接影响个人情绪

父母不难发现,当孩子出现嫉妒心理的时候,他那童稚的脸上就会出现与年龄不相符的仇恨,极端的负面情绪也会随之表现出来。莎士比亚曾经说过:"你要留心嫉妒啊,那是一个绿眼的妖魔!"当嫉妒这个"绿眼妖魔"作怪的时候,它会吞噬孩子身上一切的正面能量,留下的只是痛苦、仇恨、焦躁的负面情绪恶果。

2. 嫉妒容易让人产生偏见

嫉妒可以蒙蔽孩子本应该天真、纯净的眼睛,让其过早地戴上有色眼镜来看周围的人和事物。在某种程度上来说,嫉妒是与偏见相伴而生、相拥而长的,嫉妒心理有多么严重,那么偏见就会有多么深。

第八章 勤于引导,帮助孩子远离负面心理

3. 嫉妒影响孩子间纯洁的交往

中国古代荀况曾经说:"士有妒友,则贤交不亲;君有妒臣,则贤人不至"。也许孩子还不能体味到这句话的深刻含义,但是家长应该明明白白地认识到,嫉妒是人际交往的心理障碍之一,如果孩子抱有嫉妒心理去与同学、伙伴交往,那纯洁的友谊就会变质、坏掉,取而代之的是失去交往热情,化友为敌。

4. 嫉妒影响孩子身心健康

莎士比亚将嫉妒形容成妖魔,这个比喻十分贴切。嫉妒不仅能够影响孩子正面情绪和正常交往,而且还危害到身心健康。当孩子嫉妒心理严重的时候,体内机能就会出现不同程度的紊乱,从而阻碍孩子的生长。

克服嫉妒,拥抱宽容

"嫉妒是人性的弱点之一,嫉妒是一种比较复杂的心理,它包括焦虑、恐惧、悲哀、猜疑、羞耻、自咎、消沉、憎恶、敌意、怨恨、报复等不愉快的情绪。"从事儿童心理学研究20年的康定其教授在《儿童心理研究》一书中写过这样一段话:"嫉妒仿佛一条毒蛇,它盘旋在孩子的内心深处。当诱因产生时,毒蛇就会'嗖'地一下蹿出,给孩子和他人带来很多不必要的伤害。"正如康教授所说,嫉妒心理对孩子的身心发展十分有害,因此家长要注意帮助孩子从狭隘的嫉妒心理走出来。以下几个方面可供家长参考,去引导和帮助孩子远离嫉妒负面心理:

1. 培养孩子开朗的性格、豁达的性情和宽广的胸怀

绝大多数的嫉妒心理源于孩子的好胜心理。希望自己做得更好,超越别人的心态无可厚非,因为上进心是孩子不断前行的推动力。但是家长一定要引导孩子,让孩子明白每个人都有成功的权利,也有参与竞争的权利。人生的道路上,超越别人不是重要的事情,最重要的则是要学会超越自己。遇事遇人要懂得用宽容的心态去面对,那种只允许自己成功,容不得别人比自己好的心理是极其不正确的。

2. 让孩子学会自我完善

"妈妈,晓旭这次考试的成绩比我要好,我再也不和他一起玩了。"这是一个一年级的小孩子对母亲说出的话。在学习和生活中,只要孩子对某一个人或事物产生嫉妒心理的时候,自然而然就会对其产生排斥和愤恨的态度,有甚者还会采取极端方式来进行发泄。当父母发现孩子有嫉妒心理的苗头时,就要及时帮助孩子冷静下来,认真分析为什么别人会强过自己,并且让孩子反省自己哪些方面还有待提高。

这样,不仅能够让孩子消除妒意与别人和平相处,还能够鞭策孩子自我认知、自我反思、自我完善。

3.引导孩子树立正确的人生目标

"金无足赤,人无完人",哪怕孩子进取心理有多么强,事事超过别人是不可能做到的事情。也许你可以比某一个人强,但这并不等同于你可以超过任何人。所以,家长应该让孩子认清自己,分析自己的优势与劣势,制定科学而有意义的人生目标去进行努力。

克服嫉妒心理,获得应有的自尊

美国儿童心理学家斯坦贝格在研究中发现,孩子的嫉妒可以出现在任何地方,且这种嫉妒心理会伴随着孩子的成长。然而,嫉妒心理是一种扭曲的自尊心,对于有嫉妒心理的孩子而言,他很注重面子,不甘心别人比自己强。通过与其他孩子的"比较"后,孩子就容易出现嫉妒心理引发的焦虑不安、自责或是愤怒的极端情绪和行为。所以,父母一定要在儿童的道德发展期间,及时疏通和引导嫉妒这种负面心理,从而使孩子远离这种幼年的心理失衡,获得应有的自尊和自信。

三、远离自卑,让孩子健康成长

孩子会自卑吗?答案是肯定的。幼儿的自卑是指"幼儿由于某种原因怀疑、轻视自己,在社会交往或集体活动中表现出懦弱害羞和畏惧。"根据调查发现,自卑在孩子身上发生的比例相当高,有些幼儿的自卑心理可以随着年龄的增长而逐渐消失。相反,如果家长不注意加以调控,少数儿童也会因为自卑而变得内向、孤僻、缺乏自信心。如今的社会竞争激烈,我们的孩子只有拥有自信才能够在长大后稳稳立足,所以说,作为家长一定要帮助孩子消除自卑这块绊脚石,让孩子的聪明才智得以正常发挥。

晶晶的伤心事

从记事的那一天起,晶晶就经常听到这样的话:"这小丫头,个头都被心眼给'坠'住了,怪不得不长个。"开始,晶晶并不知道大人这句话是什么意思,可是随着年龄的增长,她开始意识到由于身高不同,自己好像比其他孩子差了好多。

到了入学年龄,晶晶由于个子矮,她总是坐在课堂的第一排。也许其他人没有觉得这有什么异常,可是晶晶却因此背上沉重的心理负担,她偷偷地哭过,抱怨过,

第八章 勤于引导,帮助孩子远离负面心理

甚至希望自己一夜之间就长得和其他同学一样高。

慢慢地,晶晶变得不合群也不爱说话。下课后,她总是独自趴在桌子上,不愿意和任何人出去玩。每每上体育课需要排队的时候,晶晶也会撒谎说自己不舒服,拒绝排在队伍最前边。

晶晶由于身高原因而自卑,可是她粗心的父母却没有发现女儿的心事,导致晶晶性格懦弱、沉默寡言,要知道这样的孩子是很那适应未来社会的需求。一般来说,幼儿自卑心理可以直接影响孩子以下几个方面:

1. 交际方面

孩子之间也有交往,他们的交际十分纯净和天真。可是,存在自卑心理的幼儿,不喜欢过多和他人交往,更不愿意在陌生人面前或集体活动中表现自己,就连日常生活中也时时否定自己,不敢大声说话,生怕自己会说错。

2. 做事方面

由于自卑心理作祟,自卑的孩子做事习惯于往后缩,而不是向前冲,做任何事都会畏首畏尾,谨小慎微。"我不会"、"我做不好"、"我不去"这类的话语就会成为自卑孩子的口头禅,因为否定了自己,害怕出错,所以他们才会出现这样的行为举动。

3. 主见方面

做任何事都要询问别人,从不自己做决定,生怕自己做出不正确的事情,这就是有自卑心理的孩子最明显的特征之一。

其实,自卑心理并不是人人都有,也并不是天生就存在的。通常,孩子在后天自我评价不科学的时候,就会逐渐形成自我否定的心理。从客观上讲,个人存在某种缺陷或者屡遭失败就容易被他人加以不客观的评价。当这些评价在孩子幼小的心灵"生根发芽"的时候,自卑心理就形成了。最明显的例子就是,如果一个孩子从小就被冠以"可爱、乖巧、聪明伶俐"的光环,他的自信心就会十足;相反,一个孩子整日生活在责骂和鄙视的环境中,他的自卑心理就会很快产生。

消除自卑心理,让自信成倍增长

自卑是一种心理上的缺陷,这种负面心里往往形成于个人的儿童时代。因此,父母应当关注自己的孩子有没有自卑现象,一旦发现就要尽快帮助克服和纠正,以免令自卑的阴影跟随孩子的终身。那么,父母应该怎样纠正孩子的自卑呢?以下几种方法也许可以帮助您:

好方法成就好学生

1. 多肯定、多鼓励

倘若一个孩子很少得到家长的赞扬,他就很难体会成功的喜悦,自信心指数也会随之降低。一个从来不被表扬的孩子很容易怀疑自己存在的价值,就会产生悲观失望的心理。父母作为幼儿生活中最重要的任务,应当多给孩子些鼓励和赞扬,从而激发孩子做事的积极性,培养其自信心。假如父母对一个4岁的孩子称赞道:"你真棒,能够帮助妈妈干活了,真了不起。"孩子小小的心房就会被满足感所充斥,以后会更愿意尝试做力所能及的事情,因为他认为自己"有能力做到、做好"。

2. 对孩子的要求应适当

有些家长对孩子的要求十分严格,甚至可以称之为苛刻。例如,一位家长要求孩子每次考试都要得到满分,如果得到99分,就会遭到责骂。这样一来,孩子就会认为自己怎么做都是失败的,自信心理很容易就会产生。所以,家长对孩子的要求要适当,不能苛求孩子,所提的要求应当与孩子的实际能力持平。

3. 开阔孩子的视野

教育学家拉法希尔曾经做过这样一个实验:他暗自观察同样年龄孩子之间的一些区别,很快,他就发现有些孩子能够顺畅与伙伴交谈,并且讲得绘声绘色,而另外一些孩子蜷缩在椅子上,一言不发,满脸都是怯怯的表情。为什么会有如此之大的差别呢?原因就是孩子的知识面不同。相比较之下,那些知识面少的孩子容易产生自卑心理。因此,父母应当多与孩子沟通,多带孩子出去走走,多给孩子购买适合阅读的书籍,开阔孩子的眼界,提高孩子的综合能力。

4. 让孩子学会心理补偿

每一个人都会有自己的长处和短处,正如我国的古语"尺有所短,寸有所长"。如果孩子时刻用自己的短处去对比他人的长处,那么所得到结果只有悲观失望。克服自卑,增长自信的其中一个方法就是帮助孩子学会扬长避短,善于发现孩子身上的闪光点,令其理智地对待自己的劣势,并寻找补偿目标,从而将自卑转化为不断前行的动力。

5. 目标分解法

有些孩子的自卑源于对自己的要求过高,总是焦虑自己没能实现远大的目标。当心理总是处于悲观的阴霾之下时,太阳光则无法穿透自卑照亮那颗幼小的心灵。所以,家长应当帮助孩子将大目标逐一分解,当孩子实现一个个小目标的时候,就会从中得到鼓舞和自信,从而形成足够强大的能动力,令自己大步前进。

第八章 勤于引导,帮助孩子远离负面心理

6. 告诉孩子,"失败并不可怕"

在生活和学习中,孩子难免遇到失败的事情,然而自卑偏偏喜欢失败这张温床。当父母发现孩子的心理变化时,要帮助孩子驱赶失败的阴影。比如说带孩子外出散心,帮助孩子分析失败原因等等,这些都能够让孩子忘掉失败的不愉快经历。

7. 尊重孩子

远离自卑最重要的一点就是要树立自信心,然而树立自信的根源则是让孩子保持自我的尊严。如果父母对孩子冷嘲热讽,经常说一些"你比某某差多了"、"你怎么就比某某笨"之类的话语,孩子的自尊心就会受到严重的伤害。所以,家长应当学会尊重孩子,关心孩子,体谅孩子,让他保持自信尊,从而拥有应得的那份自信。

消除自卑,让心灵沐浴在阳光之下

西方哲学家马克威尔斯有句名言:"自卑就像一个黑洞,它无时无刻不在吞噬太阳的能量。"身为家长,我们都希望自己的孩子能够健康的成长,一个自信十足的孩子,身上永远会散发出充沛的活力,这就要求父母要时时关注孩子的心理变化,及时消除自卑心理,从而让孩子那颗美丽的心灵沐浴在温暖的阳光之下。

四、不再任性,与孩子一起走向亲密

任性的孩子往往会以自我为中心,认为自己是一切事物的主宰,不管是谁都要顺从自己、满足自己,时刻听从自己的支配。事实上,任性是一种不良的性格,形成的原因都因为后天环境。如果家长一在对孩子姑息纵容、百依百顺,事事由着他们的性子来,那么任性行为就会在孩子身上显而易见。

我偏要吃果冻

达达今年6岁了,由于家长的娇生惯养,任性行为在他的举动中随处可见。

一天,爸爸妈妈正忙着做晚饭,达达肚子饿了,便开始大发脾气,威胁父母如果马上不吃饭自己就"从此以后再也不吃饭了"。妈妈好劝歹劝,终于哄好了达达,着急地继续做饭。就在这个时候,达达看到了摆在茶几上的果冻,抓起来就要吃掉。

"达达,马上就要吃饭了,老师不是说过吗,饭前是不能吃零食的。"爸爸对达达说。没想到,爸爸的这句话就像捅了马蜂窝一样,达达大吼大喊说道:"我不,我偏不,我就要吃果冻。我要现在吃,马上吃,立即吃。"说完,他还想使出自己的杀手锏——离家出走来吓唬父母。

好方法成就好学生

这下子,达达的爸爸妈妈慌了神,连忙给儿子打开了果冻。事情的结果不得而知,吃了果冻的达达对香喷喷的饭菜再也提不起胃口,晚饭竟然一口没吃下。

任性的孩子想要获得什么东西,是不允许客观有什么其他意见的,他非要得到不可;想做什么事情,不管是否合理,也会偏偏要做。别人越是劝阻,他们就越要坚持。如果不纠正孩子任性的心理,就会令孩子形成放任自己的心理定势。

1. 任性阻碍孩子正常交往活动

出于自我为中心的心理,任性的孩子对待他人就会呈现出一种冷淡的态度,认为所有人都要"服从我的指挥"、"我才是最高的领帅"。这样的一来,孩子就会漠视他人的存在,从而让交往处于不平等的位置之上,逐渐地让自己处于被他人孤立的"荒岛"之上。

2. 任性的孩子并不幸福

卢梭说:"有的孩子竟想叫人一下子把房子推倒,竟要人把钟楼上的风标拿下来给他们,竟要人拦住正在行进中的军队,好让他们多听一会儿行军鼓声……他们偏要那些不可能得到的东西,从而处处遇到抵触、障碍、困难和痛苦。他们成天啼哭,成天不服管教,成天发脾气,日子就是在哭泣和牢骚中度过的,像这样的人是很幸福的吗?"所以说,当任性在孩子体内发作时,孩子得到的只有怨恨、悲伤,幸福根本无从谈起。

3. 任性容易形成心理疾病

任性的孩子会认为,所有的人都要无条件服从自己。可是,他慢慢就会发现到,这种愿望经常会在其他人身上"碰钉子",哪怕再哭再闹也无济于事。当小伙伴、老师不再受其支配之后,孩子的心中就会充满失落感,非常痛苦。由于年纪小,他们不懂得排解这种压抑的感受,只能令其积郁在心中,很可能酿成心理疾病,如忧郁、偏执、狂躁。

4. 任性容易导致犯罪

任性的孩子自私、专横,很容易走向极端。我国青少年儿童行为研究中心报告指出,任性的孩子在长大后,经常做出常人意想不到的举动,比如殴打父母、虐待动物等等。因此,如何针对少儿任性行为进行矫正与疏导的工作也是家长和全社会亟待解决的焦点问题之一。

日本心理学家小仓清指出:"任性除孩子自身的问题外,多半属于父母抚育心态上的偏颇而造成。如父母在抚育态度上不一致常有矛盾;母亲在教育上缺乏耐心

第八章 勤于引导,帮助孩子远离负面心理

和一贯性或是家长过分娇惯溺爱等。然而对于孩子提出的某些要求,大人应有必要的许诺。但若一味满足孩子的奢望,势必会破坏小儿早期教育中的心理与物质上的平衡,就很难培养孩子的毅力和忍耐力,与朋友难以相处,遇事不冷静,不能很好地适应集体生活,容易导致任性。"

管而不包办、松而不放任

任性是一种不良的心理特征,按照心理学的分析,心理过程通常分为认识过程、情感过程和意志过程三步骤。心理学家解释说:"人们一般谈到心理变化就局限地想到情感过程,如喜、怒、忧、思、憎、爱等等。而认识过程包括感觉、知觉、记忆、想象、思维等知道的不多,对意志、情操、体验等就更生疏了。"当孩子失去了上述的体验过程,不健康的心理——任性就会形成。孩子的任性,很大一部分责任来源于家庭教育,比如说父母的态度、关爱方式等等。那么我们该怎样培养孩子乐观开朗的性格呢? 以下几个方面,可以供父母参考:

1. 自己的事情自己做

很多父母爱子女心切,包揽了一切事物。小到孩子穿什么衣服,吃什么饭;大到孩子以后要走什么样的路,从事什么样的职业。久而久之,孩子就会对家长产生依赖心理,认定反正都有父母包办,自己无需选择。但是,家长万万没有想到,这样的后果就是令孩子产生任性心理,在成年后遇事决绝武断,听不进别人的建议和意见。所以,父母作为孩子的第一启蒙老师,应该有意识地培养他自己动手能力,比如说让两岁的宝宝自己拿勺子吃饭;让三岁的宝宝自己穿袜子;让六岁的宝宝自己做功课等等。

2. 冷静处理

孩子一意孤行,又哭又闹,做父母的除了心疼之外,还应该"硬"下心肠,对其行为暂时不予以理睬。有些父母通常会在这种情形下犯下两种错误:第一,看到孩子伤心的样子,立马妥协顺从;第二,强硬制止孩子不听话行为,与孩子"硬碰硬"。这两种方法都是行不通的,只会令孩子越来越任性。正确的方法就是降温处理,不对孩子采取任何方式,让事态静止,同时让两方降温。等到孩子情绪稳定之后,再对他讲明道理,告诉他爸爸妈妈为什么不去理他,帮助他提高自我制约能力。

3. 与孩子共同创立平等家庭

社会学家发现,在民主、和谐的家庭氛围下成长的孩子,长大以后容易有所作

为。原因就是家长懂得尊重孩子,耐心听取孩子的意见。这样一来,孩子就会明白,自己什么想法是正确的,什么想法应该放弃。当父母与孩子形成彼此尊重、相互平等的关系时,孩子便很难产生任性心理。

4.统一教育战线

在教育孩子方面,家长一定要"统一战线"。如果爸爸正在批评,妈妈赶忙护着,就会出现家长表现不一致的现象,孩子会抓住时机再一次放纵自己,那么以前的教育则全部做了无用功。所以,父母应该根据孩子的情况进行一致教育,多沟通、多鼓励。

关注孩子心理健康很重要

中国有句古话,叫做:"三岁看大,八岁看老",这句话还是很有道理的。研究调查发现,青少年心理障碍发病的原因,多数与幼年时期的家庭教育有关系。每个人的幼年时期,就可以将不同的个性特点表现出来,不管哪一种心理模式的形成都有一个渐变的过程。如果父母把对孩子的爱全部转化为百依百顺、有求必应,孩子就会出现任性心理。倘若哪一次的要求父母没能答应,他的心理就会被失落、愤怒所占满,表现出更为严重的情绪和行为失控。所以,家长一定要关注孩子的心理健康,培养他健康的性格,使之成年以后具有较强的处事能力、敢于直面人生、勇往直前、豁达大度,与社会愉快地融于一体。

五、恰当自尊,别让孩子成为小刺猬

心理学家研究发现,一个人在四五岁左右的时候,是自尊心极其需要满足的时候。如果孩子的自尊心过强,他会出现嫉妒、排斥他人等心理特征;如果自尊心过低,就会对什么事情都抱有无所谓的态度。拥有自尊心是件好事,然而过强或者过弱都会让孩子处于极端范围,影响孩子良好个性的形成和发展。

碰不得、摸不得的"小火药桶"

"烦死了,同学们给我起了个绰号,叫做火药桶,明天我不想去上学了。"刚刚上三年级的妞妞嘟着嘴向妈妈抱怨着。

"给同学起绰号是他们的不对,但是你能告诉我别人为什么会这样称呼你吗?"妈妈耐心地询问。

"他们说我爱发脾气,可是,这都是他们惹得我。"妞妞显然觉得自己很委屈,眼泪一个劲地在眼眶里打转。

第八章 勤于引导,帮助孩子远离负面心理

"那你就给妈妈举几个例子,我来帮你分析分析。"妈妈继续说道。

"恩,上个星期,我和同桌强强吵架了,原因是他说我的铅笔盒没有他的好看。还有,这个星期,我也不愿意搭理好朋友远远了,因为她这次的考试成绩比我的好。对了,班里竞选小组长的时候,张霞竟然没投票给我,所以我跟她发火了。"妞妞对妈妈说着。

听着女儿的话,妈妈的眉头不由自主地皱了起来。妈妈知道,女儿的自尊心一向很强,但是没有想到竟然强大到如此地步,变成了一个别人摸不得、碰不得的"火药桶"。妞妞妈妈陷入了沉思,她决心要改变教育方式,让女儿将自尊心保持得恰到好处。

其实,自尊心就是一把双刃剑,有时候它会将孩子和别人伤害得鲜血淋漓。心理学家史密斯教授曾经用气球对儿童的自尊心作了形象的比喻:"一个没有气的气球毫无价值,然而气充得太满会容易胀破;只有气充得不多也不少,才会兼具观赏性与安全性。"如果孩子的自尊心过强,就会像一只被气冲得太满的气球,随时可能"爆炸"。

1. 自尊心过强,很难发现自身问题

现实中,总会有一些孩子比其他人优秀,这样的孩子经常被老师和家长树为榜样。当然,优秀的孩子听到得最多的便是夸奖、赞美,于是他们的自尊心就会变得越来越强大,容不得半点批评。当这些孩子遭遇到失败和挫折的时候,过于强大的内心依然提供负面信息"我很棒,没有什么了不起",这就将孩子的思想带入了一个误区——他们根本发现不了自身问题,更无从谈及改善。

2. 自尊心太强,攻击性较强

心理学家认为,高度的自尊并不等于健康的自尊。他们在研究中发现"很多人都曾经认为高度自尊是非常必要的。但是最近几年中,随着人们越来越发现过度自尊与一些过度行为有联系,自尊也就进入人们审视的视线中了。专家举例说,当自尊变心成了口头上的言语上的攻击,就会变得比较危险。比如当一个人的信仰、观点和价值观受到危险时,可能会不断的攻击别人。"因为,出于高度的自尊心,这些人会有高度保护意识,当他们经历不顺心的事物之后,浑身的刺立马就会竖立起来,变得危险性极强。

3. 过强的自尊可能演变成为自负

自尊是每一个孩子都应该应有的一种心态,比如说尊重自己、尊重他人,维护

自己的人格尊严。适度的自尊心,可以有效激励孩子前进。然而,当自尊进一步发展时,自负就会出现了。自负是一种极端的自信,最常见的行为是贬低他人来抬高自己。实际上,自负的孩子永远忽略自身的劣势,从而不能正确认知自己。

自尊心是人追求自尊的一种心理愿望,"是一种美德,是促使人不断向上发展的原动力"。相对于儿童来说,他们不懂得如何把握自尊心的度,并不知晓过强或者过弱的自尊都会给自己带来伤害。所以,这就意味着家长应当多付出,教会如何保持恰当的自尊,为子女的成长道路多增添一份具有分量的竞争砝码。

有自尊是好事,自尊过强则大为不利

"拥有自尊心,提高自尊感"是心理学上着重强调的事情。然而,自尊心需要有个尺度来衡量,过强的自尊不但不能为孩子的成长提供帮助,反而会成为他前进的绊脚石。身为父母的我们,该如何为孩子搬走这块绊脚石,引导他扫除前进的障碍呢?

1. 尊重孩子

尽管孩子年龄很小,阅历也很浅薄,但是他确确实实是一个独立的个体存在,有自己的思想,有自己的意识,也有自己特有的性格。因此,家长应当尊重孩子,多给予孩子关心与微笑,关注他的所作所为。在生活中,家长应当避免用命令的口吻跟孩子讲话,更不能有欺骗孩子的行为,对孩子要讲信用,言出必行,让孩子与家长在平等的关系之上建立自尊。

2. 正确评价孩子

由于受到年龄的制约,孩子自我评价能力还有待提高,这时父母给出的评价就会对孩子有着相当大的影响。家长必须对孩子公平评价、客观评价,既不能过高,也不能过低,更应该避免以偏概全下结论的现象。比如说,一位5岁孩子的家长看到宝宝自己穿衣,就大加赞赏说道:"我家的宝宝真聪明,比别的小朋友强很多倍。"这就是一种错误的评价方式,因为5岁的孩子完全能够胜任穿衣、吃饭,自己照顾自己的事情。

3. 以平常心态对待孩子

父母对孩子寄托了全部希望,不免会对孩子要求过高。那种不切实际的过高期望,会让孩子在理所不能的情况下产生悲观心理和挫败感,在自尊心培养方面起着负面效果。父母应当根据孩子的特点来帮助他制定相适应的目标,以免孩子错误地

第八章 勤于引导,帮助孩子远离负面心理

评估自己的能力。

孩子的自尊

著名心理学家马斯洛把人的基本需要分为六个层级,分别为生存需要、安全需要、尊重需要、爱的需要、归属需要和实现自我价值的需要。可见,尊重作为人的心理和生理需求,对个人整体发展起着举足轻重的作用。如果孩子没有自尊,他就不会拥有真正的欢乐。然而,当一个孩子拥有过分自尊的时候,就会令他陷入一个恶性循环——不管什么时候都坚持自己的做法和看法,显得倔强而不容易驯服。教育学家卡尔·威特曾说:"孩子的自尊犹如一架天平,只有天平保持平衡的时候,才是孩子最佳状态。"所以,父母应当帮助和教育孩子如何才能令天平保持平衡,从而开展自己美好的人生与未来。

六、走出孤僻,让孩子融入新环境

孤僻是一种性格特征,多为性情孤独怪异,难与常人相处。一般来说,性格孤僻的孩子性格比较内向,容易害羞,不愿意与他人沟通交往。通常愿意独处,这样的孩子成年后很难适应环境的变化。美国教育学家阿瑟拉力认为:"在父母过度呵护下长大的孩子,很容易形成孤僻的性格。父母怕孩子受到外界伤害,对其进行种种限制。可是这样的家长万万没有想到,他们关爱孩子的结果就是将宝贝儿子、宝贝女儿推进一个万劫不复的深渊。"

女儿到底怎么了?

6岁的小鱼是一个漂亮的小姑娘,但是她的性格十分孤僻内向,从来不愿与其他小朋友一起玩耍。如果有小伙伴在场,小鱼就会变得拘谨没有主见。

今天是小鱼的生日,为了哄女儿开心,妈妈自作主张请了很多小朋友和女儿共度生日。但是令妈妈没有想到的是,小鱼看到一屋子人,马上就躲进了自己的卧室,怎么也不肯出来。妈妈叫她和小朋友一起来切蛋糕,小鱼死活不肯,宁可自己呆在小小的房间里偷偷抹眼泪。

除了这些,小鱼的妈妈还发现女儿在学校里没有要好的朋友,她从来不和同学们说话,总是把自己孤立起来,即便有同学主动和她玩耍,小鱼也会低着头,一副羞涩不好意思的样子。妈妈不知道女儿为什么会有这样的性格,着急得不得了。

看到小鱼的表现,我们可以肯定的是她已经陷入孤僻的泥沼中不能自拔。根据

183

好方法成就好学生

最新的数据统计表明,目前我国约有 30 万—50 万的孩子还有孤独症,或者是孤僻的性情。身为父母,我们要多观察孩子异常表现,及早采取措施,纠正孩子孤僻的性格缺陷。

1. 言语方面异常

孤僻心理的孩子通常不爱说话,不愿意与别人接近和交往。如果有人呼喊他,他会以沉默应对,不会与之回应。

2. 交往能力异常

孩子都喜欢和小伙伴一起玩耍,但是性格孤僻的孩子对别人没有亲近感,缺乏社会交往的兴趣。

3. 对别人漠不关心

儿童个性的发展离不开人与人之间的相互作用,可是性格孤僻的孩子体验不到人与人之间的正常关系,对任何人都提不起兴趣,表现出漠不关心的态度。

心理学家认为,性格孤僻的孩子喜欢独处、不合群。对于这样的孩子,要让他对与其他孩子一起锻炼、一起游戏。这样既可以在潜移默化中让孩子感受到与人相处的快乐,也可以克服孤僻性情,培养成热爱集体的良好性格。

找到"雁群",不做"孤鹜"

孤僻、不合群会对孩子的身心发展造成很深的障碍,令其难以形成良好的性格。如果孩子内向、不愿意言语、不喜欢和别人接触,家长要对此引起重视,及时矫正。针对幼儿孤僻、不合群,这里介绍几种方法:

1. 给予孩子更多的爱

如果孩子在幼年时期对爱欠缺,就容易使心灵受到伤害,这将成为造成孩子孤僻、不合群的重要原因。因此,家长应当给孩子创造一个温馨、融洽的家庭环境,让孩子感受到家庭的温暖,体验家庭的快乐。置身在亲密的环境中,孩子孤僻的心理会很快消除掉。

2. 扩大孩子生活空间

如果发现孩子有孤僻行为,家长应该多给孩子提供一些社交机往会,比如说带孩子出去旅游,或者引导孩子观察周围的事物,让孩子意识到所生活的社会很大,而不是自己那小小的世界。除此以外,家长还可以带孩子去参加聚会,孩子减少对陌生环境的畏惧感,增强交往的兴趣。

第八章 勤于引导,帮助孩子远离负面心理

3. 给孩子制造"参与"机会

孤僻的孩子缺乏社会交往,家长可以制造一些机会来帮助孩子融入社会。例如,鼓励孩子陪同父母外出,锻炼孩子向陌生人问路等等,让环境"逼"着孩子去与人交流。

4. 消除各种不利因素

孩子的孤僻、不合群不是偶然现象,而是通过内因和外因的综合作用所导致的负面现象。所以,家长应该根据每个孩子的特点,具体情况具体分析,有的放矢地帮助孩子融入集体社会。比如说,有的家长忽略孩子的个人卫生问题,导致小朋友不愿意和他玩耍。对于这种情况,成人一定要帮助孩子搞好个人卫生,让其他小朋友转变这样的看法。还有一种情况,有的孩子在与伙伴交流时受了委屈,从此不愿意和别人交往,这时父母要做的事情就是帮助孩子选择性情温和、品质较好的伙伴一起游戏,让他重新找到与同伴嬉戏的快乐感觉。

通过这些小方法,就可以对孤僻的孩子进行一系列的锻炼,让孩子逐渐增加与人接触的机会,孩子就有可能慢慢开朗起来。

赶走孤僻的"阴霾"

孩子之所以形成孤僻的性格,这里面的因素十分复杂。当发现孩子有不合群现象时,家长应当用满腔热情去对孩子施以教育,努力做到"三心",即:爱心、细心和耐心。帮助孩子克服心理障碍,令他们健康活泼地融入集体生活中,感受大家庭的温暖与欢乐。

七、挫折教育,令孩子明白人生有苦有乐

人生的道路原本就充满着曲折和坎坷,不可能永远的一帆风顺。在成年人的思想里,都知道只有正视挫折,才能在这个竞争激烈的社会中立足。所以,我们从小就要教育孩子正确认识和对待挫折,培养他们的抗挫折能力,成为生活的真正强者,就如法国思想家卢梭所说的那样:"人们只想到怎样保护他们的孩子,这是不够的。应该教会孩子怎样保护自己,教他经受得住命运的打击,教他不要把奢华和贫困放在眼里,教他必要时在冰岛雪地里或者马尔他岛灼热的岩石上也能生存。"

好方法成就好学生

抗挫折的教育

2006年冬天,一个小生命在众人的期盼中呱呱坠地,父母对儿子给予了全部希望,给他起名叫做张成龙。从事儿童心理学研究的张先生知道,要想让儿子长大后"成龙",就要让他从小学会吃苦,拥有抗击挫折的能力。

小成龙蹒跚学步的时候,经常会摔跟头。别的家长看到自己家宝宝摔倒了,会第一时间跑过去把宝宝扶起来,而张先生却不,他都是微笑着站在对面,鼓励孩子自己爬起来,然后继续向前走。

转眼间,小成龙3岁了,到了上幼儿园的年龄。虽然家庭条件十分优越,但是张先生从来没有开过车送儿子上幼儿园,即使是北风呼啸的冬天,张先生依然会骑自行车去接送儿子。小成龙的奶奶看到后心痛不已,可是张先生却说:"如果他连这点苦头都迟不了,那么长大之后怎么能够正确面对失败?"这一席话,顿时说得奶奶哑口无言。

事实证明,张先生的抗挫折教育十分有成效。张成龙于2001年以优异的成绩考入重点大学,毕业后又直接进入美国哈佛大学攻读博士学位,之后回国创立了一家赫赫有名的软件公司。在他的成长过程中,因为吃过苦,所以他拥有了坚毅的性格,不会被人生中风浪所击倒。

卢勤曾说过:"吃苦是一种心理承受能力,人在艰苦的环境中生存,战胜的不是环境,而是自己。"在日本,很多家庭从小就培养孩子的吃苦能力,他们会让幼小的孩子在天寒地冻的雪地中摸爬滚打;在瑞士,父母绝对不让孩子养尊处优,当女孩15岁初中毕业后,就要去别人家做一年的保姆,以此培养他们的自立能力。孩子毕竟是孩子,他们不懂得如何锻炼自己抗挫折能力,这些就要通过父母有意识地引导和培养。如果父母在孩子成长过程中,不让孩子受到一丁点累和苦,就等于没出征就失败了,怎么可能去胜利呢?

1. 稍不如意,怨天尤人

没接收过挫折教育的孩子遇到困难就会发生很大的情绪波动,将所有错误都推到别人的身上,怨天尤人。最常见的现象就是考试中发挥失常,成绩某一次下降。这种事情是每个孩子学习生涯中很容易遇到的事情,可是有些孩子却迈不过这道坎,认为"老师出题难",而不是自己在学习中还需要继续努力。

2. 遇到困难,依赖他人

有些孩子遇到困难后第一想到的就是让父母解决,而不是自己去想办法。《中

第八章 勤于引导,帮助孩子远离负面心理

国潇湘报》上刊登过这样一个事例:7岁的萧某参加学校合唱团出国演出,由于刚到异地水土不服,她有点想家。回到宾馆后,萧某赶紧拨通了国际长途给妈妈,在电话里又哭又闹,让妈妈"马上买机票来看自己"。学校领队和老师左劝右劝,萧某就是不依不饶,非让妈妈立即飞过来,根本没有考虑自己的家庭情况。通过这件事,让教育工作者反思了很久,不由得发出了"我们的孩子怎么了"的呼声。

3. 受到挫折,精神会处于压抑状态

没受过挫折的孩子不懂得什么叫做失败,倘若离开父母的庇护遭遇挫折,心里就会出现很大的落差,失落、悲伤就会随之而来,让自己的精神处于压抑状态,久而久之就会出现心理障碍和心理疾病。

19世纪俄国著名作家屠格涅夫说:"你想成为幸福的人吗?那么首先要学会吃苦。能吃苦的人,一切的不幸都可以忍受,天下没有跳不出的困境。"如今的孩子在物质生活上需要承受的困难和挫折少了很多,然而他们的成长过程却时刻需要面对失败。所以,父母要想让孩子未来的人生道路变得更加顺畅,就要在孩子幼儿时期培养他的耐挫能力,这是新时期家庭教育中一个急需重视的问题。

让孩子经得起挫折

每一个孩子都可以成功地抗击生活中的风风雨雨,关键在于家长如何进行抗挫折教育,德国著名学家舒马赫曾经说过:"给孩子多多提供抗挫折教育其实就对他们是深沉的爱。"教育孩子用平和的心态面对挫折,从艰辛中总结经验和教训,培养良好积极吸纳工商的心态和坚强的意志力会令孩子一生受益无穷。

1. 为孩子适当设置障碍

如果家长永远希望将孩子置于自己的羽翼之下,替他阻挡一切伤害,那他就永远学不会如何去独自承受打击。所以,家长应当克制自己"想帮帮孩子"的念头,将障碍留给孩子自己去跨越。当然,给孩子留下的障碍需要有建设意义,范围在孩子的处理能力之内。

2. 让孩子树立"挫折意识"

家长应帮助孩子树立"挫折意识",让孩子知道失败和困难并不可怕,只要有战胜困难的勇气和自信,就一定能够逾越一切人生中的障碍。有了"挫折意识",孩子就能够学会独立面对困难,主动去考虑如何面对问题、解决问题和克服困难。从而化被动为主动,变逆境为顺境。

3. 培养孩子自强的性格

《易经》中说道:"天行健,君子以自强不息。"卡尔·威特也曾说过:"个人成长的一般规律告诉我们:逆境、挫折更容易磨炼一个人的意志。顺境当然可以出人才,但逆境更可以出人才。经过逆境的千锤百炼成长起来的人,具有更强的生存力和竞争力。"这就意味着,自强性格可以令个体具有更强的生存力和竞争力。他们能够将挫折当作一笔财富,更具备笑对挫折、迎难而上的精神。

4. 为孩子营造释放压力的环境

作为家长,应该在家里给孩子营造一个可以释放压力的环境,不要让孩子对父母敬而远之,而是努力成为他倾诉、排解压力的对象。这样一来,孩子就会愿意与父母沟通,而父母也可以知晓孩子内心的真实世界。

5. 过分体贴不可取

美国伊利诺斯州大学的南希·麦克尔韦恩博士和她的研究小组最近发现,当小孩子表现出情绪低落时,父母提供过多的帮助对孩子的成长并没有好处。麦克尔韦恩指出:"父母在孩子情绪低落时候的反应对于孩子情感的成熟和在社会中的成长至关重要,父母双方都提供大量的帮助会削弱他们独立处理问题的能力,孩子可能会因此失去学习应付糟糕处境的机会。"

不经历风雨,怎能见彩虹

刘少奇这样认为:"对小孩子一是要管,二是要放……吃苦耐劳的事情,经风雨见世面的事情,都要放手让孩子去干。这样可能跌些跤子,受些挫折,不会是一帆风顺的,但只有这样,才能使他们得到锻炼。"现实中,顺境当然可以出人才,但是逆境更可以出人才,经历千锤百炼的人才会更加坚强,在失败中找到成功的方法。其实,让孩子在小时候受点挫折更加有益于他的成长,教育学家称:"孩子遭受挫折的经历,有利于培养现代人的良好品德;有利于发展他的非智力因素;有利于丰富知识,提高能力。因此,父母应正确看待挫折的教育价值,把它看成是磨炼意志、提高适应力的好方法。"的确,人生的成长过程就如歌曲中所唱的那样"不经历风雨,怎么见彩虹,没有人能够随随便便成功。"

八、告别骄傲,告诉孩子"孔雀"心态并不美

如今不少孩子的身上都出现骄傲现象,可是骄傲会对孩子的发展产生十分消

第八章 勤于引导,帮助孩子远离负面心理

极影响,比如说自负、心胸狭窄等等。心理学上有一个名词,叫做"孔雀开屏效应",特指自以为了不起的心理,其实这是自我认知缺陷的一种表现。当儿童出现骄傲心理时,就会表现出傲慢无礼、看不起人等行为。

自负的"孔雀"

张某6岁了,长得乖巧可爱,亲戚朋友都很喜欢这个漂亮的小姑娘。为了培养女儿的气质,妈妈从张某4时就送她去少年宫学习芭蕾舞,没想到她十分有舞蹈天赋,小小年纪就取得过全市少儿组第一的好成绩。

取得了荣誉,赞美声和夸奖声就时常在张某的耳畔响起,开始妈妈没有发觉女儿有什么异常。可是时间一久,张某就像是一只骄傲的孔雀,总是将舞蹈冠军的光环"戴"在头顶,处处显耀。随之,妈妈发现女儿瞧不起其他小朋友,如果同伴受到了教练的表扬,张某就会特别不满,会大发脾气。慢慢地,别的小朋友都不愿意和她一起玩,张某呢?也不愿意搭理别人,哪怕是长辈和她说话,她也会表现出一副十分不耐烦的样子,爱答不理。看到女儿的改变,妈妈十分苦恼,她在想,究竟该如何帮助女儿改掉这一毛病呢?

一般来说,骄傲自负的现象多表现在家庭条件优越,或者具有某种优势的孩子身上。当外界的赞美充斥满孩子小小的心房时,骄傲的种子就会生根发芽,让内心膨胀起来。

1. 骄傲容易滋长虚荣心理

有一些孩子家庭环境良好,他的优越感就会随之增强,有一种"处处比别人都好"的感觉。在骄傲心态的作用下,虚荣就会滋长出来,令孩子养成喜欢炫耀、乐于嘲笑他人的坏习惯。比如说,自己有一个新玩具,就会嘲笑没有玩具的小朋友;自己穿了新衣服,就会看不起穿旧衣服的伙伴等等。

2. 骄傲会让孩子变得傲慢无礼

骄傲的孩子比较自负,他们会表现出洋洋得意、目中无人的神态,经常对他人流露出鄙视、不屑一顾的神情。这些孩子只看到自己的长处,并且嘲笑别人的短处,不但没有礼貌可言,而且还会有蛮横的极端行为出现。

3. 自我认知的偏差

骄傲的孩子对自己没有正确的认识,他只看到自身的优点和长处,看不到不足与短处。而看别人的态度恰恰相反,看不到别人身上的闪光点,满眼都是人家所欠缺的地方。自负的孩子会常常用自己的优势去比较他人的劣势,从而感觉无比的满

足和自豪。其实,这都是没有自知之明的变现,是自我认知发生偏差的现象。

4.自尊心过度敏感

每个人都有自尊心,自尊心可以激励个人上进,促使进步。然而,骄傲孩子的自尊心仿佛一个晶莹剔透的水晶球,稍不留心就会被摔在地上,成为一地亮晶晶、可是无法修复的碎片。这些孩子的自尊心极其敏感,生怕别人会看不起自己。虽然外表是一副满不在乎、高高在上的神情,可是内心极其脆弱,根本接受不了半点打击。

骄傲的孩子如同一只坐井观天的"青蛙",目光永远停留"井口"的那一片天空。他们很难和别人友好相处,因为这些孩子做不到平等、谦虚待人。所以,为了让孩子健康发展,家长应该帮助孩子收敛"孔雀"心态。

谦虚使人进步,骄傲使人落后

我们都知道,骄傲是一种不健康的心理。可是当孩子出现自负情绪时,家长应该做些什么呢?

1.家长保持平静心态

有些家长抱怨,看到孩子骄傲且执迷不悟的样子就着急得不得了。当孩子出现骄傲情绪,爸爸妈妈一定要保持平静的心态,实事求是地去认真对待。家长急躁只会将原本出发点是好的教育方式改变了正确的轨道,教训、打骂、强迫的道路都是行不通的,应该让孩子多多接触其他优秀的事物,使他自己认识到"天外有天,人外有人"。

2.让孩子正确评估自己

孩子出现骄傲的情绪,通常是高估了自己,认为"我比谁都强"、"别人不如我",这是因为孩子只看到了自己优势,却忽视了自己的劣势。因此,他们才会出现狂妄自大的行为举动。父母应当耐心教导孩子,让他能够正确评价自己,既能够发现自身优点,也能找到不足之处。只要父母对骄傲的孩子加以正确的引导,就会使其改掉坏习惯,重新成为"人见人爱"的好孩子。

3.家长要反思自己的行为

家长都不愿看到自己的孩子身上有骄傲情绪的出现,事实上很多孩子的自负都是由于父母的影响所造成的。如果孩子做得好,家长就会眉开眼笑,大加赞赏;如果做得不好,家长就会冷嘲热讽,责骂惩罚。其实,这种态度不利于孩子的成长,家长要做到的是用平和的心态来对待孩子的成功与失败。告诫孩子"现在的小成就不

第八章 勤于引导,帮助孩子远离负面心理

等于将来的成功,暂时的失败也不是永久的失败。"

4. 对孩子肯定的时候,也要理性一些

孩子取得了成绩,家长要给予鼓励,适当地提供给对方满足感。真诚的鼓励,有助于培养孩子的上进心和自信心,有着事半功倍的效果。然而,家长在肯定孩子成绩的时候,应当"掌握尺寸,把握火候",适度、适时地帮助孩子恢复常态,而不是让虚荣心膨胀。

5. 帮助孩子多接触社会

当孩子走进纷繁复杂的世界时,就会知道自己与优秀、有专长的人还差得很远,还需要进一步去努力,而不是抱着小小的成绩去沾沾自喜。因此,爸爸妈妈应当对带孩子出去走走,看看精彩的社会,以免孩子夜郎自大,产生骄傲的心理。

月盈则亏,水满则溢

物极必反,孩子拥有自信是件有益的事情,然而当自信膨胀之后就会成为骄傲。骄傲仿佛是一道布满荆棘的小路,会让孩子的成长道路步履蹒跚。身为家长,要注意关注孩子的点滴行为,发现骄傲的火苗便及时扑灭,以免孩子与成功的目的地背道而驰。

九、乐观向上,为孩子打造快乐人生之梯

从心理学的角度来看,"乐观的情绪,能够提高人的大脑及整个神经系统的活力,使体内各器官的活动协调一致,从而有助于充分发挥整个机能的潜能,有益于健康和工作效率的提高。相反,悲观的情绪可能使人的整个心理活动失去平衡,对人的身心健康都可能造成严重不良影响。"少年儿童年龄很小,正在处于身体和心理发展的黄金时期。在这个过程中,家长如果能够重视培养孩子乐观向上的精神,豁达开朗的人生态度,就等同于帮助孩子找到人生的真谛和通往成功的捷径。

快乐的加查林

6岁的加查林不幸患上了小儿麻痹症,父母变卖了所有家产,带着儿子来到里约热内卢去寻找医术高明的医生。在治疗期间,加查林不止一次地问爸爸妈妈:"我还能站起来吗?"他看到的永远是父母的微笑和坚定的声音:"孩子,你可以,你肯定能够站起来!"

小小的加查林在接受过很多次手术之后,他奇迹般地站了起来。这时,爸爸妈

好方法成就好学生

妈为了鼓励他练习走路，笑着对他说："儿子，你真棒，说不定你还会成为日后的足球之星呢。"父母乐观的态度感染着小加查林，他提起了精神，不管有多么困难都坚持锻炼。在爸爸妈妈的陪伴下，加查林从来没有将腿疾看在眼里，而是抓紧一切时间去联系。他克服了常人难以想象的困难，终于有一天奔跑在足球场上。

加查林长大了，在他19对的时候被批准参加了里约热内卢的波达弗戈足球俱乐部；22岁的时候，成为巴西足球的主将。加查林从一个还有小儿麻痹症的孩子成为日后的世界足球冠军，靠的就是父母和自己乐观向上的态度。拥有这种精神，他勇敢面对困难和挫折，最终成为生活的强者，尽享人生中的美好与快乐。

在一个人的成长过程中，不可能事事顺心如意。所以，父母应当教会孩子一个重要的生活技能——乐观向上的精神。乐观向上就像一块指南针，随时都能指引孩子找到快乐。反之，如果由于身处逆境就被失败、挫折打击得站不起来，那么悲观失望注定伴随孩子的终生。

1. 悲观情绪是一个巨大的黑洞

有人将悲观情绪形容成为一个黑洞，这个比喻十分贴切。试想，孩子如果总是处于悲观的情绪之中，就会对任何事情提不起兴趣，更无从谈及创造与发展。悲观这个黑洞犹如洪水猛兽般张开血盆大口，吞噬着孩子的正面情绪。

2. 悲观之人在社会上很难立足

每个人都要随时随地和他人进行交往和接触，然而被悲观情绪困扰的人如同头顶笼罩一大片阴霾，很难受到其他人的欢迎。孩子也是如此，小小的年级垂头丧气，同伴们就会将其孤立起来，使他很难融入集体生活之中。

3. 悲观之人体验不到幸福

法国作家迈尔哲在《幸福是什么》一书中写到："幸福是什么？幸福就是和煦的阳光，温暖的春风和乐观向上的精神。"如果心态总是处于悲观失望，那么他的眼前就会是黑漆漆的一片，既感受不到温暖，又看不到前方的曙光。身为家长，我们都希望自己的孩子生活得幸福，可是悲观失望的情绪偏偏和幸福作对，与美好的事物形成"势不两立"的局面。

选择笑容，选择快乐

桑兰是我国年轻的体操运动员，在一次比赛中她突发意外，造成高位截瘫。小小年纪就要与轮椅相伴是件十分残忍的事情，然而桑兰却没有因此消沉，一蹶不

第八章 勤于引导,帮助孩子远离负面心理

振。相反,她始终用乐观的态度对待现实,时时刻刻展现出一张绚烂如花的笑脸。从这个故事中,父母应当认识到,教育孩子不是"授之与鱼",而是"授之与渔"。只有让孩子学会主动,学会乐观,他们才能够用微笑来打造快乐的生活。

1. 营造良好的家庭氛围

弗洛伊德说:"一个为母亲所特别钟爱的孩子,一生都有身为征服者的感觉;由于这种成功的自信,往往可以导致真正的成功。"罗素在《婚姻革命》中也说:"如果想让孩子长成一个快乐、大度、无畏的人,那这孩子就需要从周围的环境中得到温暖,而这种温暖只能来自父母的爱情。"在和睦、温暖的家庭环境中长大的孩子,就能够得到更多的关心和照顾,体验到尊重他人、爱护他人的快乐,从而心情愉快,健康成长。

2. 培养孩子自主行为

孩子在小的时候,父母可以为其包办一切。但是他们长大以后,父母就不可能随时为其挡风遮雨。所以,家长就应该在孩子小的时候培养他的自主意识和行为,让孩子明白他才是自己真正的主人。倘若遭遇失败,那也并非是件可怕的事情,从中汲取经验教训之后,就可以进一步接近成功。

3. 教育孩子正确面对挫折

挫折和坎坷是人生必经旅程,教育孩子的时候家长应当坚信,与挫折和困难搏击过的人才会更加坚强、勇敢,自然会更加乐观面对人生,笑得更加甜美。所以,当孩子遭遇挫折的时候,家长应当正确引导,让其正确分析失败的原因,从而找到补救方式。久而久之,孩子就能够从容地面对每一次失败,用灿烂的笑容迎接新的一天的到来。

4. 懂得赏识孩子

现代心理学之父威廉.詹姆斯指出:"人最大的需要就是被了解与欣赏。"孩子希望得到别人的认同和赏识。当父母能够在真正了解孩子之后给予真诚的赞美,孩子的自尊心和自信心就会加强。他们便可以在体验幸福感和满足感的同时,产生乐观向上的人生态度。

5. 为孩子消除恐惧感

勇敢、乐观是做家长的愿望,但是孩子年龄小,父母不能硬性施压,而是采取循序渐进的教育方式。有些孩子性情怯懦,对一些事物出现根深蒂固的恐惧感。这时,父母就要帮助孩子克服恐惧心理,帮助孩子进一步认识外界事物和自身特点,从而

减弱恐惧对其的影响。当孩子对自信心不断增强的时候,自然能够正确面对人生,勇敢而开朗的生活和学习。

乐观向上的心态,一座蕴含丰富的金矿

林肯曾经说过:"拥有一种积极进取的心态,胜过拥有一座金矿。"乐观、积极、向上的一种良好的心理品质,家长是孩子的第一任老师,在孩子的教育中占有举足轻重的地位。在家庭生活中,父母不仅要照顾好孩子的衣食住行,还应该关注孩子心理发展,让孩子在充满欢声笑语的环境中快乐成长,培养成受益终生的乐观心态。

第九章 先成人再成龙，让孩子的优秀表里如一

当我们的孩子在心理上出现了问题，离我们既定的健康、快乐成长的期望越走越远时，相信所有的家长都会痛心不已。事实上，想要让孩子真正变得优秀，你便需要从小处入手，从细微处着手，帮助孩子建立起表里如一的价值观，让他们明白，怎样的行为是正确的，什么样的行为既会伤害他人、又会给自己带来负面的影响。

一、别让竞争毁了孩子的同情心

同情心在儿童的成长阶段十分重要，相当于一块稳固的基石。具有同情心的孩子能够感觉和理解别人的忧虑，并且主动为他人提供帮助。社会学家研究发现，每个人的同情心都是与生俱来的，但是能否成为一种行为习惯，还需要后天不断的培养。

究竟是谁的错？

李某上小学四年级，他的父母深知现在社会上竞争日益激烈，为了不让儿子在竞争中被淘汰出局，从他刚刚懂事时，父母就运用各种方法来激励儿子去竞争。直至现在，李某还对其中的一件事记忆犹新。

那时李某刚刚5岁，正在上幼儿园大班。一天，幼儿园里举办运动会，李某和另外三名小朋友同时参加了跑步比赛。老师的发令口号吹响，几个孩子同时冲向跑道。就在这个时候，一名小朋友没留心被狠狠地摔倒在地上，发出痛苦的哀嚎。李某看到后，立即停下来想扶小朋友站起来。可是站在跑道旁边的爸爸妈妈却大声喊道："儿子，继续跑，别管他，不然你得不了冠军了。"听到父母的喊声，李某迟疑了一秒钟，之后又继续向终点冲刺，小朋友的哭声却始终在脑海萦绕。

这样的事例有很多，李某就是在父母这样的教育方式下慢慢上了小学。李某很争气，从来没有辜负过父母的期望，每次考试都是名列榜首。正当父母对自己的竞争教育方式沾沾自喜的时候，没想到学校传来一个令人震惊的消息。

原来，李某这次考试没有发挥好，考了个全班第三名。一向位居榜首的他怎么也接受不了这个现实，一气之下用削铅笔的小刀划伤了超过他的两名同学。父母赶

好方法成就好学生

到学校时,两个人面面相觑,不知道这个错误究竟是谁造成。

贝勒医学院布鲁斯·佩里德研究发现,"0-3岁期间,孩子是否得到抚养者给予的关爱,是否被凌辱忽视和受到损伤,直接影响到同情的种子能否萌芽。"李某的父母一味地为儿子灌输竞争思想,过早地扼杀了孩子的同情心,所以导致了这场本不该上演的悲剧发生。如果孩子缺乏同情心理,就会出现以下几种现象:

1. 认为自己最重要

正如故事中的李某,由于强烈的竞争意识蒙蔽了自己的同情心理,他认为世界上只有自己最重要,根本不会考虑别人的想法和感受。他从来没有想到,之所以别的同学成绩高过自己,那是因为他人的不懈努力。当孩子的世界中只有自己的时候,则是一件十分可怕的事情,不仅丧失了同情心,而且也会将基本的品德礼仪丢掉脑后。

2. 经常与人发生冲突

李某小小的年纪,就因为别的同学超过了自己而掏出铅笔刀将他人划伤,倘若成年之后他的竞争对手强过他,他又会采取什么样的极端行为呢?缺乏同情心理的孩子,会将一切人视为势不两立的竞争对手,当自己落后于他人时,冲突便不可避免的发生了。

3. 易患心理疾病

让竞争意识充斥满孩子小小的心房之后,同情心就会被连根拔除,他们的内心里全部都是超越、竞争、不被淘汰。我们都知道,拥有适度的竞争意识是一件非常好的事情,但是当竞争意识过了火,孩子就会常常挣扎在各种负面情绪之中,患上心理疾病的几率也会随之大大提升。

如今,各种媒体铺天盖地地大肆宣传这一代的孩子将会面临一个充满竞争的世界。然而,父母在培养孩子竞争意识的同时,一定不要忘了同情心和竞争能力同等重要。试想,一个善于进攻的孩子也许将来会获得成功,但是一个富有同情心的孩子日后一定活得十分快乐。因为,同情心能够为孩子带来善良、宽容的美好品德,当一个人用足够的同情去面对世间一切纷争的时候,他的内心必然会被暖暖的爱意所包围。

同情必不可少

西方一位哲学家这样说过:"对于一切有生命之物的同情,是对品行端正的最

第九章 先成人再成龙,让孩子的优秀表里如一

牢固和最可靠的保证。谁满怀这种同情,谁就肯定不会伤害人、损害人、使人痛苦,如果能宽容地对待他人,宽恕他人,帮助他人,那么他的行动将会带有公正和博爱的印证。"同情心对于每一个人来说都至关重要,哪怕在竞争激烈的今天,拥有同情心理的孩子就会更多的关注和爱护他人。

1. 鼓励孩子关爱别人

孩子在1岁左右的时候,"自我"概念还没有完全形成,父母应该在这个时候对孩子进行关爱教育。比如,别的小朋友摔倒了,父母应当鼓励孩子对其伸出援助之手,这是他日后产生同情心理的重要基础。

2. 帮助孩子树立正确的竞争观念

孩子年龄很小,他们单纯地认为只要是竞争就可以采取一切方法去战胜对手,其实这是完全错误的竞争观念。人与人之间的竞争应当在正常的范围之内,让竞争去促进自己的追求与进步。所以,父母应当帮助孩子树立正确的观念,教育孩子要珍惜同伴之间的友谊,运用正当手段去竞争。

3. 竞争中需要宽容

威廉·詹姆斯曾说过:"智慧的艺术就是懂得该宽容什么的艺术。"做一位宽容的人,不但能让自己拥有美丽的情感、良好的心态也可以令自我的心胸如大海般纯净透明,在人性之巅盛开绚丽的奇葩。孔子的学生子贡曾问孔子:"老师,有没有一个字,可以作为终身奉行的原则呢?"孔子说:"'恕'字即可。""恕",就是宽容。所以,教会孩子奉行"宽容"原则,不仅是对他人的尊重,而且是对自己的尊重。

4. 学会拥抱竞争对手

用唯物主义辩证法来看,事物都会有正反两个反面,竞争也不例外。一方面,竞争可以激发个人的努力成为前进的动力,对个人的发展起到促成的作用。另一方面,只要有竞争必然会出现胜负两方,如果胜者骄傲轻敌就会丧失战斗力,在下一轮竞争中失利;失败者如果萎靡不振,自卑嫉妒,则会产生极大的负面影响。如何面对竞争,正确对待竞争对手,于人于己都是一门学问。

竞争不等于扼杀同情心

同情心是一种非常重要的道德品质,"是一种对他人的不幸和困难产生共鸣及其对其行为的关心、支持、援助的情感,是人的道德情感之一。"父母应当注重孩子的道德情感教育,将孩子的品德培养作为一项重要内容。当孩子拥有同情心之后,

就会帮助他顺利地融入集体,融入社会,获得较好的人际关系。

二、规矩不是小事,在轻松氛围中指引孩子

随着孩子一天一天的长大,他们就需要知道周围事物的规则,比如说该如何去做事情,怎么样地去与人相处等等。曾经有人说树立规矩会制约儿童的创新意识和发散思维,我们姑且不去讨论这个观点是否正确,单从现实事例来看,有规矩的孩子长大后懂得用符合常理的方法来衡量自己不断增长的技巧能力,并且能够顺应社会,游刃有余地与人进行沟通交往。所以,规矩对孩子的成长至关重要,它起到的作用不是束缚,而是提供正确道路的指引。

棍棒之下立规矩

2003年王先生喜得贵子,他深信"棍棒底下出孝子"这句话,认为只有舍得打骂,才会让孩子明白父母的良苦用心。

为了让孩子有规矩,王先生为儿子制定了一系列规则、规定,如果儿子稍有差错,换来的便是一顿责打。在王先生的家,门旁永远立着一条8厘米宽的木板,"这是惩罚儿子用的工具,"王先生如此介绍说。

那么,王先生的儿子究竟有没有如父亲所愿,各方面都十分优秀呢?事实上,由于王先生的暴力教育方式,他的儿子虽然年纪很小,可是却出现强烈的逆反心理,这让王先生苦恼不已。

王先生信奉的是暴力教育,他认为这种方法可以帮助孩子树立规矩,可事实却与他的想法南辕北辙。当父母一心想教给孩子的规矩不起作用,身为家长的我们是否会要进行反思呢?

1. 父母粗暴的立规矩,往往导致孩子逆反心理加重

要想让孩子学会守纪律、懂规矩,父母首先要遵照孩子的意愿,杜绝家庭暴力。比如说,对于一个三岁的孩子来讲,他不明白父母为什么规定糖果不能多吃,也不明白饭前为什么不能吃零食。如果父母动武来教训"不听话"的孩子,那么孩子就会感到十分委屈,逆反心理会更加严重。

2. 父母没有确定规矩标准,孩子就会产生负面情绪

规矩是家长为孩子制定下的"行为准则",这些准则有益于他健康成长。然而,如果父母没有确定好规矩的标准,那么效果就会事倍功半,通常孩子会变得十分迷惑,并且产生恐惧心理,有时候还会出现挑衅行为,产生暴虐情绪。

第九章 先成人再成龙,让孩子的优秀表里如一

3.忽视孩子的需求,规矩永远成为不了规矩

很多家长秉承着"我让你做什么,你就去做什么"的态度,认为自己所做的一切都是在真心实意为孩子好。当孩子出现"不领情"、"唱反调"现象的时候,有些父母就动怒、暴跳如雷。可是,身为父母是否想过,让孩子守规矩的时候,有没有了解孩子的内心,孩子的需求呢?如果将这一点忽略,那么所有的规矩都是无的放矢,自然收获不到家长想要的效果。

4.粗暴的树立规矩,容易造成孩子人格畸形

家长希望自己的孩子诚实、善良、勇敢,之所以让孩子懂规矩,就是为了让孩子拥有良好的人格。然而,经常打骂孩子,孩子不但没有学会规则,反而会走向父母所希望的反面。从心理学角度分析,父母的粗暴高压政策,会让孩子产生抵抗意识和对立情绪,严重者可以变得性格暴躁,难以与其他人建立良好的人际关系;而性格内向的孩子,会对父母产生恐惧心理,从而表现出软弱顺从意识,进而形成胆小怕事的性格,影响孩子的整个人生。

德国教育学家黑尔加·居特勒在《没有规矩怎么办?》一书中说道:"完全自由的教育不一定让孩子感到快乐。事实恰恰相反,孩子们需要严格规定的'行为准则'。"随着孩子一天天长大,他们需要了解周围事物的规则,也需要遵守这些规则。可是,如果父母不能运用正确方法,在正常氛围内指引孩子,那么树立规矩只能成为"一纸空谈"。

父母宽容立规矩,孩子轻松学规矩

教育学家认为,"规则能够节约孩子的成长成本,也会保护孩子的成长自由",每个家长可能都接受过孩子这样的挑战:达不到自己的愿望就乱扔东西;抢其他小朋友的玩具;把玩具乱摆乱放,自己不去收拾。对于这些问题,最根本的解决方法就是给孩子建立良好的规则。然而,在建立规矩的过程中,父母应当摒弃暴力教育,而是在轻松的氛围内做到以下事项:

1.耐心地指导孩子,信号要明确

给孩子立规矩的时候,一定要有充分的耐心。比如说,为什么不能随意抢夺别人的玩具;自己吃饭的重要性等等。如果孩子在这个过程中出现"不听话"的现象,家长一定要息怒,而是静下心来寻找合适机会,之后明确告诉孩子,按照规矩去做的结果是对他极其有益的。

2. 就事论事，不要随意指责

孩子不听话，有些家长就会对着孩子抱怨，"生下你就是给我找麻烦"、"早知道你这么不听话，我就不会要你"、"如果你再这样，我就喜欢别人家的孩子了"。当父母将这一系列的话吐出口时，也许并没有意识到事情的严重性。可是，这些指责孩子，随意乱贴标签的话会让孩子将自己与坏孩子联系在一起，从而丧失自尊和自信。

3. 给孩子树立简单易懂的规矩

孩子的年龄很小，没有那么深刻的理解力，给他树立十分复杂的规矩，他们不但不能遵守，反而会被这些条款搞得糊里糊涂。所以，家长应当用言简意赅的语言总结出他应该怎样去做，并且告知孩子这样做的好处很多，从而让孩子能够将事情做得正确。

4. 不要摆出强权样子

"我说什么，你就要做什么"、"这件事我说了算"，很多家长简单粗暴的命令孩子，摆出强权的样子逼孩子"就范"。可是这样一来，孩子就会产生"不公平"的念头，出现抵抗情绪。只有家长用和平的语气且尊重孩子的态度，他才会信任你的判断，顺从家长的要求。

不成规矩，难以成方圆

"规矩者，方圆之器也，矩以制方，规以制圆，以规矩而方圆乃成。"也就说，没有规矩，不成方圆。规矩在一定层面上符合事物发展的一般规律，家长教育孩子懂得规矩，就会将其引申到待人、接物、处事的方方面面。然而，引导孩子懂规矩也不是一件容易的事情，它需要父母付出极大的耐心，让孩子在轻松的氛围内学习规矩、懂得规矩、遵守规矩，从而成为健康、快乐的成长。

三、诚实守信，孩子的人生根基方能扎实

《狼来了》的故事流传了几十年，如今已经成为妇孺皆知的关于诚信教育的范例。每位父母都希望自己孩子诚实、不说谎话。我国学者曾对3-10岁的孩子进行了调查研究，结果发现有46.34%的孩子曾经出现过撒谎现象。无有独偶，美国新泽西州新布伦什维克儿童发展研究所完成了一项研究，"主试者把一个玩具放在被试儿童的背后，告诉他们在主试者回来之前不要转过身来。主试者在一个单向观察屏后

第九章 先成人再成龙,让孩子的优秀表里如一

面观察,结果发现,所有的33个3岁儿童都回头偷看了玩具,当去询问他们时,却只有40%的儿童承认。"孩子们究竟怎么了?在人们心目当中,孩子应该是天真纯洁的,为什么还会有这么多孩子说谎?父母作为幼儿最重要的亲人,对孩子说谎有着不可推卸的责任。要想真正让孩子养成诚实的品德,重要的还需要家长从日常生活中,从平时的小事开始注意培养。

《狼来了》的故事在我家上演

乐乐妈妈仿佛有了很大的心事,上班时间也魂不守舍。同事王姐看到乐乐妈妈的样子,不禁关心地询问。

原来,乐乐今年刚刚4岁,但是却学会了撒谎,这让妈妈十分苦恼,就连上班时间也不由自主地分了神。

"乐乐究竟怎么了?说出来让我帮你分析分析。"王姐热心地说道。

"唉,前天早上送乐乐上幼儿园,半路上她就喊肚子疼,她爸爸赶忙向单位请假送乐乐去医院检查。在医院跑上跑下将近一个小时,各项检查指标都很正常,就是乐乐还是一个劲地说肚子疼得不得了。他爸爸把乐乐带回家照顾,刚一进家门,乐乐就又蹦又跳,根本不像生病的样子。"乐乐妈妈叹了口气。

"我下班回家后,乐乐爸爸跟我说了这件事情,我们都怀疑乐乐是不是撒了谎,但是又不好直接询问孩子,怕伤害她的自尊心。没想到,这样的事情在昨天早上又再重演。早上还没出门,乐乐又开始喊肚子疼。于是,我耐心地询问她肚子是不是真的疼痛时,乐乐小脸红了,告诉我们她在说谎,原因是生病就可以不去幼儿园了。"乐乐的妈妈眉毛皱成了一团。

诚实守信是一个人最基本,也是最重要的品格,家长应当把它作为孩子人格教育的起点,让其做到不说谎话,信守诺言。因为,在这个讲究诚信的社会中,不诚实守信之人难以拥有立足之地。然而,像乐乐这样撒谎的孩子不在少数,如果父母不加以引导、纠正,就会让孩子陷入这样几种误区:

1. 撒谎的孩子很难取得别人的信任

诚信是每个人树立信用的基础,一个没有良好诚信品德的人,不能赢得别人的信任。对于小孩子来说,如果他接二连三地对别人撒谎,很难再让其他人对其产生信任感。

2. 从小失去诚信,会影响整个人生的道德素质

言必行,行必果,诚信做事,诚实做人,言行一致,表里如一是每个家长希望自

己的孩子拥有的良好品格。倘若父母在孩子幼年阶段没有重视其诚信教育,导致孩子这方面的缺失,就会造成孩子思想道德素质较低,难以实现全面发展。

自古以来,每个家庭都十分重视孩子的诚信教育,因为撒谎能够带来很严重的危害,诚信缺失的人最终会自食恶果。所以,家长应当让孩子明白,一个人的信用不可以随便摧毁,信用的丧失不是一件小事,它甚至能带来终身的危害。

诚信教育需先行

从小就培养孩子诚实守信的好习惯,对于孩子来说会是一件终身受益的事情。当父母从小事中加强对孩子这方面的教育,他将能够从大事中受用。诚实守信是一个最基本的重要品格,这是一种言出必行,互不欺骗的优良品质。所以,家长要把它作为人格教育的起点,帮助孩子明白诚信的重要性,建立起良好的信誉。

1. 分析孩子真正的需求,尽量满足合理部分

孩子虽然年龄小,但是依然有着自己独特的精神需求、物质需求等等,这就必须要与孩子进行良好的沟通,知道孩子心里在想些什么。在孩子做错事情的时候,不要轻易用武力解决,也不要轻易对孩子许诺,如果答应孩子的事情就尽力做到,给孩子心理树立"言行必果"的心态。

2. 教育孩子正确的表达方法

有时候,孩子的谎言出于无心,因为他不知道应该怎么去处理棘手事件。基于恐惧心理,他会用说谎来进行逃避。如果发现孩子身上有这种现象的发生,父母应当提醒孩子在不伤害自己和他人的前提下,实事求是来处理这个问题。

3. 适度、合理的惩罚

著名作家安心曾经在自传里写到:"面对谎话连篇的孩子,我意识到不能单纯用安抚、劝慰来解决了。"针对不守信用的孩子,父母可以采取一些有效的办法来帮助孩子认识到自己所犯的错误,比如说取消一件玩具的奖励等等。

4. 父母要以身作则,为孩子树立诚实的榜样

诚实的品德不是一蹴而就的,它需要有个循序渐进的过程。在日常生活中,父母的行为举动就相当于孩子的影子,要求孩子做到的事情自己也要率先做到,起一个良好的榜样作用。当行为示范在潜移默化发挥作用,孩子的诚实品质也正在逐步形成。

第九章 先成人再成龙,让孩子的优秀表里如一

诚信的重要性

子曰:"人而无信,不知其可也",也就是说人如果不讲信用,那么在社会上就无立足之地,难以成事。《左转》中写说道:"信,国之宝也",明确地指出诚信是治人、治家、治国的法宝。父母希望孩子能够成人、成才,诚信教育则是不可或缺的必要过程。诚信是一个人必须具备的优良品格,一个人讲诚信,就代表了他是一个有文明、高素质的人,自然能够处处受人欢迎,成就一番事业。

四、自己美好世界才美好,让孩子学会善良

一天,美国著名作家家亨利.詹姆斯的儿子问道:"爸爸,人的一生最重要的事情是什么?"詹姆斯回答说:"人生有三样东西至关重要,第一件事是善良;第二件事是善良;第三件事情依然是善良。"正如詹姆斯所回答的一样,善良是一种高尚的个人品质,也是良好的社会风气表象。善良的孩子能够很好地与人相处,生活得温暖、开心。

美丽的心灵

有一次,日本作家石元春二带着7岁的儿子上街玩耍,正好看到几个调皮的孩子在戏弄一只小狗。那只小狗仿佛受了惊吓,嘴里发出"呜呜"的嚎叫。可是那几个孩子却不满足于此,拿起一根棒子打在小狗的腿上,并且还要继续殴打这只可怜的流浪狗。石元春二看到了,连忙上前去制止,看着小狗发出凌厉的悲鸣,他对儿子说:"孩子,狗也是有生命的个体,我们应当去爱护它。"说完,便和儿子一同将小狗送去动物医院诊治。当儿子看到小狗向他发出善意的目光后,自己竟然感动得热泪盈眶,主动要求将受伤的小狗带回家,亲自去照顾它。石元春二爽快地答应了儿子的请求,并且深情地低下头亲吻了孩子的额头,微笑着说:"孩子,我看到了你善良而美丽的心灵。"

俗话说:"人之初,性本善",善良是个人真性的表现,是人类文明发展到一定阶段的产物。可是,现在的孩子多为独生子女,家庭条件十分优越,父母对其照顾得无微不至。这样一来,孩子容易出现自私、怕吃苦的负面现象,那纯真善良之心也可能在不知不觉中"抹杀"掉。

1. 不重视善良培养,孩子就会表现得冷漠自私

以自我为中心,凡事考虑的都是自己,这是冷漠自私孩子的通病。在他们的意识中,自己才是最重要的,哪怕最亲近的人受到了伤害,他们也不愿意伸出援助之

手。归结起来,冷漠、自私就是缺乏善良之心的最明显特征。

2. 不重视善良培养,孩子就会缺乏安全感,对谁都不信任

有些孩子会对同伴怀有轻视、抵触情绪,对他人缺乏信任,没有安全感。这样的孩子不会相信任何人的话,表现就会比较冷漠、自闭。由于缺乏归属感和安全感,这类孩子生活得十分孤独,一点也不快乐。

3. 不重视善良培养,孩子就会发生人际关系缺失

有些家长忽略了孩子关于善良方面的培养,这些孩子多半会有很强的戒备心理,陷入无法自拔的心理困境,与其他人的关系淡漠,导致他们很难融入集体之中,影响个人身心健康。

没有善良之心的孩子不愿意帮助别人,只注重自己的利益。长此以往,孩子就会难以合群,慢慢地被其他人孤立,成为没有朋友、没有玩伴的孤独者。

善良之心,闪光的品质

苏霍姆林斯基曾经说过:"闪亮的情感是良好行为的肥沃土壤,良好的情感是在童年时期形成的,如果童年失去闪亮的情感,那么失去的将永远无法弥补。"因此,在家庭生活中培养孩子的善良之心就显得尤为重要。

1. 从点滴行动中去培养善良

生活中有许多小事都可以成为培养孩子善良的时机,比如:让孩子学会照顾身边生病的小朋友;不独吃独占美味的食物,而是要和长辈一同分享;能够体谅父母工作的辛苦等等。

2. 父母的榜样作用

父母应当随时向孩子灌输"爱是相互"的道理,如果身边有人需要帮助,就要及时伸出援助之手去帮忙。或许这些是成年人力所能及的一些小事,恰恰这些善举会在孩子幼小的心里生根发芽,对孩子产生潜移默化的影响。

3. 情感熏陶十分重要

中国是个礼仪之邦,拥有五千年的悠久历史。自古以来,所流传善良的故事数不胜数,《乌鸦反哺》、《羊羔跪乳》、《孔融让梨》等脍炙人口的故事应当多给孩子讲述,让孩子汲取丰富的精神营养,接受良好的情感熏陶。

4. 教育知道孩子关心他人,帮助他人

家长应当带着孩子多参与一些社会公益活动和慈善活动,比如为灾区捐款,去

第九章 先成人再成龙,让孩子的优秀表里如一

养老院慰问等等。这样可以在孩子积极参与的同时,在幼小的心灵中种下"人人为我,我为人人"的种子,懂得"帮助别人亦是帮助自己"的道理。

播种善良种子,盛开美好奇葩

卢梭曾说:"善良的行为,可以使人的灵魂变得高尚。"法国著名作家雨果也提到:"善良是精神世界的阳光。"身为父母,我们都希望自己的孩子是一个精神富足、品质高尚的人,这就要求父母要时时刻刻牢记教育孩子"与人为善"、"大爱大善"。

五、为孩子做出表率,言出必要行

守信是一种人性美德,是全社会都在提倡的道德教育。德国教育学家认为,孩子在4岁左右就有明辨是非能力,所以这个阶段是培养价值观的关键时期,大约90%的品行都是在孩子这个时期培养而成的。然而,家庭作为道德教育的主要场所,父母身为孩子的启蒙教育者,身上担负着教育孩子诚实守信的重要责任。所以,家长们要遵守这样一个原则:教育孩子诚实守信,父母必须率先做出榜样。

爸爸棒,宝宝更棒

林先生十分重视孩子的品质教育,他要求孩子言出必行,诚实守信。为了能够帮助孩子培养美好品德,林先生时时刻刻注重自身的榜样作用,从来不会做出欺骗孩子的事情。

一次,林先生陪伴孩子做幼儿园的手工作业,林先生许诺:"宝宝,如果你自己独立完成这件手工作品,明天我就会奖励给你一本精美的手工书。"孩子听完,高兴得手舞足蹈,更加认真地做起了手工。

没想到,第二天天气突变,鹅毛大雪纷纷洒洒地下了一整天。孩子愣愣地趴在窗户旁,认为爸爸下班后不可能带回来手工书了。时间一分一秒的过去了,以往这个时间爸爸早就已经到家了,今天究竟是怎么了?爸爸为什么还没回来?孩子耐心地等待着。就在这个时候,爸爸推开了房门,微笑着举着孩子期盼已久的礼物。此时的林先生手脚已经冻僵,浑身是雪,仿佛如同一个雪人。孩子感动极了,扑进林先生的怀里,用稚嫩的声音说道:"爸爸,你真棒,说到做到。你放心,宝宝以后会更棒的!"

对于父母来说,言出必行相当于在孩子心灵中播下诚信的种子。反之,父母不诚实不守信的品行,将会直接影响孩子的成长,影响孩子今后在社会上的立足。

好方法成就好学生

1. 不诚信的父母会给孩子混淆是非观念

明明父母教育孩子要拾金不昧,可是他们捡到钱却据为己有;父母经常给孩子灌输尊老爱幼的思想,可是在公交车上装作看不到站在一旁的老人。如果父母的言行不一致,就会让孩子的是非观念变得混乱,不知道究竟是该听从还是不该听从父母的言语。

2. 父母言行不一,教育出来的孩子多半我行我素

"家长是孩子的一面镜子,你对他笑,他也会对你笑;你对他哭,他则也会对你哭。"父母就是一面时刻立在孩子眼前的镜子,孩子就是通过"照镜子"的方式,不知不觉"修改"自己言行。如果父母经常出现言行不一的举动,孩子就会"照葫芦画瓢",不会做到诚实守信。长久以来,孩子就会出现我行我素的性格特征。

言传身教,以身作则

父母是孩子的第一任老师,一言一行都会对孩子产生潜移默化的作用。我国古代有一个故事叫做《曾子杀猪》,话说曾子的妻子随意对孩子许下诺言,说会把猪杀掉吃肉。曾子闻之,立马去把猪杀了。他义正词严地对妻子说:"对孩子要说道做到,否则就会让孩子学会撒谎。如果大人说话都不算数,那么以后有什么资格来教育子女?"这则故事言简意赅,却蕴含深厚的道理。曾子用实际行动教育为人父、为人母的我们,对待孩子要言而有信,诚实无诈,身教重于言教。

1. 父母要为孩子树立正确的思想意识

身为父母,要抓住一切机会为孩子树立明辨是非、爱憎分明、诚信不欺的意识。当孩子出现说谎话、不诚实的苗头时要抓紧时间纠正,为孩子讲明其中的利弊,以免孩子误入歧途。

2. 要求孩子做的事情,父母首先要做到

对于父母来说,正确的家庭教育等同为孩子播种成功的种子。父母所做的每一件事情,说得每一句话,每一个行为举止都会影响孩子。举一个最简单的例子,如果你要求孩子按照正确的作息规律生活,那么自己就不要出现晚睡、赖床的现象。言传和身教是一件十分重要的事情,只有自己行得正,孩子才不会走得歪。

3. 父母与孩子的关系要建立在平等至上

只有孩子对父母充分的信任,才能够听取父母所传授的正确方式。那么,父母该如何取得孩子的信任感呢?答案就是平等耐心地和孩子沟通,构建诚信的条件。

第九章 先成人再成龙,让孩子的优秀表里如一

父母要摒弃高高在上的姿态,"蹲下身子"倾听孩子的想法,走进孩子的内心,从而做到"零距离,好沟通"。

4. 父母不要轻易许诺

孩子养成言出必行的习惯十分重要,这就要求父母也要言而有信。有些家长对孩子总是随口承诺,说说而已,大多并不兑现,这就为孩子树立了不诚实的负面榜样,长此以往就会丢失孩子的信任。父母要求孩子要诚实,首先要做的事情就是自己守信。只有这样,孩子才能够信任父母、学习父母,从而成为一名诚实自律之人。

言必信,行必果

身为家长,对待孩子一定要做到"言必信,行必果",这样才能给子女带来信任感,让孩子觉得爸爸妈妈是值得信任的人。反之,总是开出"空头支票",随口说说再三失信,就会引起孩子的不满。言出必行的父母会时刻影响孩子,从而影响他的未来。当诚实伴随孩子长大之后,他就会知晓为人处世的生存底线,淡漠金钱名誉这些充满诱惑的物质,成为一名响当当的正人君子。

六、让孩子明白有错误一定要道歉

著名女作家王若按曾说:"能够面对错误,能够向别人道歉是一种勇气。"然而,有些时候孩子还没有勇气去面对自己的错误,那父母应该怎么办?我们需要做的就是帮助孩子懂得什么是勇气,并且陪伴他一起蓄积正面错误的能量。

砍倒的樱桃树

乔治·华盛顿小时候非常顽皮,也很好动。一天,他独自在花园里玩耍,找到了一把小斧头,出于强烈的好奇心,华盛顿举起斧头挥向父亲心爱的樱桃树,目的就是为了试试斧头是否锋利。

不久,父亲发现了自己的樱桃树被砍倒,厉声地问道:"这是谁干的?"华盛顿看到盛怒的父亲,十分害怕,沉默不语,只是紧张地用眼睛盯着父亲。父亲好像察觉到什么,他改变态度,和声地说:"犯了错误并不可怕,可怕的是自己犯了错误,却没有勇气面对错误。"听罢父亲的话,华盛顿鼓起勇气走到父亲身边,红着脸低声说:"对不起,樱桃树是被我砍倒的。我本来只是想试试斧头是否锋利,没想到一下子就把樱桃树弄断了。爸爸,我错了。"

爸爸看着华盛顿,问他:"你不怕我会惩罚你吗?"

好方法成就好学生

华盛顿抬起了头,勇敢地说:"不管怎样,是我做错了事情,我必须要主动承认自己的错误。"

听完儿子的话,爸爸笑了,他慈爱地抚摸华盛顿的头,说:"好孩子,我宁可损失一千棵樱桃树,也不愿意听到你说半句谎话。"

华盛顿用真诚换取了父亲的原谅,在父亲严格的家庭教育下,华盛顿养成了诚实品质,最终成就了一番伟大的事业,成功当选美国总统。

试想一下,倘若华盛顿的父亲没有能够为孩子提供良好的教育,孩子以后就再也不敢承认错误。所以说,当孩子犯了错误之后,父母一定要给予正确的引导,让孩子勇敢地面对错误,勇敢地去道歉。

1. 孩子不能正确面对错误,容易患上"给我综合症"

"给我综合征",也就是指不断地、坚持不懈地要求要越来越多的东西为特征的行为模式。一般来说,孩子为了满足内心的需要才会不断地向别人索要。如果孩子犯了错误不能正视,就会想尽办法去欲盖弥彰,比如说不断地向别人索要来弥补内心的空虚与恐惧。

2. 孩子不能正确面对错误,就会发生行为冲动

有一些孩子被家长称作"人来疯",也就是人越多,他就越捣乱。孩子的这种行为多半有两种原因,其一是希望吸引他人的注意,其二是以此来冲淡自己的对错误的感受。我们姑且不去讨论前一种原因,当孩子犯了错误之后,哪怕他们没有勇敢去面对,心中也会留有阴影。此时,他们既不敢面对错误,也忘却不了错误,于是沉重的心情就转化为一种特有的儿童行为,那就是乱打乱闹。

孩子在成长过程中迫切需求向别人表达自己的主见,可是由于他们没有丰富的经验,于是在说"不"的同时犯下了错误。我们不要期盼孩子不去犯错,而是要在他做了错事后提供帮助。要知道,孩子犯了错误不一定要采用惩罚的手段,巧妙地引导孩子主动承认错误才是正确的教育方式。

匡正孩子的错误

21世纪是一个竞争激励的时代,是人才综合素质大比拼的世纪。时代的需求在不停地提示我们:必须帮助孩子超越自我,卓越成才。然而,人是在成长中成熟的,教育学家陶行知曾说:"没有什么东西比自己犯的错误能让一个人更快地走向成熟"。父母应当正确对待孩子的错误,让他认识到错误是一个生命成长所必须经

第九章 先成人再成龙,让孩子的优秀表里如一

历的事情,只要用正确的态度去看待这些错误,承认错误,他们就能够从中受益。

1. 用正确的方式培养孩子勇于认错的好习惯

很多父母认为,打和骂的惩罚才能制止孩子下次犯错。他们信奉着"棍棒出孝子"、"不打不成才"的错误教育观念。殊不知严厉的惩罚会让孩子产生恐惧感,不敢面对现实,不敢面对父母,从而产生强烈的自我防卫心理,导致"破罐破摔"的极端行为出现。

2. 家庭要建立健全的"容错机制"

在教育孩子勇于承认错误的问题上,首先要建立健全的"容错机制"。让孩子知道犯了错误一定要原原本本、明明白白告知父母事情的来龙去脉,之后分析错误所在,从错误中汲取经验教训。如果父母根本就不能容忍孩子犯错,那么孩子就不可能敞开心扉与家长沟通,自然认识不到错误的严重。

3. 让孩子学会认错

孩子在很大程度上是非观念很弱,有些时候不知道要去道歉,这就要求家长进行正确的引导。让孩子意识到自己的错误不正确,那么道歉就会顺理成章的进行。当孩子因为恐惧而不敢承认错误的时候,父母应该做的就是给孩子提供安全感,避免其对错误所产生的畏惧心理。

4. 鼓励孩子承担责任

犯了错误,首先要道歉,然后想办法补救。勇于承担责任是家长在教育过程中要灌输给孩子的思想。如果一味地对孩子加以指责,只能让加重孩子逆反心理和恐惧心理,对认识错误没有半点帮助。

5. 适度的惩罚和表扬

孩子犯了错误,家长应当更具孩子认错态度给予适度的惩罚和表扬。如果犯错的孩子能够在第一时间内认识到错误,承认错误,想办法去补救错误,父母在为其提供帮助之外,还应该给予口头表扬,让孩子明白知错就改的行为是正确的行为举止,是父母所期望的行为。

6. 父母犯错也应道歉

不要认为身为家长,碍于面子犯了错误就去道歉,要知道父母是孩子的第一启蒙老师,孩子很多行为都在模仿父母。如果家长做错了事情却不肯认错,那么孩子则会原样照搬。要知道,父母道歉并不是丢人的事情,道歉并不能让父母失去威信,反而更容易受到孩子的尊重。

好方法成就好学生

知错就改，勇于承认

中国有句古话："闻过则改，有错必纠"。错误并不可怕，可怕的是不愿意承认自己的错误。如果孩子犯了错误，不敢正确面对，就等于讳疾忌医，最终将小问题演变成为大错误。人生难免犯错，聪明的人有了错误敢于承认、敢于纠正，所以他们能够成功；而愚昧的人犯了错误就会遮遮掩掩，自欺欺人，所以他们不仅没有作为，反而失败。

七、责任：让孩子担负起与生俱来的使命

孩子摔倒了，父母心疼将宝宝扶起来，并且大骂"地太坏了，摔疼了宝宝"；孩子打哭小朋友，父母忙着为自己的孩子辩解："别怪他，他不是故意的"；孩子考试考砸了，父母说："老师出题太难了"。儿童心理学家针对这些现象不仅感慨道："现在的父母究竟怎么了？为什么教育孩子推卸责任？要知道，一个不懂得担当责任的人是永远没有出路的。"

龙永图的所见所闻

著名学者龙永图应邀去日内瓦开会，在那里，他看到一件让自己受益匪浅的事情。

晚宴的间隙，龙永图去卫生间，他听到一间厕所内一直发生一种声响，并且持续了很长时间。出于好奇，龙永图礼貌地敲敲门，问里面的人是否需要帮助。门打开了，只见一个5、6岁左右的小男孩一直在吃力地够着水箱拉绳。由于个头太矮，他只能一次又一次地跳起来。这件事情令龙永图感慨不已，小小的孩子身上却体现了难能可贵的责任感。对那个孩子而言，上完厕所冲马桶是他应该尽到的责任，尽管冲水的困难重重，他却始终坚持。

我们父母应当知道，孩子是一个独立的个体，自从他呱呱坠地的那一刻起，他已经独立存在于这个世界之上。作为一个独立的个体，他应当明白要为自己的行为负起责任。因为，父母关注其成长不仅仅停留在身体层面，还应当对人格培养给予重视。反之，一个不负责任的孩子成长道路就会变得异常艰难，直接影响他的整个人生。

1. 缺乏责任心，很难拥有高尚的道德标准

毫无疑问，责任心是一个人健全人格的基础，更是能力培养的重要指标。当孩子认清自己应当负起的责任时，就会因此而遵守一系列规范，自动自觉地去履行义

第九章 先成人再成龙,让孩子的优秀表里如一

务。反过来,缺乏责任心的孩子很难谈得上拥有高尚的道德标准,也就不会主动地遵守社会道德和履行义务。

2. 缺乏责任感的孩子喜欢依赖父母,自私冷漠

在家庭中,有些孩子没有责任感,不知道责任是什么,也不知道到对社会负责、对家庭负责、对父母负责,甚至不知道对自己负责。他们一味地索取,依赖父母,不知道感恩,更不懂得回报,这样的孩子就会变得自私冷漠,很难有所成为。

3. 没有责任心的孩子拖沓、懒惰

孩子的懒惰是长期形成的负面行为习惯,也是长期形成的负面心里。有些孩子没有责任心,生活中应该自己所做的事情全部推给父母,他们不愿意负责、不敢负责、不会负责也不想负责,所以就形成了办事懒惰、拖沓的习惯。

培养孩子的责任心可以从生活中的点滴小事做起,比如说让孩子明白劳动的意义,知道劳动可以创造一切,做一些力所能及的事情。

培养孩子的责任感

穆尼尔·纳素说过:"责任心就是关心别人,关心整个社会。有了责任心,生活就有着真正的含义和灵魂。这就是考验,是对文明的至诚。它表现在对整体,对个人的关怀。而这正是爱,正是主动。"道德教育的法则中明确规定,在家庭道德教育之中,家长一定要重视对孩子责任心的培养。

1. 不要对孩子过度保护

在中国的大部分家庭中,很多家长都将所有的爱倾注到孩子身上,由此产生了过度保护现象。在家长庇护之下,孩子不用自己思考、不用自己动手,也不用自己去负担一些责任。于是,在父母包办代替之下,孩子的责任意识就被逐渐抹杀和淡化了。

2. 榜样的作用不容忽视

榜样作用在道德教育中能够起到重大作用,由于孩子自我独立判断能力很差,他们往往需要观察父母这样的"权威"人物来判断,并且对其进行模仿。试想一下,一个有责任心、关心他人、做事有始有终的家长一定能够给孩子带来积极、正面的榜样作用。

3. 教育孩子从自己身上找原因

亚伯拉罕·林肯说:"逃避责任,难辞其咎。"培养孩子的责任心,就要教育他凡

好方法成就好学生

是要从自己身上找寻原因。只有弱者才会把错误归咎给其他人,去推卸、逃避问题;强者会从自己身上找问题,完善自我、提高自我、超越自我。一个敢于承认错误的孩子是勇敢的孩子,是一个敢于承担责任的孩子。

孩子最优秀的导师

身为家长,我们必须强化道德教育中有关责任心的培养。李石华在《中国的教育缺什么?》一书中明确指出:"父母除了针对孩子不同年龄的发展特点,有目的、有重点地对其进行责任心教育之外,还应当为孩子书里一个良好的榜样行为,注意对儿童积极的责任行为强化。唯有如此,才能够保证孩子在道德观念的行程中,不至于有所缺失。"

八、用欺骗来教育?你在进行最坏的教育!

孩子是天真纯洁的,他们不懂得谎言能够给自己和他人带来多大的伤害,也不懂得说谎的危害性。因此,也许父母不经意的谎言孩子就会信以为真,当发现父母言行不一致后,孩子的身心健康就会受到影响。

妈妈说话不算数,妈妈骗人

周末,宇通妈妈准备带孩子去参加一个宴会,可是小宇通正在兴高采烈地玩着新玩具,根本不想出门。为了参加宴会不迟到,妈妈就对宇通说:"如果你现在和我一起出门,那么晚上我同意让你玩一个小时的电脑游戏。"听完妈妈的话,小宇通高兴极了,蹦跳着牵着妈妈的手走出了家门。

到了晚上,宇通进门后的第一件事情就是吵闹着玩电脑游戏,可是妈妈却把脸一板,说道:"不许玩,赶紧洗漱上床睡觉!"小宇通感到异常委屈,大哭起来,说道:"妈妈说话不算数,妈妈坏,妈妈骗人!"

"我那不算骗人,我的许诺只不过是让你改掉磨蹭、拖拉的毛病而已。"妈妈说得义正词严。"如果你非要玩电脑游戏,我就会揍你的屁股。"

那天晚上,宇通没有玩成电脑游戏,妈妈也没有信守自己的诺言。从那以后,宇通对妈妈所说的话都抱有怀疑态度,再也信不过妈妈了。

父母这样欺骗孩子的结果是什么?换来的只能是孩子的不信任。这样,孩子就会拒绝和父母沟通,从此以后亲子间的一系列问题就此产生。

1.欺骗教育往往会让孩子封闭自己的心灵,亲子间沟通不顺畅

第九章 先成人再成龙,让孩子的优秀表里如一

有时候,父母可能有一些言辞来欺骗孩子,比如说告诉孩子:你要是认真完成功课,妈妈就带你去公园玩。于是,孩子认真地做完功课,可是妈妈的诺言却没有兑现。孩子就会产生两种感觉:第一,妈妈是个骗子,妈妈说话不算数。第二,妈妈的话不可信,再也不能相信家长。当孩子对说谎的父母心存芥蒂之后,孩子就会把内心封锁起来,不愿意跟家长进行交流。

2. 欺骗教育会助长孩子的不良行为

日常生活中,有的家长为了教育孩子,往往把子女所犯的一些错误夸大,比如说:由于粗心,孩子打碎了一个杯子。家长就告诉孩子,这个杯子价值很高,在市场上不容易买到,他所犯的错误很难弥补。也许家长希望这样的言语能够让孩子"长记性",从而小心谨慎为事。可是令家长想不到的事情是,这样的夸大后果,大容量的刺激孩子,会让孩子做事情畏首畏尾,即使犯了错误也不愿意告诉家长,最终助长孩子撒谎、欺骗等不良行为。

3. 欺骗教育下的孩子容易患上心理疾病

很多家长在孩子调皮捣蛋的时候,不自觉地用"我不要你了"、"你不要当我的孩子了"。也许父母这些话只是出于盛怒情绪下的无心言语。可是俗话说"说者无意,听者有心",孩子会对家长这些话语当真,以至于容易出现自卑、怯懦、恐惧等心理疾病。

4. 家长的欺骗,教会了孩子说谎

教育孩子是一件复杂的事情,家长经常对孩子讲:"要诚实,不能撒谎。"可是,当孩子一而再,再而三受到家长的欺骗之后,孩子就会"反其道而行之",学会用说谎来应对父母。

有些家长用欺骗来教育孩子多半出于两种情况:其一,无心言语;其二,图省事,认为谎言比讲道理更加快速、有效地压抑孩子的想法和要求。然而,教育是一项长期而艰巨的任务,不能因为"省事"就走一些"旁门左道",对孩子的认知和情感上造成一定负面影响。

摒弃谎言,做称职的父母

宋庆龄十分注重孩子的家庭教育,她曾经说过:"孩子们的性格和才能,归根结底是受家庭、父母,特别是母亲的影响最深。孩子长大成人后,社会成了锻炼他们的环境,学校对年轻人的发展也起着重要的作用。但是,在一个人身上留下不可磨灭

的印记的却是家庭。"身为孩子的父母,我们应当运用科学、合理的教育方式来对待孩子,而欺骗的语言,理应当完全摒弃。

1. 换位思考

父母是孩子最亲密的人,如果家长能够换位思考,将心比心,体验被亲密的人欺骗后的伤心感觉,自然能够体会孩子的心情。其实,孩子的感情与成人是等同的,听到家人的谎言他们也会伤心、落泪,从而产生不信任感。

2. 以身作则

家长口口声声地对孩子说:"你要诚实,要讲信用",可是如果父母自己连这一点都做不到的话,就相当于自己放弃教育孩子的资格。宋庆龄曾说:"成年人的一言一行都是孩子的榜样,大人骗孩子,孩子也就学会了欺骗。"

3. 坚持正面教育

教育学家认为:"对孩子要坚持正面教育,运用启发、说服、鼓励等方法进行长期的、反复的教育工作。"可是对于欺骗教育而言,它原原本本就是一种负面影响,不仅能够影响孩子的身心健康,还会让亲子之间的亲密感情荡然无存。

不要让孩子学会欺骗

"用什么思想去教育孩子,就会把孩子培养成什么样的人。"道理等同,如果家长总是用欺骗来教育,很难让孩子树立诚信思想,成为一个信守诺言、诚实勇敢之人。

九、用行动为孩子的脑海刻下正直

《韩诗外传》卷七中写到:"正直者顺道而行,顺理而言,公平无私,不为安肆志,不为危激行。"家长对孩子的教育,不在于给孩子提供多么富足的物质条件,而是在于对其人格的影响。父母与正直勇敢、与人为善,就会对孩子的人生观产生十分积极的影响。相反,如果父母不懂得尊重他人、小肚鸡肠,这些不良习气则会影响孩子的品德。有人称孩子是家长生命的延续,在孩子身上或多或少都能折射出父母的影子。所以,身为父母,就要以身作则、行为示范,用正直的举动来影响孩子,培养孩子。

正直的双重标准

连家刚刚上小学二年级,由于贪玩痴迷集卡片,他鬼使神差地偷拿了妈妈放在

第九章 先成人再成龙，让孩子的优秀表里如一

茶几上的零钱。当连家玩得满头大汗回到家中时，看到的是妈妈铁青的脸色。

"连家，你看到我放在茶几上的零钱吗？"妈妈问道。

"我，没，没看到。"连家小声地回答。

"孩子，在《论语》里有这样一句话：'人之生也直，罔之生也幸而免。'它的意思是说：一个人因为正直，所以在人世上能够生存，不正直的人有时也能在人世上生存，那只是因为他侥幸地躲避了灾难罢了。所以，妈妈希望你能够成为一个正直之人。"

听完妈妈的话，连家羞愧地低下了头，诚恳地向妈妈承认了错误。

过了几天，连家和几个小朋友一起踢足球，不小心把邻居家玻璃打碎了，小伙伴见状一哄而散，只剩了连家自己。连家鼓起勇气，敲响邻居家的门，并且主动要求提供赔偿。连家的妈妈得知这件事情后，却大骂儿子："你这个没用的东西，别人都知道跑，你怎么不知道呢？"连家听完妈妈的话，觉得既委屈又迷茫。他不知道妈妈为什么会骂他，也不知道自己主动向邻居承认错误到底是错是对？

在人生道路上，父母是孩子的老师，也是孩子学习的榜样。父母必须时刻牢记这一点，如果你要求孩子做一个正直的人，那么自己就要身体力行，像连家妈妈这样用双重标准来教育孩子，则是大错特错了。

1. 没有正直的人品很难获得别人的尊重和信赖

正直是个人的一种优秀品质，是做人的最基本道德标准。如果没有正直的人品，就很难让自己在声誉和利益诱惑面前坦然自若。

2. 没有正直相伴，人生容易迷失方向，迷失自己

父母对孩子的品德教育影响是深刻的，会终极孩子的一生。厄斯金爵士说过："我青少年时代就坚持一条准则，做我的良心让我做的事情，上帝会有公论。我会一直坚持这条原则，直到走进坟墓。我严格地遵循它，从不抱怨那是一种牺牲。相反，我却从此找到了发财致富的道路。我还会把这条道路指引给我的孩子们。"父母坚持真理、一丝不苟，是值得每一个孩子铭刻在心的榜样。反之，如果孩子的人生没有正直相伴，人生道路就很容易迷失方向，迷失自己。

正直是做人的基本道德标准。可是正直说起来很容易，做起来却很难。父母如果希望自己的儿女有优秀的品质，那么就要用自己的行动去感染孩子，帮助他健康发展。

好方法成就好学生

正直,是人生大厦的基石

川·立派当选泰国总理后,他的老母亲依然摆小摊自食其力。当有媒体采访她时评价道:"一个来自平民阶层的平凡母亲,教育出一名以其诚实、正直而受人尊敬的总理。"而这位母亲的一番话值得我们深思,"我其实没有做什么,我只不过在他小时候就教导他做人必须诚实、正直、勤劳和谦虚。我只是让他明白,一个人无论做什么,一定要知道自己生命的意义。"

1. 家长要给孩子树立良好的榜样

父母以身作则,为孩子树立正直品格的榜样是十分重要的事情。反之,那些不诚实,没有绝对正直品格的家庭则很危险,如果成人在金钱面前、名誉面前屈服,做出了不正直的事情,那么孩子就不会拥有健全的人格。

2. 让孩子决定自己的行为选择

正直品个不是一朝一夕就能养成的事情,父母应该让孩子在日常生活中对事物有个正确的鉴别,并且决定自己的行为选择。如果孩子能够理性看待问题,遇到事物有准确的判断,就能为人生增添正确的态度。

正直是为人处世的根本

爸爸妈妈都希望自己的孩子有个美好的前程,是一个德才兼备的社会人才。所以,父母在重视孩子智力投资的同时,也要重视品德教育。父母要从自身做起,加强道德修养,用正直来给孩子树立正面的榜样作用。

十、礼貌:永不过时的教育理念

礼貌是指人与人交往中,需要有一定的行为规范,并从语言和动作表现出来有道德的行为举止。清代大思想家颜元就曾经说过:"国尚礼则国昌,家尚礼则家大,身尚礼则身修,心尚礼则心泰"。所以说对孩子进行文明礼貌教育,是培养孩子高尚道德品质和理想情操的起点,无论对社会、对家庭还是对孩子,都具有十分重要的意义。

懂礼貌的好娃娃

傍晚,邻居在玉林家做客,这时8岁的玉林从外面玩耍回来。妈妈对女儿说:"玉林,快叫叔叔、阿姨好。"谁知道玉林连头都没抬,就当没有看到邻居一样,转身就进了自己的卧室,这让玉林妈妈十分尴尬。这样的事情在女儿身上发生过很多

第九章 先成人再成龙,让孩子的优秀表里如一

次,有时候玉林在街上碰到长辈或者同学,也从来不去打招呼。

邻居走了,玉林妈妈陷入深思,"我家的孩子为什么会这个样子?为什么对别人这么没有礼貌呢?"于是,妈妈下决心改掉女儿不懂礼貌的坏习惯。

第二天,妈妈去书店买回了一本关于孩子有礼貌方面的书,在玉林面前晃一晃。爱读书的玉林看到新书后非常高兴,马上就找妈妈要。可是妈妈问:"你喜欢这本书?"

玉林回答:"当然了。"

"那你是不是应该对我说声谢谢?"妈妈继续说道。

"恩,好吧,谢谢妈妈。"玉林想了一下,向妈妈道谢。

"孩子,我送你这本书是有目的的,希望你能够从中学到讲礼貌的重要性。"妈妈引导说:"见到认识的人,应该主动问好;接受别人的帮助就要说谢谢;当然,做了错事要勇敢认错,大声说出对不起。"

听完妈妈的话,玉林的小脸顿时红了,她仿佛认识到了自己的错误,于是诚恳地对妈妈说:"妈妈,我以后会做个懂礼貌的好孩子的。"

相对来说,懂礼貌的乖孩子容易受到大家的喜爱,而不懂礼貌的孩子,往往会出现以下几种情况:

1. 不懂礼貌的孩子不会尊重别人

孟子曰:"爱人者,人恒爱之;敬人者,人恒敬之。"孩子对人的尊重是一种起码的道德品质,也是一种境界一种美德。尊重不仅仅是一种态度,也是一种能力和美德。如果孩子不懂礼貌,就等同于丢失了素质和修养,懂得尊重他人恰恰是素质与修养的一面镜子,反射出自身的美丽。

2. 不懂礼貌的孩子不会欣赏别人

"三人行必有我师",每个人都会有自己的独到之处,学会欣赏别人,懂得欣赏别人,时时处处保持谦逊的态度,虚心学习取长补短,确立尊重的处世哲学,才能丰富和发展自己。

3. 不懂礼貌的孩子会将自己处于冷漠状态

德尔·卡内基曾在《怎样操纵人》中写道:"想受人敬重,不必特地阅读书本,只要向这方面的专家学习即可,这位专家经常可以在路上相碰。只要有意走向前去,它就会摇头摆尾,若再抚弄它时,它会愉快地表示善意。狗没有读过心理学,而且也没有学习过,它只是根据本能获悉,与其先引起对方的关心,还不如先向对方表示

好方法成就好学生

好意才能结识到知己。所以,若想结交好朋友,就应该先关心别人,才能引起关心自己。"从这段话里我们可以得知,如果想要得到他人的关怀就要主动地关怀别人。不关心别人且态度冷漠的人永远都属于自我状态,生活在以自我为中心的真空环境只能得到一声叹息。

原国家教委和全国妇联颁布的《家长教育行为规范》指出:"家庭教育重在教子做人。而讲文明懂礼貌,则是学会做人的首要解决的问题。"据教育学家研究发现,模仿是孩子的学习的主要手段,孩子从4岁起,就可以通过家庭教育初步形成礼貌意识。所以说,让孩子从小培养有礼貌的好习惯,是对他终身受益的事情。

教孩子从小懂礼貌

作为父母,都希望自己的孩子懂礼貌,然而礼貌意识并不是每个人与生俱来的本领,它需要一个长期的过程来培养。在这个过程中,父母应注意以下几项:

1. 礼貌待人

美国心理学家杰里·维考夫提到,"父母一般都不会以要求孩子尊重自己的方式尊重孩子。"当亲子之间处于这种"不平衡"的状态时,孩子对家长的态度就会由尊敬转化为畏惧。对于家长来说,正确的做法就是俯下身子,倾听孩子内心真实的语言,这样才能让孩子听从父母的礼貌教育。

2. 礼貌用语不可少

"请"、"谢谢"、"对不起"、"再见"等,这些礼貌用语都可以表达对别人的喜爱和尊敬。家长不妨在幼儿牙牙学语的时候就开始教孩子,让孩子在正确场合使用正确的礼貌语言。当礼貌用语已经成为孩子日常交流的一部分时,礼貌意识就已经在孩子脑海里深深扎下了根。

3. 过激反应不可取

如果孩子有了不礼貌的言语和行为,家长应该平静对待,之后用坚决的语气告诉孩子:"你这样是不礼貌的行为,也是不被人接受的行为。"反之,如果父母用强硬的态度来对待孩子,只能让孩子加深不礼貌的印象。所以,不管什么场合之下,父母都不要采取过激行为来粗暴地对待孩子。

4. 设置底线

美国教育专业人士简·内尔森认为,"教会孩子懂礼貌的最好方法就是在管教孩子的过程中既和蔼又严厉。"和蔼的态度能够体现出家长对孩子的尊敬,可以让

第九章 先成人再成龙,让孩子的优秀表里如一

孩子体会到父母与自己的地位是一样的。而严厉的态度则能够表现出父母坚持原则,让孩子知道爸爸妈妈是不会因为他的哭闹而妥协那些无力的要求。就像内尔森所举的例子一样,"如果孩子在超市内大哭大闹,根本哄不住孩子,父母就应该心平气和但坚决果断地把孩子带出超市,放到车上,看看报纸杂志,直到他安静下来。"

懂礼貌的孩子,人见人爱

我国素以文明古国和礼仪之邦称誉世界,而礼貌是人与人沟通的基础,也是一个人文化素养、道德品质的重要表现。对于孩子来说,养成了文明礼貌的习惯,就能够自觉遵守社会规范要求,和他人友好相处,积极上进。今天的孩子,长大后将是各领域的主力军。为此,父母必须从小注重和深化对孩子礼貌教育的培养,让孩子成为国家明日的栋梁。

第十章 让孩子告别"宅在家",体验"走出去"

在家庭教育上,许多家长奉行了"只有学知识才是学习"的教育观念,这种错误的观念导致国内不少的孩子除了读书以外,缺乏足够的生活体验。他们不懂得如何与他人相处,就连基本的家务活都不会做。"宅宝宝"的出现,导致了孩子无法在与他人交往、走向社会的过程中体验成长的快乐,缺乏解决实际问题的能力。由此看来,让孩子走出家门、走向户外已经成了让孩子健康快乐成长的另一要求。

一、变小家为大家,变独养为群养

最近几年中,"群养"概念突然流行起来。对于"小皇帝"、"小公主"这些独生子女来说,"群养"无疑是一种全新的教育理念,而这种教育方式可以让这些孩子明白集体的印象,从而抛弃"小我",积极地融入"大我"。

不再孤独

由于工作很忙,爸爸妈妈很少有时间带着闹闹外出玩耍。所以,每天闹闹放学回家,家里就呈现"三足鼎立"的态势:爸爸在书房埋头苦干、妈妈忙里忙外做家务,而做完功课的闹闹只有孤零零地站在阳台上向外望。

怎么办呢?大人工作这么忙,孩子单独外出又不放心,这个问题让闹闹的父母大伤脑筋。无独有偶,楼上的妞妞家也只有这么一个孩子,她的年龄和闹闹相仿。一天,妞妞的妈妈敲开了闹闹家的门。

刚进门,妞妞妈妈就说明了自己的来意,"现在的孩子太孤独,我们大人又没有时间陪孩子。您看这样可以吗,每天放学回来让两个孩子一起在我家做功课,之后一起玩耍。我没有其他意思,就是想让孩子有个伙伴。"妞妞妈妈的意见和闹闹家长一拍即合,就这样,两个孩子就成为了伙伴。

"群养"一段时间过后,妞妞家长和闹闹家长发现自己的孩子有了很大改变,他们知道有好东西要与别人一同分享,再也不护着自己的零食和玩具了。孩子的转变让做家长的有了很大欣慰,逢人便说:"看来'群养'的好处真多啊。"

根据经验,独生子女的成长过程中会出现很多这样或那样的问题,例如:

好方法成就好学生

1. 孩子出现内向、沉默寡言的现象

当孩子经历孤独的成长过程后,内向、胆小、不爱与人沟通的负面现象就会随之出现。因为这些孩子缺乏与他人的交往,只是将自己沉溺于狭隘的个人范围之内。久而久之,就会出现交际能力差、言语模式退化等现象。

2. 孩子容易出现"以自我为中心"的自私性格

由于家里只有一个孩子,父辈和祖辈都会把其看作"手心里的太阳",让孩子过着衣来伸手饭来张口,百依百顺的生活。日子一久,孩子就会出现以自我为中心的想象,认为所有人都应该听我的,我想要的东西就一定要得到,而我的东西别人谁都不让碰。父母的这种爱,可以称之为错位的爱,就像马卡连柯提到的:"父母对自己的子女爱不够,子女就感到痛苦,但是过分的溺爱,虽然是一种伟大的感情,却让子女遭到毁灭。

在一个人的生命过程中,离不开与形形色色人的交往,而大多数独生子女缺乏与人相处的能力。有人说:"与人相处是一门学问,如果能够牢牢掌握这门学问,则会游刃有余地幸福生活。"所以,不要让孤独成为孩子无法逾越的障碍,家长应当创造"群养"条件,让孩子体会到大家的温暖。

打造"群养"三赢模式

俗话说:"独柴难烧,独子难教",教育也需要智慧。"群养"方式是一种将多个家庭自身资源整合,合理分配时间和分享教育理念的"家庭互助"新模式。这种新模式如今已经受到不少双职工家庭的追捧。

第一赢:增强孩子之间的交流

"群养"方式可以促进孩子之间的交往,童年时代的孩子其实最需要结交朋友,否则在孤独环境中成长的孩子容易独来独往,不善与人沟通。缺少朋友的孩子很难具备适应环境的能力,也很难独自去面对复杂的社会。

第二赢:减轻父母压力,提高生活质量

如今生活节奏很快,成人整天都要忙于工作,忙于生活,很难将孩子的各个方面照顾得面面俱到。对于家长,不仅解决了没时间带孩子的问题,而且还拥有了一个教育经验交流的契机,一举两得。

第三赢:丰富孩子的生活和阅历,迅速增加知识

对于群养的孩子来说,吸收几个家庭的文化营养,可以丰富自己的生活,开阔

第十章 让孩子告别"宅在家",体验"走出去"

眼界,这些对人生的感悟和对社会的认识,是书本上和课堂中难以学到的人生宝贵财富。

"群养"模式受青睐

教育学家对变"小家"为"大家",变"独养"为"群养"的方式呈肯定态度,因为这种模式可以很大程度上解决独生子女内心封闭和以自我为中心的问题,有效减少他们孤单情绪,为孩子提供大量的与人相处机会。所以说,"群养"方式已经逐渐演变为一种顺应时代潮流的新型教育方式,受到越来越多家长的青睐和推崇。

二、别怕孩子累着,家务活也是教子之法

有些家长经常抱怨自己的孩子懒惰,可是他们却从来没有对自己的行为进行反思。对孩子大包大揽,恨不得把饭端到孩子嘴边,亲手给孩子穿上衣服,这样的教育方式其实就是在剥夺孩子劳动的权利。在日本,厨房教育是家庭教育必不可少的一项工作,日本人认为做家务是"每个人最低限度的生活能力,也是增进家庭生活的情趣、建立儿童人际关系的基础,不分男性或女性。"调查资料也显示,"假如孩子从小远离家务,视家务为畏途,那么,他在成长过程中将会留下缺陷。"所以,家长不要过多的溺爱孩子,包办孩子的事宜,做家务其实也是一种科学的教育方式。

我爱劳动

吴女士发现3岁的宝宝喜欢模仿自己的举动,如果妈妈在扫地,小家伙就学着扫地;如果妈妈刷碗,小家伙就搬着板凳踮起脚洗自己的小碗。于是,吴女士开始有意识培养宝宝做家务的能力。

一天,同事来吴女士家做客,发现3岁的宝宝正在吭哧吭哧地洗手绢。由于孩子年龄小,手绢还没有洗干净,地上就已经洒满了水。这时,同事一边抢过手绢帮孩子洗,一边指责吴女士:"哪有你这样当妈的,让这么点的孩子干活。"吴女士赶忙制止同事,对她说道:"孩子喜欢劳动是件好事,如果因为他做不好就不让他做,那么久而久之他就不愿意去做家务,也体会不到自己做事的满足感和幸福感了。"

日本早教专家牧野圣子做了这样的分析:"切莫小看做家事,做家事是学习人际关系的基础,也是一种比游泳更均衡的运动,而且可以丰富情绪,使孩子对自己所拥有的能力更加自信。"如果家长不注重孩子做家务能力的培养,就会出现以下几种情况:

1. 导致孩子自理能力差

学会自理，是孩子个人能力和社会能力的第一步。自理能力差的孩子，不愿意自己动手去做事情，凡事愿意找父母帮忙。这样一来，不利于孩子良好行为习惯的养成，也会影响自信、自强、明快、果敢性格的培养。

2. 导致孩子自立能力差

这里有一份美国孩子的家务清单："9至24个月，自己扔尿布；2至3岁，扔垃圾，整理玩具；3至4岁，自己刷牙，浇花，喂宠物；4至5岁，铺床，摆餐具；5至6岁，擦桌子，收拾房间；6至7岁，洗碗盘，独立打扫房间；7至12岁，做简单的饭，清理洗手间，使用洗衣机；13岁以上，换灯泡，擦玻璃，清理冰箱、炉台和烤箱，做饭，修理草坪……"美国的孩子成长起来，往往更加具有独立自主的能力。相反，如果孩子连力所能及的家务都不去做，那么又何谈自立能力的产生呢？

教育学家认为，"做家务对孩子来说，劳动，并不意味着辛苦，令人难耐。相反，洗车、除草、晒衣服，共做家务成为增加亲情的快乐时光。"

如何培养孩子做家务

让孩子做家务好处多多，通过劳动孩子能够明白"人首先得生活，而生活是由很多细碎、不能摆脱的事情构成的：不仅要打理柴米油盐，还要会挣钱理财投资；不仅要营造居家过日子的温馨，也要有出行安全的保证。"那么，家长该如何培养孩子做家务的能力呢？

1. 从分内事情做起

培养家务能力也需要一个循序渐进的过程，父母可以先从小事情开始锻炼孩子，比如说自己穿衣、自己吃饭、自己收拾玩具等。

2. 从玩耍中学习

对于年龄较小的孩子，家长可以为其设计一些有意思的游戏来帮助孩子培养家务劳动意识。例如让宝宝扮演清洁工，自己把丢在地上的玩具收拾整齐干净。

3. 不要低估孩子能力

有些家长怕孩子年龄小，摔了碗或者打破东西，所以不愿意让孩子参与一些家务劳动。著有《做父母的艺术》一书的伊丽莎白曾说："父母在考虑给孩子分配家务时，很容易走入的第一个误区就是低估孩子的能力。"低估孩子能力的父母不在少数，这样最直接的后果就是打消孩子劳动的积极性，挫伤孩子自尊心。

第十章 让孩子告别"宅在家",体验"走出去"

4.给孩子适当的奖励

在让孩子做家务这件事上,父母要注意保持一贯性,对孩子有明确的期待。可以明确告知孩子可以做什么样的事情,如果做得好就要及时给予口头奖励,并且告诉孩子连续几天都坚持做好家务,就可以得到一本喜欢的书,或一件心爱的玩具等等,以此激发孩子做家务的兴趣。

做家务,增强孩子的能力

心理学家研究发现:"当人在体力劳动和体育锻炼时,脑子里氧气最充分。成人一次注意力只能集中50分钟,因此不能让大脑连续学习几个小时,这样效率就会降低,还会造成神经衰弱。而人在劳动和运动时,思维部分是休息的。应该是学习45分钟,劳动或锻炼15分钟,每天累计劳动或运动量至少一小时,这样会使学习更有效率。"所以说,孩子做家务不仅是一种锻炼,还是一种学习。但是,培养孩子做家务的习惯需要耐心,只有让孩子自主自发、快乐的做家务才能达到教育的目的!

三、走,野营去!

提起野营,很多家长都持有反对态度,认为那简直就是受罪,自找苦吃。有的父母说:"住在帐篷里,哪有洗个热水澡、躺在软软的床上舒服?"可是,家长有没有发现,生长在钢筋水泥城市中的孩子,对大自然的描述是那么的匮乏和单一,我们为什么不能带着孩子去亲近亲近大自然呢?

带着孩子去野营

周末,西西的爸爸妈妈联系了另外两个家庭,带上帐篷和炊具外出野营。

按照计划,三个家庭到了目的地,就开始紧张有序的分工合作起来,妈妈们开始收拾炊具,准备晚餐的饭菜;爸爸们就像一个个魔术师,不一会工夫就将三个帐篷牢牢地立住;三个小家伙也没有闲着,跑来跑去地捡拾柴火。

忙活了半天,几道香喷喷的饭菜就出炉了,大人孩子围坐在草地上,一边享受着美食,一边呼吸着森林里的清新空气,煞是高兴。

慢慢地,天黑了。在人们周围,开始有三三两两的萤火虫在优雅地飞舞,西西他们第一次看到这种神奇的昆虫,兴奋得不得了。西西手疾眼快,抓住了一只,小心翼翼地捧在手心里观察,之后轻轻地张开手,对萤火虫说:"萤火虫,回家吧,我们以后还会来找你的。"西西一番稚嫩的言语惹得大人哈哈大笑,相互约定着下一次野营时间。

好方法成就好学生

西西一家人在露营中既放松了身心,体验到大自然的美妙,又增进了朋友之间的友谊,实属一举两得。然而,有些父母出于种种考虑,不愿意带着孩子体验露营方式,这样一来,就让孩子错过了与自然亲近的大好机会。

1. 宅在家里不利于孩子想象力的培养

爱因斯坦说过:"想象力比知识更加重要,因为知识是有限的,而想象力概括着世界上的一切,推动着进步,是知识进化的源泉。"窝在家里的孩子只能从书本和电视上客观地认识世界,而走出去既可以让孩子度过快乐的童年,又可以让其丰富视野,从而让想象力张开翅膀畅快地飞舞。

2. 宅在家里等于扼杀孩子的好奇心

通过露营,孩子可以发现一些日常生活中接触不到的事物。教育学家称:"每个孩子都具有潜在的或正在萌发的创造力,而这种创造能力对促进孩子的全面发展起着重要的作用。"我国古代著名的中医李时珍自幼喜欢大自然,好奇心促使他在大自然中发现可以治病的动植物,最终利用大自然这个宝库,写出了名著《本草纲目》。

3. 宅在家里,不利于孩子缓解孩子的心理压力

现如今,生活在都市之中的孩子由于课业负担重,以至于在很小的年级就背负上心理包袱。美国华盛顿大学心理学家彼得在《心理学潮流》杂志上阐述了这样一个现象:他通过比较人与大自然接触以及人在看电视相同画面时的血清水平发现,与大自然相处更容易缓解人的压力,起作用高出在家看电视的十几倍。

爱动好玩、好奇心强是孩子的天性,而露营则是他们最喜欢的活动之一。外出游玩可以拉近孩子与自然的距离,领略大自然的神奇和妙趣,从而缓解压力、开阔视野,好处多多。

让孩子与自然亲密接触

外出露营可以培养孩子热爱大自然的情操,有利于身心健康和快乐成长。另外,还可以培养孩子的观察力和创造力。古人云"读万卷书,行万里路",参加户外徒步露营等活动,孩子可以在不知不觉中增加见闻,从而树立健康生活理念。那么面对广阔的天地,家长该如何培养孩子主动探索未知的能力呢?

1. 引导孩子细心观察

观察自然、收集资料是孩子获得经验的重要途径之一,家长可以在野营过程中

第十章 让孩子告别"宅在家",体验"走出去"

引导孩子对信息的捕捉能力,并且把信息转变为自己的知识,同时通过对资料的收集、筛选拓宽知识面,亲近大自然。

2. 适时讨论

丰富多彩的大自然包罗万象,在室内家长只能用语言为孩子形容、陈述,然而孩子只能停留在知晓的层面上,不能理解其真正意思。所以,家长可以利用野营的机会,引导孩子去看、去做、去想,将手、耳、眼、嘴充分地调动起来。

3. 在观察中学会动手

野外露营,孩子会对新奇事物有所发现,有所认识,这时家长应当抓住时机引导孩子运用已经掌握的只是去大胆设计,保持他们对周围世界的好奇心和求知欲。

亲近自然、热爱自然,在快乐中成长

自然界蕴含着无比丰富的财富和力量,家长应当多带着孩子出去走走,多亲近大自然,不要让高楼大厦遮住孩子不断求知的眼睛。古希腊人有一句话,那就是:"大自然中的气息、光影和声音,都可以使孩子长得更为结实、健康。"所以,当今的父母在教育孩子努力培养各项技能的时候,还有为孩子营造一个更为和谐、宁静的心灵世界,为其提投入自然怀抱的机会。

四、想要玩具?自己挣回来

"想要玩具?好,妈妈给你买"、"想要一件新玩具?那你要自己洗碗一周,自己把玩具挣回来"。这是两位母亲对于孩子想要玩具的不同做法,前一位家长十分痛快地应承下来孩子的要求;而后一位家长则提出了孩子力所能及的"附加条件",从而让孩子体会到有只有付出,才会有收获的生活道理。

独特的"积分卡"

赵先生通过在超市用积分卡换取礼品的经历,不禁联想到用积分的方式来教育孩子。

这个想法一出之后,赵先生就动手做了一张精美的积分卡片,并且告诉儿子详细的"积分条例":

饭后刷碗,积一分

洗衣服,积两分

帮助家长擦地,积两分

好方法成就好学生

自己做早饭，积三分

……

如果积分到达一定程度，赵先生就会按照分数的等级对孩子进行不同的物质奖励，有孩子想要的变形金刚、轮船模型等等。

通过"积分政策"，赵先生发现孩子变了，不但变得勤快了，而且懂得心疼父母，有好几次孩子都主动"放弃"积分，"心甘情愿"地做家务，帮助父母分忧。面对懂事的儿子，赵先生笑了，发自肺腑地笑了。

现在的孩子都是家长手心里的宝，对于孩子的要求，父母往往都是有求必应，能够做到赵先生这样的实属少数。然而，对孩子百依百顺并不是爱他的表现，相反会对孩子产生各种负面作用：

1. 孩子容易独断专行

百依百顺、有求必应，在这种教育下生活的孩子容易养成独断专行的不良习惯。孩子会认为，"爸爸妈妈最听我话"、"爸爸妈妈害怕我"，所以自己提出的所有要求他们都会满足。如果孩子将这种意识带到成年世界，就会对他未来发展造成很大障碍。

2. 容易产生人格缺失

对儿童而言，其意志、人格都处于不健全的阶段，他们很难对自己的行为产生约束，出于新鲜感和好奇心理，孩子就会产生一个劲索要玩具的举动。因此，在这种条件之下，家长不能够溺爱孩子一味地实施物质给予，这将意味着对儿童的放纵，容易造成其人格缺失。

3. 容易让孩子形成乱要东西的习惯

只要孩子想要，家长就会买回，长期以来容易让孩子养成乱要东西的习惯。我国著名儿童教育专家斯霞曾说："如今有些孩子一进商店就乱要东西，家长没了主意。依我之见，千万不可迁就孩子。小孩子乱要东西，一定不能答应，狠心几次就制住了。否则，一退再退就没边了，大了怎么办？你不理他，他自然会收场，这也是一种较量。"

美国著名心理学家丹尼斯说："家长除了要教育孩子那些东西是值得拥有的以外，还要教会他们重要的一点，即'如何获得想要的，什么情况下他们则无法获得。'"所以，让孩子学会自己"挣"玩具是一件非常好的事情。

第十章 让孩子告别"宅在家",体验"走出去"

让孩子明白,有付出才会有收获

让孩子自己"挣"玩具并不是为难孩子,而是父母用心良苦的一种教育方式。孩子在付出之后得到自己想要的东西,在锻炼自己能力的同时还可以体会到满足感和喜悦感。

1. "挣"让孩子懂得什么是责任

托尔斯泰曾经说过:"一个人若是没有热情,他将一事无成。而热情的基点正是责任心。"让孩子明白,自己想要的东西并不是父母必须提供的,而是要靠自己的努力去争取,这就是自己的责任。责任心能够让孩子用认真的态度来对待人和事,明确地知道责任是一种付出,而自己从付出中能够体会到快乐。

2. "挣"让孩子懂得什么是感恩

感恩是一种生活态度,也是一个人的品德表现。孩子通过自己的努力去"挣"玩具,他便可以体验到其中的艰辛,自然能够体会到父母的不容易。德国古典哲学家费尔巴哈说:"同情心、感激心、爱心,使你成为一个人。"培养孩子的感恩之心刻不容缓,而生活的点滴小事便是锻炼孩子的最好机会。

3. "挣"让孩子懂得什么是自立

自理就是自我生存的意识能力,我国著名教育学家、诗人写过一首名为《自立诗》的诗歌:"滴自己的汗,吃自己的饭,自己的事情自己干,靠人、靠天、靠祖上,不算是好汉!"这首通俗易懂的诗歌精辟地总结出自立需要做到的事情。让孩子自己"挣"玩具,用陶行知的话来说就是:"自立就是要打破孩子的依赖性,不再做贪图享福的少爷小姐。"

做成功的家长

为孩子创造良好的生活条件,对孩子的要求尽量满足都是父母的心愿,其主要动机就是可以让孩子不吃苦的成长。然而,这样的观点未必正确,只有让孩子懂得东西的来之不易,他们才会知道珍惜,知道感恩,知道自己应当承担的责任。只有让孩子在幼年时就清楚地明白这些,才会让他们在成长的过程中拥有丰厚的羽翼,最终展翅翱翔在广阔的天空之中。

五、与孩子一起参加社区活动

如今,不少家长手里都有一张《社会活动记录卡》,卡片上清清楚楚地记录下亲

好方法成就好学生

子之间参加社区活动的内容。参加过社区活动的家庭纷纷表示，社区所举办的安全教育、趣味劳技、知识竞赛、专题讲座等活动都是融知识性和趣味性于一体，是广大家长、儿童所喜闻乐见的。现在的孩子需要放松，需要有玩耍的权利，让孩子积极参与社会活动，他们可以在各种活动中动手、动脑，在快乐中学习到课堂上所学习不到的知识与内容。

社区活动，给孩子上了最好的一课

齐心的妈妈十分热心于社区公益，每每有活动，妈妈都会带上7岁的女儿齐心一起参加。

周末，齐心所在的社区组织去消防队慰问消防大队官兵。到了消防大队，齐心和其他小伙伴一起参观了战士们的宿舍。当齐心看到干净的床上整整齐齐地摆放着叠成整齐的"豆腐块"，小脸不禁红了，躲在妈妈身后不好意思地说："妈妈，我以后要向解放军叔叔学习，认真整理自己的卧室。"听了女儿的话，妈妈心满意足地笑了，她不禁在想："今天的活动是为孩子上了最好的一课。"

家长与孩子一起参加社区活动，目的就是让孩子走出家门，丰富他们的业余生活，增加社会实践能力。可是现在，有些家长依然不愿意"浪费"时间，让孩子被越来越重的学习任务所淹没，连参加社区活动的时间都被挤占，殊不知这样的教育方式是大错特错的。

1. 参与社区活动较少会导致孩子自我封闭

因为现代社会的诸多因素，孩子的活动空间和交往范围都在缩小。如果父母连孩子参加社区活动都要干预，就会令孩子思想闭塞，在与人交往上产生了孤独的弱点。

2. 参与社区活动较少的孩子不敢加入团体组织

很多孩子害怕聚会，不敢去参加团体组织活动。然而现代社会中，每个人都不可能是孤立存在的，他们需要生活在特定的团体之中。社区活动相当于团体活动的敲门砖，能够让孩子锻炼自己的交往能力，提高团队合作意识。

父母鼓励孩子参与社区活动，有助于帮助孩子树立正确的人生观、价值观和世界观。通过活动直接引导孩子去接触社会、了解社会，从而增强孩子的责任感和社会适应能力。所以，不管父母有多忙，都要抽出时间来陪孩子一起参与社区活动，在活动中增强亲子感情、陶冶孩子的纯洁的心灵。

第十章 让孩子告别"宅在家",体验"走出去"

让孩子在实践活动中健康成长

参与过社区活动的家长和孩子都会有这样体会,通过义务劳等一系列社区公益活动,孩子们可以在丰富多彩的公益活动中健康成长,变得更加开朗和懂事。

1. 让孩子拥有做事情的热情

俗话说:"良好的开端是成功的一半。"当孩子在各种社区活动中体会到劳动的快乐时,他们就拥有了热情。然而,饱满的热情和干劲是孩子人生道路上的重要基石,只有保持积极热情的主动态度,才能认真生活、主动学习,一步步攀上成功的阶梯。

2. 让孩子明白投入的重要性

做一件事情,单单有热情是远远不够的。通过社区活动,孩子们可以了解到只有踏踏实实付出才能够有所回报,从而对日后的学习和生活有很大的帮助。

3. 懂得团队精神重要性

"众人拾柴火焰高",在当今社会靠一个人的力量取得成功已经变得不现实,只有运用集体的力量才会到达自己向往的目的地。

4. 学会感恩博爱

为了让孩子及早地懂得"爱"的真谛,家长就应当让他们在社区活动中体会到"爱"的具体内容。通过社区的公益行动,可以有效地培养孩子树立友善博爱、感恩图报的高尚品质。只有具备这种品质的人,才会在被人需要帮助的时候慷慨相助,施善助人。

5. 增进亲子感情

当家长与孩子一同走出家门,融入社会的时候,亲子之间的感情就会在不知不觉中加深。这样,孩子就会更加尊重和信赖父母,而父母则可以走进孩子的内心世界,去进行零距离的交流和沟通。

社区活动,让孩子闪耀人性的光辉

一个具有优秀品质的个体,一定是一个博爱、善良、乐于助人的人,这是"爱"的具体体现。当孩子参加社区活动之后,就会开阔了眼界、培养了爱心、懂得了责任、体会了付出,从而让自己得到全方位的锻炼。这正如印度谚语所说的:"当你帮助同伴摆渡过河时,你自己也已经到达了幸福的彼岸。"

六、允许他到好朋友家中过夜

上海曾对几千名独生子女进行过一项调查，结果有66.9%的孩子希望家中能有兄弟姐妹与自己做伴。因此，上海师大附属外国语小学开展了一项独特的学礼仪活动"我到朋友家过夜"。这种新型的教育方式不但增进了孩子之间的友情，而且还锻炼了孩子各方面的综合能力，是一种非常有创意和针对性的活动。

我住到了别人家

王晓杰 9岁

今天我特别高兴，因为妈妈同意我晚上去亮亮家住。要知道，这可是我软磨硬泡好几天的结果。亮亮是我的好朋友，可是由于平时功课太忙，我们两个几乎没有见面的时间。这次，我不但能和亮亮一起玩，竟然还能住在他家，真是太幸福了。

亮亮 9岁半

我和王晓杰以前是邻居，也是好朋友。但是半年前，他家搬家了，我们两个人联系就变少了。我经常向晓杰妈妈提议，想让晓杰来我家住，可是他家长都不同意。好不容易，我做通了妈妈的工作，妈妈专程带我去他家，最终说服了阿姨。告诉你们一个好消息，今天晚上晓杰就能来我家做客了。

王晓杰的妈妈

晓杰和亮亮两个孩子的感情很好，晓杰有意无意地说过好几次，想和他一起住一天。但是出于各方面的考虑，我没有同意这件事情。没想到亮亮和他妈妈竟然专程来我家，虽然有些担心，但是我想还是试一试，放手让孩子自由一把。

亮亮的妈妈

我家就亮亮一个孩子，他很孤单。亮亮提出让晓杰来我家的建议与我一拍即合，只可惜晓杰妈妈没有同意。为了满足孩子这个心愿，我认真征求过晓杰的意见，没想到孩子也十分向往来我家住一段时间。于是，我诚恳地登门拜访，最终说服了晓杰妈妈，希望两个孩子相处的融洽，并且取长补短，相互学习。

"我到朋友家过夜"的活动刚刚兴起，并不是每个家长对其都认同，就比如王晓杰的妈妈。有的家长担心孩子在同学家过夜是否安全；担心会不会给他人带来麻烦。然而，这样却带来了很多负面作用。

1. 家长干涉了孩子的交友活动

孩子的成长过程中，总有那么几个要好的朋友。这时候，家长应当放手让孩子

第十章 让孩子告别"宅在家",体验"走出去"

去结识自己的朋友,鼓励他们一起游戏、学习、共同进步,切不可干涉孩子交往自由,因为这是孩子日后情感发展的一个重要步骤。

2. 家长应该支持孩子建立友谊

很多家长希望自己的孩子能够有朋友,但是却不愿意自己的孩子去别人家,或者不欢迎别人的孩子来自己家做客。无论大人还是小孩,让友情天长地久是我们的心愿。如果大人能够支持和鼓励孩子的正常交友行为,孩子就会在交友过程中养成良好的行为习惯和形成活泼开朗的性格。

特色礼仪实践活动

有不少学者将"我到别人家过夜"称作是特色礼仪实践活动,因为如今大多数的孩子是独生子女,在家长的溺爱下成为"娇娇女"和"娇娇子"。而这项活动的开展,可以让孩子主动、积极地锻炼自己,从而去掉身上的"娇气"和"躁气"。其实允许孩子去别人家过夜不是一件坏事,如果家长能够放手给孩子自由,孩子也许能够给你带来意想不到的惊喜。

1. 待人接物有长进

在朋友家过夜,孩子可以重点学习到一些待人接物的礼貌礼节,比如说事先给对方家长打电话预约时间,用餐时候的基本礼仪,和在别人家留宿应该注意哪些文明礼仪等等。

2. 增进友情

到别人家过夜,两个孩子可以一同学习、一同玩耍,心情会很愉快。这样的活动,既可以让家长与家长之间有所交流,也能加深孩子之间的团结意识。

3. 学会分享

"将你的快乐分享给他人,那么笑容就会洋溢在别人的脸上。"去朋友家过夜,可以让孩子相互做伴中学会分享玩具、分享书籍、分享内心里的小秘密等等。

4. 在互助中成长

人是社会动物,因此,人需要与他人的合作和互相帮助。在别人家过夜,孩子可以看到别人身上长处,从而发现自身的不足。有些家长喜悦地说:"孩子去别人家生活之后,明白了整理好内务的重要性了。仔细一问,原来对方每天睡觉前都会自己洗漱、自己洗袜子。"同龄人之间交流非常顺畅,而同龄人的榜样作用也是无穷的,家长为孩子创立这样的交友和学习环境,既可以让孩子在交往过程中增进友谊,又

可以让自己的孩子取长补短,健康成长。

对孩子适度放手

很多独生子女家庭中生活的孩子喜欢支配别人,在家称王称霸,专横、自私。如果他将这个特点带到群体中,就很难被其他人接纳。然而,父母放手让孩子去朋友家过夜,孩子就会主动地注意自己的言行举止,有效去除孤独、寂寞感,快乐地融入集体。

七、假期带孩子一起去旅游

教育学家维特认为:"与其对孩子进行填鸭式的教育,不如开阔他们眼界,利用一切接回来丰富孩子的见识。"他认为,带孩子外出旅游则是一种极佳的教育方式。比如说,每去一个旅游景点,家长就可以借机给孩子讲述与旅游区相关的文化历史和风俗习惯。孩子在游玩中,会对这些知识的记忆格外卖力,从而化被动学习为主动接受。

跟孩子去旅游

2004年,朱丽叶·施罗尔一家四口从美国移居到中国,她有两个孩子,一个7岁的女儿,和一个4岁的儿子。

邻居发现,每到节假日,朱丽叶·施罗尔就会举家出游,寒暑假则是他们一家人的旅游"旺季"。临近放暑假,邻居问朱丽叶·施罗尔:"你们准备带着孩子去哪里玩?"

朱丽叶·施罗尔回答:"首先我要更正一个错误,不是我带孩子去玩,而是跟着他们去旅游。"

听到朱丽叶·施罗尔的回答,邻居有些愣了。难道"带孩子玩"和"跟孩子旅游"有什么不一样吗?

朱丽叶·施罗尔看到邻居的疑惑,解释道:"在我的家里信奉这样一句格言,那就是'努力地学,开心地玩'。平日里,孩子们要认认真真学习文化知识,到了假期,就让他们自由地玩耍。所以,假期去哪玩,怎么玩都是女儿和儿子决定的。而我们家长只是遵守孩子的决定,跟着他们一起享受旅游这个快乐过程。"

对于孩子来说,走出家门去旅行是一件非常快乐的事情,他可以学到要比书本知识更为广博的直接经验。教育学家曾经对比过出去旅游的孩子与经常宅在家孩

第十章 让孩子告别"宅在家",体验"走出去"

子的不同,主要区别如下:

1. 情感发育方面:旅游的孩子会高于宅在家中的孩子

在快乐游玩的过程中,孩子的天性能够得到很好的释放,家长与孩子在共同嬉戏的过程中增进了亲子感情,从而也进一步地进行沟通。

2. 智力发育方面:旅游的孩子会高于宅在家中的孩子

在陌生的环境中,孩子会对一切事物都充满好奇,这对于求知欲很强的孩子来说一切都是一种挑战,五彩缤纷的世界时刻刺激着孩子的各个感觉器官。他们会认真观察、触摸,并且寻求解决答案的途径。这样一来,孩子的自然观察能力、注意力、记忆力以及语言表达和思考能力都会得到不同层次的提高。

3. 身体发育方面:旅游的孩子会高于宅在家中的孩子

在大自然中游玩是件赏心悦目的事情,利用假期带孩子爬山、观海,既能够饱览大好河山,还能够提高孩子对于外界环境的适应能力。根据生理学家研究发现,旅游对人体肌肉、骨骼、消化和呼吸系统发育都起到十分有利的影响,除此之外对新陈代谢也有很好的促进作用。

孩子的精力充沛、求知欲和好奇心都很强,对于家长来说,如果能够利用假期带着孩子一同出游,既可以强健孩子的体魄,锻炼能力,又可以开阔眼界,增长见识。

带着孩子去旅行

旅游可以让孩子得到美的享受,陶冶性情,扩大眼界,从而增长知识。如果家长有条件的话,就应该多带着孩子出去走走,让孩子亲自领略大自然的神奇,了解各地的风土人情。在出发前,应当给孩子介绍一些安全常识和旅游常识,并且告知孩子所要到达目的地的地理气候、人文景观以及相关的历史知识。让孩子对此次出游充满着期待和好奇,这样可以加强边玩边学的效果。这里简单为家长介绍一些带孩子出游所需要注意的事项:

1. 出游前的准备工作

旅游时间和旅游路线都要因人而异,对于太小的宝宝来说,不适合长途跋涉,这样会容易让孩子感到疲劳。另外,去什么地方旅游、乘坐什么样的交通工具、需要携带什么样的随身物品都要和孩子共同商议,这样既能够锻炼孩子自立能力,也能够让孩子对旅游提升兴趣。

2. 旅游中，对孩子应当耐心细致

旅行途中，家长可以给孩子介绍沿途风光，并且让孩子学会保护自己、体贴他人。在旅游景点中，要注意引导孩子保护国家文物，爱护花草树木，让孩子懂得乱扔垃圾、乱涂乱画是一件极其不文明的行为。

另外，带孩子旅游是让孩子受益的大好机会，父母应当引导孩子去考察和研究历史古迹，学会辨别方向，知晓外出的各项安全常识，让孩子获得莫大愉快的同时学习到真实的本领。

3. 不要忽略孩子的感受

不要认为孩子年龄小，就什么都不懂。孩子虽然小，但是他可以用自己的眼睛去观察，从而得到比间接看世界更为真实的收获。带着孩子旅游，就要多听听孩子的想法和意见，不要以"孩子年纪小"为理由，忽略孩子的感受。

4. 精心选择目的地

既然是和孩子一起旅游，就要在形成规划上认真考虑孩子的需求。一般来说，小孩子活动能力强，喜欢新鲜事物，因此童话乐园、植物世界等地方都应该列入行程之内。带孩子出游的父母，应当以孩子为主，先让孩子喜欢上旅游，以后加入的知识性旅程接受起来就会相对容易。

旅行的意义

世界越来越小，人与人之间的距离也在缩短，让孩子旅行、了解世界就成为孩子们的必修课程。美国政界、商界与学术界领袖组成的"美国新劳动力技能委员会"已经把"了解世界"作为了孩子"21世纪的技能"。所以说，带孩子去旅游，不仅仅是愉悦身心，而且还能带给孩子别致的成长过程。美国哈佛大学教授迈可森说过："一个人生活的广度决定他的优秀程度"，而从小开始的旅程就是拓展生活的广度的起点。

八、自己做手工：不用跑远就能锻炼的方法

在米兰的幼儿园里，政府规定1至6岁的孩子每天都要上实验课。在那里设有化学、光学等实验室，让幼小的孩子自己动手去操作那些简单易懂的实验，从而让孩子抽象思维得到锻炼。米兰某幼儿园园长这样说道："看书是重要的，但更重要的是动手，这对脑也很有用。孩子们在家里尽看电视，无心思也无时间进行这方面的

第十章 让孩子告别"宅在家",体验"走出去"

训练,所以我们要安排这项活动。"然而,在我国却出现不少这样的父母,处于过分关爱的心理,总想着把孩子的一切事情都办好,这无疑导致孩子的动手能力越来越差。

最美的贺年片

元旦前夕,学校旁边的小摊位上就已经密密麻麻摆满了各式各样的贺年卡。每到放学后,小摊前就会围满前来购买的小学生,有的家长算了笔账,别看贺年卡很小,但是孩子要给全体同学和老师购买,这样一算也是一笔不小的花费。

这天放学,王贤拉着妈妈的手吵着要买贺年卡,并且对妈妈说:"别人都送我,我不送别人会不好意思的。"

王贤妈妈认真想了想,对儿子说道:"孩子你还小,没有挣钱的能力,如果你能够亲手去做贺年卡,那么意义又不同了。"

王贤听到妈妈的建议后,点头同意了。回到家中,王贤找出了胶水、卡纸、水彩笔开始动起手来。当王贤看到彩色布头之后突发奇想,别出心裁地做出了布娃娃贺年卡。

第二天,王贤将布娃娃贺卡分别送给了老师和同学,他们看到王贤亲手制作的礼物时,不禁高兴地说:"这是我所收到过的最美贺卡。"

孩子迟早都要独立的,而动手能力正是他们必备的生存能力之一。如果家长能够像王贤妈妈那样加强引导,从小让孩子练动手能力,那么孩子整体综合能力水平会提高。相反,如果大包大揽,对孩子这方面能力进行忽视的话,孩子的未来将会受到直接影响。

1. 孩子主动性受到制约

还没等孩子动手,父母就将一切准备妥当;或者由于嫌麻烦,家长否定孩子动手制作的意愿。这样一来,孩子的主动性就会被制约。一个人的主动性是由个人需要、动机、理性和抱负来推动的,儿童学家安科莫森认为,在父母的鼓励与支持下,孩子处于好奇和兴趣可以在做手工等"小事"上形成主动意识,在日后可以形成积极、主动的良好品质。

2. 孩子创造性受到制约

创造性有两种表现形式,一种是发明,一种是发现。无论是发明还是发现,都需要孩子亲自动手来将它们应用到实践当中。当创造缺失动手这一环节后,那么创造性只能成为空谈,没有任何实际意义。

好方法成就好学生

对于孩子而言，自己做手工不仅要靠头脑中创造力，还要把这个能力付诸于实践，搬到现实生活中用双手来将其实现。对于孩子来说，手工从最初的设计、创造，再到后期的规划、制作，都需要付出极大的耐心和细心，这是对孩子综合能力最好的培养。

让智慧在双手中流淌

手工制作对孩子整体综合能力来说是一项提高，独立完成一件手工作品是件不容易的事情，它能够直接反映出孩子各项能力的协调性。这样一来，孩子在动手中得到学习、得到锻炼、得到提高。

1. 家长应该为孩子创设动手环境

为了培养孩子的动手能力，家长应当充分利用现有环境，为孩子提供动手创作的条件。有些家长喜欢给孩子购买高档玩具，认为这样才能启发孩子的智力。其实，家长应当换种思考方式，让玩具形成从"买"到"做"的转变。孩子亲手完成一件玩具，既能够体验到劳动的快乐，又能够学会珍惜来之不易的劳动果实，从而将教育和学习融为一体。

2. 家长不要过多束缚孩子

家长在孩子亲手操纵的活动当中应当给予适度的自由，而不是过多去束缚孩子。应该尽量让孩子独自思考、创意、设计，如果在这个过程中过多掺杂家长的意愿，那么孩子非但体会不到制作过程的重要性，同时也让动手制作的意义变了味道。

3. 在趣味中培养孩子动手能力

家长可以利用自然条件，用简易的工作按照自然科学的操作方法引导孩子去科学游戏，让孩子在学中做，做中学。比如说，一位北方的家长引导孩子用红、黄、绿三种颜色调配出其他色彩，并且将其制作成为精美的冰花，不但让孩子初步了解到一些物理现象，而且孩子还成为一个专心致志的"实干家"。

4. 及时给予鼓励

在孩子动手的过程中，家长要及时对孩子的创造性和动手能力给予表扬和鼓励，从而让孩子对动手做手工产生浓厚的兴趣。俗话说"热爱是孩子最好的老师"，当孩子受到鼓励之后，自然会热爱这项活动，并且增强了自信心和成功感。

第十章 让孩子告别"宅在家",体验"走出去"

手指的魅力

教育学家陈云鹤老先生曾经说过:"对于儿童的教育要讲究一个'活'字,只有父母掌握做中教、做中学、做中求进步的教育理念,我们的孩子才会变得更加强大。"另外,法国儿童心理学家埃拉尔认为:"不要因为孩子年龄小就忽视他们手指的魅力,要知道,那十根手指是创造未来的财富。"孩子在动手过程中,可以充分发挥主动性和创造性,从而在日常生活中养成积极动手、热爱思考、自己的事情自己做的良好习惯。

九、辩论赛:锻炼口才、增长见识的好场所

中国有句老话,叫做"话是开山斧",意思是良好的口才能够让人开疆破土、披荆斩棘。我们都知道,语言是人与人之间交流沟通的重要条件。一个有思想,有表达能力的人可以将自己的思想用语言表达出来,它才可能绽放光芒,才可能创造价值,单就这一点而言,说话的确是非常重要的一项才能。可是,不少父母发现自己的孩子窝在家时说起话来滔滔不绝,然而走出家门就变得"哑口无言",甚至连问路、买东西这点小事都做不到。我们的孩子为什么会这样呢?家长又应该如何有意识地对其进行培养呢?不要着急,针对孩子的这种表现,美国哈佛大学儿童心理学家迈克尔敦给出的建议是"带孩子去听场辩论赛吧。"

孩子的改变

王先生年轻时一心将精力扑在事业上,直到年近40才有了瑞瑞这个儿子。王先生十分宝贝这个孩子,但是也没有疏忽对孩子的教育。可是最近,王先生因为儿子的教育问题,愁得不得了。

原来,8岁的瑞瑞在家里经常把父母"驳"得哑口无言,不管在什么情况下,他都能够找出自己的"理儿"。可是一出家门,这个"门里大王"变得却是判若两人。在外面,瑞瑞从来不主动和别人打招呼,也不愿意主动和他人沟通。"儿子怎么会是这样?他在家里的表达能力很强啊。"王先生十分苦恼。

出于这种困惑,王先生开始上网查询相关的解决方法,当他看到"带孩子听辩论赛"可以有效改善孩子口才能力的时候,他决定试一试。

从此以后,不管校园内还是社会上举办的辩论赛,王先生都会带着儿子一场不落地去听。一段时间后,他突然发现儿子变了。瑞瑞再也不是在家乱找理由,在外不敢说话的模样了,而是讲话严谨有序,条理性极强。这下子,王先生高兴坏了,急忙

好方法成就好学生

将儿子的变化总结成为经验,希望能够给其他家长提供帮助。

王先生将听辩论赛化为一个时间段,将孩子以前的行为原原本本地写了下来,以此与儿子现在的表现形成对比。

观看辩论赛之前

1. 在家强词夺理

瑞瑞虽然在外不爱说话,但是在家中却满嘴全是理。有时候,大人都会被瑞瑞所编纂出的道理弄得说不出话来。尽管孩子总在为自己的行为举动找理由辩解,但是这些理由多数是不能成立的,也是毫无事实根据的。

2. 在外沉默不语

在家里,瑞瑞总能找出各种各样的理由为自己辩解,可是走出门之后他却是另外一个样子。有时候,他都不敢独自问路或者购物,每每到了这个时候,瑞瑞就会胆怯地牵起爸爸妈妈的手,希望在家长那里得到帮助。

演讲学教授邵守义说:"是人才未必有口才,有口才必定是人才。"沟通是一门艺术,每一个人都不可避免地要与他人打交道,如何有效达到自己所预期的目的,关键在于是否拥有良好的沟通能力。我们无时无刻不再与人沟通,沟通是每个人在社会生活中经常遇到的基本问题。只要有意识培养孩子的沟通能力,就能建立一个轻松、和谐的沟通环境,才会与他人达成一致,实现沟通的预期目的,迈向成功。

辩中学习

辩论赛的关键词汇是一个"辩"字,这也是比赛的核心所在。辩论赛场上,双方选手势均力敌,"每一方都有自己的论点和论据,双方的观点都不能完全主观地评判谁对谁错,二者都有道理,双方的辩手就凭借自己的能言善辩,凭借自己的思维能力,争取这场辩论赛的胜利。"当孩子看到这样的辩论场景之后,就会对其产生深刻的印象,不但能够被选手们口才所吸引,而且还会深深折服在辩手旁征博引的渊博知识之中。

1. 辩论赛让孩子明白语言的妙用

沟通过程中运用最多的就是语言,语言不需要追求华丽的辞藻和奢美的语句,朴实、真诚、言简意赅的词语恰恰能起到画龙点睛的妙用。而恰当地发表评论,让对方感觉到你的互动。比如,适当运用"我知道了"、"您说得很清楚"、"我已经明白了"等诸如此类的语言,不但能给对方以鼓舞,而且还能让双方尽快地达成共识,以便

第十章 让孩子告别"宅在家",体验"走出去"

顺利促成某件事情的成功。

2.辩论赛让孩子明白沟通是一个双向过程

良好的进行沟通是一个双向过程,它依赖于你能否准确抓住对方的注意力,并正确表达你所要阐明的事情。只有做到了这两点,才会给对方留下一个完美的印象,这种深刻的印象如同酵母一样能令面团膨胀、发酵,最终达成共识,获得成功。

3.辩论赛促使孩子认真学习文化知识

看过辩论赛的人都明白,如果没有渊博的知识,很难让自己的言论立住脚,只有博览群书、知古通今,才能让语言为我所用,将各种有利观点信手拈来。

口才的重要性

口才不单单是嘴上功夫,它还会在你表达的时候调动你的思维、肢体、洞察力,让你的脑筋变得活起来,思维也会变得敏捷,你会发现自己因为口才的进步,脑子也变得越来越灵光的。而口才的提升也让你变得"言之有物、言之有序、言之有理、言之有情",给人以深刻的印象和感受。

十、角色游戏,让孩子提高创造力,体会换位

据社会学家经过长期的研究发现,人的创造力多半形成于幼儿时代。每一个孩子身上都具有强大的创造潜能和正在萌发的创造能力,这将对孩子的全面发展起着相当大的重要。因此,父母应该进行这样的思考,那就是如何最大限度开发孩子创造潜能,让孩子成为综合型人才。

角色大互换

"宝宝乖,妈妈来帮你洗脚。"只有4岁的圆圆正蹲在地上帮爸爸洗脚,一边洗,圆圆一边奶声奶气地模仿爸爸地语气说:"宝宝听话,我来帮你把脚丫洗得白白的。"女儿帮爸爸洗脚,这究竟是怎么回事呢?

原来,圆圆和爸爸正在玩过家家的游戏,在游戏中圆圆扮演妈妈的角色,而爸爸则扮演宝宝的角色。在圆圆家里,这种角色大互换的游戏经常上演。开始,圆圆的爸爸只是为了哄女儿高兴,可是令他没有想到的是,通过类似的游戏,4岁的女儿仿佛长大了,变懂事了,知道体贴父母了。这不,爸爸下班回来,圆圆就缠着爸爸玩角色互换游戏,当"宝宝"说自己工作一天很累了,"妈妈"就主动端来洗脚盆为"宝宝"洗脚。看着乖巧懂事的女儿,圆圆的爸爸就像浸在蜜罐中,别提有多甜了。

好方法成就好学生

就像圆圆家这样,在游戏中我们都会看到这样的画:孩子像模像样地喂妈妈吃饭;孩子学着大人样子洗着小手绢。孩子的思维大人永远摸不透,因为在角色游戏中他们都能够发掘出一些新鲜玩意儿,这就是他们好模仿、好学习的表现。在角色游戏中,孩子能够体会到家长的内心,学会换位思考。反之,孩子身上就会容易出现以下几种弊端:

1. 以自我为中心

自我为中心是孩子自我意识发展的一个过程,如果父母教育方式不恰当,儿童就容易形成强烈的自我感,唯我独尊,无视他人存在。

2. 不懂得体谅父母

人人都说"可怜天下父母心",可是现在的一些孩子不懂得换位思考,不懂得去体谅父母。在他们的意识中,父母为自己所做的一切都是天经地义的事情,只会一味地索取,而不懂得付出。

3. 不会为他人着想

学会为他人着想是一种道德水平的体现,很难形容出,不会为他人着想的孩子长大走进社会后会是什么样子。现在的社会,为人着想可以赢得更好的合作与发展,如果想要孩子长大后有所作为,家长就应当让孩子学会走出小我,融进大我,设身处地为他人着想,知道如何换位思考。

其实,父母与孩子玩角色游戏是一件非常有意义的事情,通过游戏的虚构性、娱乐性和象征性,孩子可以按照自己的意愿模仿和想象,并且用语言、动作和表情生动地再现他人的生活。

角色游戏,寓教于乐

角色游戏是儿童自发的最喜欢的一种游戏,因为通过游戏孩子可以满足自己不同寻常的愿望需求,比如说能够体会别人的生活。

1. 角色互换,克服模式化

在平时的游戏中,多数都是成人占据主导地位,所以游戏中存在成人化。大人总是用自己意愿来替代孩子的想法,忽视孩子象征性的发展。比如说孩子在墙上涂鸦,家长就会认为他在搞破坏;孩子出于好奇,拆掉玩具汽车,家长就会认为他不爱惜玩具。然而,孩子的想法和大人有着天壤之别,有时候孩子想到的事情大人根本考虑不到。通过角色游戏,孩子创造能力可以得到发挥,也可以走出家长规定的刻

第十章 让孩子告别"宅在家",体验"走出去"

板游戏模式,自由自在的玩耍。

2. 角色游戏,培养创新意识

杨振宁曾经这样说过:"中国的小孩在动手的兴趣和能力方面明显不如欧洲国家和美国的小孩,主要是没有动手的机会。"然而,在角色游戏中孩子的创新意识和动手能力可以得到大大的提高。

3. 角色游戏,家长需要认真平等

在游戏中,家长一定要以平等的态度来对待孩子,既然参加了游戏,就要认真对待,不要敷衍。当亲子全身心投入到游戏中,孩子的潜能才能够发掘,兴趣也得到了提高。

4. 角色游戏,让孩子明白换位思考的重要性

孩子扮演不同的角色,他就能够体会到这个特定角色的生活过程,比如说妈妈做家务的辛劳、爸爸工作的辛苦等等,从而培养孩子体谅父母、为他人着想的意识,遇到事情能够懂得换位思考,而不是执拗地活在以自我为中心的冷漠世界中。

游戏并非儿戏

不要小看角色游戏,它里面蕴含着大大的学问。通过角色游戏,孩子既能够让自己的创造性得到锻炼,还可以体会到他人的感受,一举两得。另外,站在家长的角度考虑,这种游戏既是你了解孩子内心世界,增进理解的最佳时机,又分享到了孩子的欢乐,可以尽情享受天伦之乐!